KB265762

현대국어의 의존명사 연구

현대국어의 의존명사 연구

안효경

도서출판 **역락**

책 머 리 에

현대국어의 의존명사 연구

　우리말에 대한 연구는 50년대 후반 이후부터 주로 구미의 언어학 이론에 바탕을 두고 행해져 왔다. 구미의 언어학에는, 소쉬르 이래, '모든 언어 자료는 동질적이고 정적인 하나의 체계'라고 하는 생각이 근저에 깔려 있어, 그 결과 변화의 과정 중에 있는 것들은 거의 대부분 연구의 대상에서 제외되어온 것이 사실이다. 그러나 언어란, 살아 있는 존재이므로 어떤 하나의 언어 형식이 변한다고 해서 다른 것도 따라서 변할 것이라는 보장이 있을 수 없다. 즉, 한 시대의 언어 가운데에는, 그 대상 지역을 하나로 한정한다고 할지라도, 변화의 과정에 있는 것이 있을 수 있다는 것이다. 우리가 아무리 현대 국어로 범위를 한정한다고 하더라도, 현대 국어의 안에는 과거와는 전혀 다른 새로운 어형이 있는가 하면, 과거의 것과 형태 혹은 의미 부분에서는 일치를 보여 주는 것도 있고, 또 달리는 과거의 형태에서 새로운 형태로 넘어가는 것들도 있을 수 있다.

　언어가 이처럼 생명을 가지고 살아 움직이는 존재라고 하는 사실은 늘 필자를 매혹시키는 부분이었다. 필자가 이와 같은 언어의 역동적인 측면에 관심을 가지게 된 것은 석사논문을 쓰면서부터였다. 석사논문으로 현대국어의 접두사에 대한 문제를 다루면서 현대 국어라는 한정된 범위 내에서 접두사의 목록이 확정되지 않는 근본적인 원인이 바로 언어가 가지고 있는 문법화적 특성때문이라는 사실에 주목하게 되었다. 필자가 박사논문의 주제로 현대국어의 의존명사에 관한 문제를 하

현대국어의 의존명사 연구

기로 정한 것은 이러한 '말의 현장'에서 드러나는 여러 가지 현상들, 특히 문법화 현상을 다루어 보고 싶은 욕구 때문이었다.

일상적인 언어 생활에서 나타나는 다양한 변이들, 즉 변화의 과정 중에 있는 형태들을 파악하기 위하여 필자는 실제적인 언어 사용 면에서의 언어 현실을 총체적으로 드러내 보여줄 수 있는 말뭉치 자료를 바탕으로 분석을 시도하였다. 필자가 말뭉치 자료에 주안점을 둔 것은 이 자료의 분석 결과 얻어지는 빈도 정보를 이용함으로써 이론 언어학에서 이루어진 연구 성과만으로는 파악할 수 없는 '문법화의 단계에 따른 정도성'이라는 의존명사의 특성에 접근할 수 있는 방법이 마련된다고 생각했기 때문이다.

이 책은 2000년 2월에 가톨릭대학교 대학원에 제출한 박사학위논문을 수정하고 보완한 것이다. 많은 부분이 미흡하지만 그나마 이 정도라도 모양을 갖출 수 있었던 것은, 전적으로 학부에서 대학원에 이르기까지 많은 가르침을 베풀어 주신 선생님들이 계셨기 때문이다. 논문을 쓰는 동안 내내 애정어린 관심으로 지도하여 주신 이지양 선생님, 조금이라도 충실한 논문이 되도록 논문의 부실한 부분을 조목조목 지적해 주신 이승재 선생님과 서태룡 선생님 그리고 세심하게 내용을 고쳐 주신 김창섭 선생님과 배주채 선생님께 깊이 감사드립니다. 아울러 조언을 아끼지 않았던 뛰어난 여러 선후배들에게도 고마움을 전합니다. 이 모든 분들의 가르침대로 앞으로도 학문의 길을 계속 걸어갈 것입니다.

끝으로 박사 과정에 들어가서부터 논문을 쓰기까지 아이를 키워주시고 격려해주신 양가 부모님께도 감사를 드리며, 부족한 글을 책으로 엮어 주신 역락 출판사 이대현 사장님과 필자의 게으름으로 어려움을 많이 겪은 편집부의 김민영씨께도 감사를 드립니다.

2001년 한해를 보내며
지은이 적음

차   례

3. 의존명사의 의미와 기능 / 91

4. 결론 / 169

1. 서 론

1.1. 연구의 목적

본고는 현대국어를 대상으로 하여 이론 언어학에서 이루어진 연구 성과와 함께 말뭉치 자료를 기반으로 하여 의존명사 목록을 확정하고 그 특성을 규명하는 것을 목적으로 한다.[1]

의존명사는 통사·의미상 비자립어로서 용언의 관형사형이나 체언을 선행요소로 요구한다. 그러나 관형사형어미가 아닌 다른 어미가 선행요소로 오는 경우도 있으며 후행요소에 대한 제약 역시 다양하여 의존명사의 성격을 간단히 말하기는 어렵다.

의존명사와 관련하여 해명이 요구되는 문제를 종합해 보면 다음과 같다.

(1) 의존명사의 정의와 범위에 관한 문제
(2) 의존명사에 속하는 단어의 어휘문법적 특성에 관한 문제
(3) 의존명사가 품사체계에서 차지하는 위치에 관한 문제
(4) 의존명사와 다른 의존형식과의 관계에 대한 문제
(5) 의존명사와 문법화에 관한 문제

---

[1] 의존명사는 크게 일반 의존명사와 수량단위 의존명사로 나눌 수 있는데, 수량단위 의존명사는 흔히 분류사 또는 수량사라고 불리는 것이다. 본고는 이들 중에서 일반 의존명사만을 대상으로 하였다.

(6) 한자 어근의 처리에 관한 문제
(7) 의존명사의 의미 기능에 관한 문제
(8) 의존명사의 사전적인 처리에 관한 문제

(1), (2), (5)에서 의존명사의 정의와 범위에 관한 문제와 의존명사의 어휘문법적 특성 그리고 문법화에 관한 문제는 의존명사의 목록을 확정하는 문제와도 밀접한 관련을 맺는다. 의존명사의 정의, 어휘문법적 특성 그리고 문법화의 정도에 따라 의존명사의 목록이 결정될 것이기 때문이다. 의존명사의 목록에 대해서는 아직도 논의가 일치되지 못하고 있다. 이처럼 의존명사의 범위를 확정짓기 어려운 근본적인 원인은, 현대어에서 의존명사라고 여겨지는 형태소 중 상당수가 기원적으로는 자립명사로부터 문법화 과정을 겪어 이루어진 것이기 때문이다.2)

---

2) 일반적으로 문법화는 '어휘적 의미를 가지고 있던 실사류가 문법적 의미를 가지는 허사류로 바뀌는 사적 변화'로 정의되어 엄밀한 의미에서라면 실사가 허사화된 예만을 문법화의 대상으로 삼아야 할 것이지만 그 외에도 그 기원적 통합체가 실사류와 허사류인 것, 그리고 허사류만으로 된 것도 문법화의 대상으로 포함되어 왔다. 이것은 단순히 문법화의 개념을 잘못 적용한 결과가 아니라 문법화가 '어휘적 의미를 가지고 있던 실사류가 문법적 의미를 가지는 허사류로 바뀌는 사적 변화'로 정의되기에는 그 실제적 현상이 보다 폭넓은 영역에 걸치고 있음을 암시한다. 이현희(1991:63)에서는 문법화의 대상으로 포함되는 예로 다음과 같은 것을 들고 있다.

　ㄱ. 접사화 : 횟-, 횟- ; -혀-, -받- 등
　ㄴ. 조사화 : -께(〈ㅅ#긔, 의), -에게(〈의#게) ; -에서(〈에#이셔) ;-브터, -조차,
　　　　　　 -드려 등
　ㄷ. 어미화
　　a. 선어말어미화
　　　1) 동사 어간의 선어말어미화 : -습- 등
　　　2) 동사구 보문 구성의 선어말어미화 : -앗/엇-, -겟- 등
　　　3) 명사구 보문 구성의 선어말어미화 : -을거-(〈을 것(이)-)
　　b. 어말어미화
　　　1) 보문 구성의 어말어미화 : -을쎠, -은바, -은지라, -을까(〈??가), -은가, -을
　　　　　　　 지, -은지, -을는지(〈을넌지, 을눈지〈을런디〈으리런디), -은즉 등
　　　2) 선어말어미 또는 그 둘 이상 통합체의 어말어미화 : -으니, -으리, -소, -으

실질 개념이 문법개념으로 전화되는 문법화 과정은 일반적으로 1) 실질적 단어 내지 자립적 단어 2) 준실질적 단어 내지 준자립적 단어 3) 원의를 상실하여 어간과 융합된 추상적 기호의 세 단계로 설정된다. 국어의 의존명사도 문법화의 과정을 밟는 존재라 할 수 있는데, 위의 어느 한 단계에만 속하는 것이 아니라 변화의 과정이 달라 여러 단계에 있는 것이라고 할 수 있다. 즉 모든 의존명사의 어휘적 지위가 동일한 것이 아니라 의존명사별로 위의 단계 중 점하는 위치가 각기 다르고, 변화하는 과정에 있는 존재인 것이다. 이 때문에 동일한 의존명사라도 상이한 단계에 속하는 경우도 없지 않다.

현대국어에서 의존명사로 매김되는 '만큼'의 경우를 보기로 하자.

(9) ㄱ. 생선은 살짝 익을 <u>만큼</u> 담백하다.
    ㄴ. 그가 먹는 <u>만큼</u> 나도 먹을 수 있어.
    ㄷ. 고생살이 한 <u>나만큼</u> 세상물정은 모릅니다.
    ㄹ. 그 <u>사람만큼은</u> 나를 믿어줄 줄 알았어.
    ㅁ. 기왕 말이 나온 <u>만큼</u> 이 참에 결정지어 버립시다.
    ㅂ. 이 부근은 산림보호가 이루어지느니 <u>만큼</u> 나무들이 특히 굵었다.

오 : -니(〈늬), -디(〈듸), -네, -데 등
3) 선어말어미와 어말어미의 통합체의 어말어미화 : -을손가(〈으리로손가), -나(〈는가), -누나(〈는구나〈ㄴ고나), -습니다, -습니까, -읍시다 등
4) 어미와 조사의 통합체의 어말어미화 : -으매(〈오매), -으므로(〈오므로) 등

Hopper and Traugott(1993)에서도 문법화를 '문법 범주를 형성하지는 못하지만 내용어가 기능어로 되는 것'이라는 광의의 정의를 내리고 있다. 본고에서 문법화도 단순히 실질형태소가 문법형태소로 전화된 것만을 이르는 것이 아니라 보다 넓은 의미에 있어서의 문법화를 말하는 것이다. 보다 넓은 의미의 문법화는 1) 어휘형태소〉어휘형태소, 2) 어휘형태소〉문법형태소, 3)문법형태소〉문법형태소의 세 가지로 나눌 수 있다. 1)은 현재의 관점에서도 여전히 어휘형태소라고 할 수 있지만 그 이전보다 의미의 축소(분포의 축소) 혹은 의미의 분화를 겪은 것을 의미한다. 그에 대해 2)는 현재의 관점에서 어휘형태소가 문법형태소로 완전히 바뀐 것을 의미한다. 3)은 문법형태소가 현재의 관점에서 그 이전의 경우보다 문법기능의 축소(분포의 축소)와 문법기능의 분화를 겪은 것을 의미한다.

(9ㄱ, ㄴ)에서는 '만큼'이 의존명사로 쓰이고 있으며, (9ㄷ, ㄹ)에서는 부사격조사의 기능을 하고 있다. 그리고 (9ㅁ)에서는 연결어미와 유사한 기능을 하고 있으며, (9ㅂ)에서는 연결어미로 쓰이고 있다(안주호 1997: 10). (9)의 예문은 안주호(1997:10)에서 가져온 것인데 현대국어에서 의존명사로 처리되고 있는 '만큼'은 예에서 볼 수 있듯이 문법기능의 정도에 있어서 다양한 차이를 보이며 그 어휘적 의미도 다르게 나타난다. 따라서 '만큼'이 의존명사로 쓰이는 경우의 동의어인 '정도'로 대치시켜 보면 다음과 같이 (9'ㄱ)에서 (9'ㅂ)으로 갈수록 비문이 된다.

(9') ㄱ. 생선은 살짝 익을 정도 쪄야 담백하다.
　　 ㄴ. 그가 먹는 정도 나도 먹을 수 있어.
　　 ㄷ. ?고생살이 한 나정도 세상물정은 모릅니다.
　　 ㄹ. ?그사람 정도는 나를 믿어줄 줄 알았어. ('정도'로 대치가 되면
　　　　 의미가 달라 진다.)
　　 ㅁ. *기왕 말이 나온 정도 이참에 결정지어 버립시다.
　　 ㅂ. *이 부근은 산림보호가 이루어지느니 정도 나무들이 특히 굵었다.

이처럼 문법화의 정도에 따라 의존명사, 조사 그리고 어미의 세 기능을 보여주는 '만큼'과 같은 경우 그 범주를 결정하는 것은 쉽지 않다.3) 기존 연구에서 의존명사 목록 작성을 위한 여러 가지 기준이 제시되었다. 그럼에도 불구하고 여전히 분류상 불일치를 보여 주는 형태가 존재하고 있음이 사실이다.

본고는 일차적으로 의존명사의 목록을 확정하기 위해 이처럼 분류상의 불일치를 보여 주는 형태가 가지고 있는 특성인 '문법화의 단계에 따른 정도성'에 관심을 가지고 논의를 진행하려고 한다. 지금 현재 변화의 과정에 있는 형태가 의존명사인지 아닌지를 판별하기 위해서는 먼저 의존

---

3) '만큼'뿐 아니라 '모양'과 같은 자립명사 역시 '만큼'과 유사한 다양성을 보여 주는데, 현대국어에서 자립명사로 처리되고 있는 것들도 어휘기능과 문법기능을 동시에 지니고 있을 수 있음을 보여 준다고 하겠다.

명사의 특성을 종합적으로 파악할 필요가 있다. 그런데 보다 포괄적이고 타당성 있는 목록을 작성하기 위해서는 이론 언어학에서 이루어지는 성과와 함께 실제적인 언어 사용에서의 검토도 필요하다. 이를 위하여 본고에서는 말뭉치 자료를 바탕으로 이 자료의 분석 결과 얻어지는 빈도 정보를 이용하려고 한다. 말뭉치란, 언어 현실을 총체적으로 드러내 보여줄 수 있는 텍스트의 집합을 뜻한다.4)

한편 본고에서 의존명사와 관련하여 관심을 가지는 두 번째는 (7)의 의존명사의 의미 기능에 관한 문제이다. 의존명사는 단독으로는 구체적인 의미를 지니지 못하지만 문맥이나 상황이 주어지면 그 어휘적인 의미를 파악해 낼 수 있다. 의존명사의 의미가 모호한 것 역시 문법화와 밀접한 관련을 가지고 있다. 문법화 과정에는 필연적으로 기호의 의미상실이 수반되는데 그것은 공기관계가 고정되면서 의미해석의 많은 부분이 통사적 환경에 의존하게 되었음을 뜻하는 것이다. 의존명사 단독으로는 구체적인 의미를 나타내지 못하여 의미의 모호성이 발생하게 된다. 의미해석에 있어서 많은 부분을 통사적 환경에 의존한다는 사실은 의존명사의 의미와 통사적 환경 상호간의 관련성을 검토할 필요성이 있음을 보여 준다. 그동안의 의존명사에 대한 연구는 개별 의존명사의 의미에 관한 문제에 관심을 주로 집중해 왔다. 이에 본고는 의존명사에 관한 지금까지의 논의를 기반으로 하여, 의존명사를 통사적인 환경에 따라서 분류하고 각 유형에 속하는 개별 의존명사의 의미를 검토함으로써 통사적인 환경에 따라 분류된 의존명사들이 또한 의미에 있어서도 유형화될 수 있는지 그 가능성을 논의해 보고자 한다.

---

4) 본고의 자료가 되는 말뭉치는 남윤진(1997)에서 구축한 것으로 이는 1980년대 이후에 출판된 문어-산문 간행물을 모집단으로 하여 170종의 단행본 텍스트와 신문기사로 이루어진 총 1,008,015 어절의 규모를 갖는 것이다.

1.2. 기존 연구의 검토

의존명사가 매우 발달해 있음은 국어의 특성 중의 하나이다. 의존명사에 대한 인식은 19세기 말 서구의 선교사들에 의해 먼저 이루어졌다. 19세기 후반 프랑스 선교사 Ridel이 저서 *Grammaire Coréenne*(Ridel 1881:51)에서 최초로 관계대명사의 범주에 넣어 논의한 이래로 의존명사는 많은 학자들의 관심의 대상이 되어 왔다. 외국인에 의한 연구는 전통적인 인구어문법의 영향을 받은 것으로 이들의 영향으로 의존명사에 대한 초기의 연구들은 대부분 의존명사를 인구어의 관계대명사와 동일한 범주나 대명사로 간주하였다. 이후 최현배(1932, 1937)에서 의존명사를 안옹근이름씨라 명하고 관계대명사나 대명사와는 다른 성격의 명사임을 밝힘으로써 의존명사에 대한 연구가 본궤도에 오르게 되는데, 이로부터 의존명사에 대한 연구는 구조문법, 생성문법적인 방법론에 입각한 연구들을 거치면서 양적 질적으로 상당한 수준의 성과를 거두었다.

의존명사에 대하여 최초로 언급한 Ridel(1881:51)은 "부모를 공경ᄒᆞ는이"에 쓰인 '이'와 "우리 본 것"에 쓰인 '것' 등을 pronom relatif라고 기술하고 있다.

한국인이 쓴 최초의 국어문법서인 유길준(1907)에서는 관계대명사라는 것을 설정하고 이에 대하여 "관계대명사는 명사 혹 대명사의 동ᄒᆞ는 의사 혹 형체상에 관계ᄒᆞ는 자를 운흠이니 의사관계와 별이 유ᄒᆞ지라"라고 설명한 뒤 관계대명사의 하위분류로 '의사관계'와 '형체관계'를 두고 '의사관계'로는 '바'를 '형체관계'로는 '거'를 들고 있다. 이러한 기술은 의존명사를 인구어문법의 관계대명사와 유사한 것으로 인식했음을 보여준다.

의존성에 대한 인식은 주시경(1910)에서 처음으로 나타난다. 즉 "…… 일하는 것, 일하는 바, 일하는 줄에서 일하는은 다 언씨오 것과 바와 줄은 다 언씨알에 잇어지지 안이하고는 쓰이지 못하는 것 ……" 이라고 설명함으로써 의존성을 분류의 기준으로 인식하였으며, '이, 것, 바, 줄'을 대명사에 해당하는 '대임'에 넣고 다시 의존명사에 해당하는 것으로 '언잇'을 두

면서 '사람 언잇'에 '이'를, '몬 언잇'에 '것'을, '일 언잇'에는 '것, 바, 줄'을
넣어 관형사인 '언' 뒤에 오는 부류로 기술하고 있다. 이는 의존명사를 대
명사의 한 범주로 본 것이다.

　의존명사를 본격적으로 정립한 논문으로는 최현배(1932)를 들 수 있
다. 최현배(1932)에서 최초로 의존명사가 관계대명사나 대명사와는 다
른 성격의 명사로 다루어졌다. 최현배(1932)는 명사를 그 운용상 독립
성이 있고 없음에 따라 '완전한 이름씨'(완전명사)와 '불완전한 이름씨'(불
완전명사)로 나누고 불완전명사를 '완전한 독립성을 가지지 못한, 곧 제
홀로는 쓰이지 못하고 항상 매김씨나 풀이씨의 매김꼴이나 매김씨 노릇
을 하는 이름씨 뒤에 매이어 쓰이는 이름씨'라고 정의하고 '매인이름씨'라
고 부를 수도 있다고 하였다.5) 그리고 '불완전한 이름씨'를 그 문법적 기
능과 제약에 따라 '어찌씨 같은 볼완전한 이름씨(부사성 불완전명사)'와
'연의 불완전한 이름씨(보통 불완전명사)'로 나누고 분포와 기능에 의하
여 하위 분류하고 있다. 곧 전자를 용언의 관형사형 아래에만 쓰이는 것
과 용언의 관형사형과 명사 아래 쓰이는 것으로 구분하였고 후자를 기능
이 고정되지 않은 것, '잡음씨'의 보격으로만 쓰이는 것, '꾸밈 자리(부사
어)'에만 쓰이는 것으로 구분하였다. 이 논문을 그대로 수용한 최현배
(1937:249-251)에서는 의존명사의 하위 분류로 '셈덩이 불완전한 이름
씨(수단위 불완전명사)'가 보강되었다. 의존명사에 대한 이러한 성격 규
정과 분류는 최근에 이르기까지 의존명사 연구에서 기본틀이 되고 있다.
전통문법을 대표하는 최현배(1937:250)의 불완전명사 분류는 다음과
같다.

　(10) 최현배(1937)의 불완전명사 분류
　　1) 어찌씨 같은 안옹근 이름씨(부사성 불완전명사): 다른 씨 뒤에 붙어
　　　　　　　　　　어찌씨 같이기능하는 것.
　　ㄱ. 관형형 뒤에만 쓰이는 것: 양, 척, 체, 듯, 등

---

5) 이 정의에 따르면 의존명사의 선행어로 관형사형과 지시관형사만 언급하고 '내 것, 술
　김에'처럼 의존명사 앞에 체언이 오는 경우는 언급하고 있지 않다.

ㄴ. 관형형과 체언 뒤에 쓰이는 것: 대로, 채
2) 여늬 안옹근 이름씨(보통 불완전명사): 불완전하나마 보통명사 비
슷하게 기능하는 것.
ㄱ. 주격 등에 두루 쓰이는 것: 것, 이, 바, 줄, 이, 데
ㄴ. 지정사의 보격으로 쓰이는 것: 터, 따름, 나름, 뿐, 때문
3) 셈낱덩이 안옹근 이름씨(수단위 불완전명사):셈숱매김씨(수관형사)
뒤에 쓰이는 것:자, 치, 섬, 말, 냥,
돈, 사람, 자루, 층, 마리

그런데 한가지 주목되는 사항이 있다. 최현배(1937)에서 '대로'와 '채'를 들어 관형사형 어미와 관형어 노릇을 하는 명사 아래 의존명사가 통합되는 예와 [잡이]를 다음과 같이 제시하고 있다.

(11) ㄱ. 되는 대로 하시오.
네가 본 대로 말하여라.
ㄴ. 너는 너 대로 가거라.
내 생각 대로는 안 됩니다.
(12) ㄱ. 밤이 달인 채 가지를 꺾어 주오.
그 책상을 책이 얹힌 채 가져오오.
ㄴ. 꽃나무를 뿌리 채 뽑아 갔네.
사과는 껍질 채로 먹는 것이 몸에 좋다 합니다.

[잡이] 여기 말한 대로 '대로, 채'와 비슷한 것에 '수록'이 있으나, 이는 이름씨로 보지 아니 하고 '을수록'을 한 씨끝으로 보았노니, 이는 그 성질이 '대로'만큼 이름씨 될 만한 점이 없기 때문이다.

한편 최현배(1961)에서는 위의 (11)과 (12)는 동일하지만 [잡이]에 다음과 같은 새로운 사항을 추가하고 있다.

[잡이] 여기 말한 '대로, 채'와 비슷한 것에 '수록'이 있으나, 이는 이름씨로 보지 아니하고 '을수록'을 한 씨끝으로 보았노니, 이는 그 바탈이 '대로'만큼 이름씨 될 만한 점이 없기 때문이니라. 그리고 이름씨 아래에 쓰이는 '대로'는 토씨로 보아 다루기로 함이 편리할 것이다.

이처럼 최현배(1961)에 표면적으로 모순되는 내용이 추가된 것은 의존명사와 조사가 명확히 구분되지 않는 경우가 있다는 것을 인식한 것으로 보이는데, 특히 의존명사 앞에 명사가 오는 경우 관형어 노릇을 하는 명사의 성격 규명과 관련하여 시사하는 바가 크다고 하겠다.

Ramstedt(1939:109-123)에서는 의존명사를 'special postparticipial noun'이라 하고 이것은 '분사' 뒤에서 일반적인 의미—일, 사실, 순간, 경우, 장소, 말, 동안, 방법 등—를 나타내는 명사로 쓰이는 경향이 있으며, 조격형인 '고로'와 '대로'를 제외한 나머지는 격조사와 통합하지 않고 주격으로 쓰인다고 설명하고 있다. 의존명사로는 44개의 어휘항을 설정하고 각각의 의미와 용법에 대해 기술하고 있는데, '줄'의 경우 '있는 줄을 알았다'와 '있는 줄로 알았다'에서 '을'을 취할 때와 '로'를 취할 때에 의미 차이가 난다는 사실을 지적하고 있으며6) 44개의 어휘항 가운데 '제, 체, 양, 모양, 고, 쟈, 번, 체, 법, 중, 전, 후, 지경, 원의' 등은 한자어임을 밝히고 있다.

정열모(1946:67-68)은 의존명사를 명사의 가장 발달된 형태라 하고 형식명사라는 명칭을 처음 사용하였는데 이에 대한 설명으로

> '형식 명사는 한 개념을 분해하여서 다른 말에 실질 뜻을 나타나게 하고 자기는 형식 뜻만을 나타내는 것이어서 개념을 나타내는 법이 분업적이기 때문에 서로 상대자를 자유로 선택하여서 결합할 수 있다. 이 점에서 형식 명사는 명사의 가장 발달한 것이라 하겠다. 그리고, 우리 국어에는 하도 많은 형식 명사가 있어서 말할 수 없는 미묘한 의미를 나타내게 된다.'

라고 기술하고 있다. 또한 형식명사를 제1종 형식명사와 제2종 형식명사로 나누어 전자는 '연체어' 밑에 쓰이는 것으로 '것, 바, 줄, 수 리, 터, 뿐, 이, 짓, 적……' 등 36개의 어휘항을, 후자는 다른 '감말'과 형식 명사가 하나로 익어 버린 것으로 '그런따위, 그런데, 그런것, 하는것, 같은데,

---

6) 고영근(1989:97))는 '을'을 취할 때는 화자의 생각이 '옳음'을, '로'를 취할 때는 화자의 생각이 '그름'을 표시한다고 설명하고 있다.

같은것' 등 6개의 어휘항을 설정하고 있다. 그 결과 '것, 데'는 1종과 2종에 다 쓰이는데 2종은 의존명사가 특정 관형사형이나 조사와 묶여 관용화되는 현상을 지적한 것이다.

이희승(1949)에서도 정열모(1946)과 같이 형식명사란 명칭 아래 그 기능적 특징에 주목하여 의존명사의 용법을 설명하고 있다.

김민수(1960:193)은 처음으로 의존명사라는 용어를 사용하였는데 의존명사라는 용어는 자립명사와 대비된 용어로 의존용언과 의존명사는 양태 범주와 밀접한 성격을 가지고 있다고 보았다.[7] 의존명사는 선행어에 따라 다음과 같이 두 가지로 구분하고 있다.

(13) 〔부체어(용언으로 된)〕 + 〔 〕
     나름, 따름, 때문, 바, 수, 양, 줄, 지, 척, 체, 채, 데…
(14) 〔수관형사〕 + 〔 〕
     간, 개, 건, 권, 꾸레미. 그루, 양, 년, 대, 돈, 되, 등, 리, 마
     리, 말, 명, 뭇, 번, 부…

의존명사 가운데 소위 보통 의존명사와 부사성 의존명사는 명사성 접미사로 간주할 수 있다 하여 수량단위 의존명사만을 의존명사로 구분하고 있다.

고영근(1970:34-5)은 매우 풍부한 예문을 바탕으로 의존명사로 간주되던 것들에 대한 상세한 해석과 비판을 통해 의존명사에 대한 종합적인 고찰을 시도하여 의존명사에 대한 본격적인 탐색의 바탕을 제공해 주었다. 고영근(1970:34-5)에서는 '의존성을 띨 것, 통합관계에 제약이 있을 것, 관형사형에 붙을 것, 조사를 취할 것' 등의 4가지 기준에 의하여 57개의 의존명사를 설정하고 선행하는 어미에 따라 '보편성, 현재성, 완료성, 미래성' 의존명사로 그리고 문법적인 기능에 따라 '보편성, 주어성, 서술성, 부사성' 의존명사로 분류하였다.[8] 또한 문법화의 관점에 의거하

---

7) 의존명사라는 용어는 김석득(1965), 서정수(1969), 권재일(1985), 왕문용(1988)
   등에서도 쓰였다.

여 실질명사와 의존명사, 의존명사와 어미 및 조사 간의 동요 상황에 대해 고찰함으로써 변화하는 과정에 있는 의존명사의 특성을 명확히 지적하고 있다.9)

1970년 전후부터 변형생성문법을 바탕으로 한 의존명사 논의가 보인다. 서정수(1968:155-197)은 변형생성문법적 관점에서 보통 의존명사 70개와 셈단위 의존명사 110개를 설정하여 선행 환경과 후행 환경에 따른 자질을 규칙으로 표시하고자 하여 이를 환경자질분석표로 제시하고 있는데 서정수(1994:399-419)에 와서는 그 동안의 의존명사 논의를 종합하기도 하였다. 각 의존명사의 분포 환경을 일일이 검토한 점이 특히 주목할 만하다. 서정수(1994:399-419)는 '의존명사는 반드시 앞의 관형어와 어울린다'는 '으뜸기준'과 '의존명사는 일반으로 그 뒤에 조사나 지정사를 수반하다'는 '보조기준'에 의해 의존명사의 목록을 제시하고 있는데 고영근(1970)과는 달리 '빨, 상, 섯, 차'를 목록에서 제외시키고 있는 것이 특징이다. '빨'과 '섯'의 경우는 그 쓰임이 매우 제약되어 있다는 이유로 목록에서 제외된 것인데 이 '빨'과 '섯'을 공시적으로 어떻게 처리해야 할지에 대한 구체적인 언급은 하지 않았다.

박병수(1974:151-185)는 '하다'와 관련된 보문 구조를 주로 다루면서 '것, 듯, 줄, 뿐, 척, 터' 등의 의존명사를 명사구 보문화의 관점에서 설명하였는데, 의존명사에 대한 통사론적 작업을 본격화시킨 논문이다. 박병수(1974:151-185)는 상위문의 서술어 '하다'와 '이다'에 결합되는

---

8) 그러나 고영근(1970)에서는 최현배(1937)과 달리 수단위 '불완전명사'는 다루지 않았으며 최현배(1937)에서 보조용언의 일부로 처리한 '듯, 만, 뻔, 척(체)'를 의존명사로 처리하는 입장을 보였다.

9) 형식명사가 조사와 같은 문법적 직능을 수행하는 일은 관형사형과 명사뒤에 두루 쓰이는 것들인데 이들 중에서 '뿐'은 같은 의미의 '만과 상보적 분포를 보여준다는 점에서 완전히 조사로 전화했다고 보고 있다. 또한 형식명사가 어미로 전화되는 예는 매우 생산적인 현상이라고 보고 여기에 해당되는 형식명사는 특수성을 띤 형식명사 가운데 서술성과 부사성을 띤 것을 들고 있는데, 서술성을 띤 것은 종결어미와, 부사성을 띤 것은 연결어미와 그 용법이 유사하다고 설명하고 있다. 한편, '바람, 차' 등은 체언에 붙을 때는 특별한 의미를 띠어 제한된 단어에만 붙으므로 접미사화한 것으로 보고 있다.

의존명사에 연결되는 보문은 명사구 보문으로 보고 '-어', '-게', '-고' 등의 보문소를 가진 보문은 동사구 보문으로 다루고 있는데, 관형사절을 명사구 보문으로 이끌어 주는 의존명사를 보문명사로 간주하였다. 또한 '헤엄칠 줄 안다'에 쓰인 '방법, 능력'의 '줄'은 보문의 시제가 미래형이어야 하는 제약과, 보문 주어와 상위문 주어가 동일해야 하는 제약이 있어 그렇지 못한 '물건, 사실'의 '줄'과 통사적으로 차이가 있음도 규명하였다.

특정한 의존명사를 대상으로 하여 그 의미 특성에 대해 논의한 논문으로는 이숭녕(1975), 김용석(1982), 성낙수(1976), 염선모(1979), 이주행(1983), 김두웅(1983) 등이 있다.

이숭녕(1975:105-138)은 중세국어 '것'에 대한 논의로 '것'이 '事, 物, 경우, 향방, 소속물, 소유, 사실, 현상, 과제...' 등을 의미하는 것으로 보았으며, 김용석(1982:11-21)은 '대, 때문, 듯'에 대한 논의이고 염선모(1979:203-222)는 '것, 바, 줄, 수, 데, 이, 리'에 대한 논의이다. 성낙수(1976:183-213)은 '터, 지'만 대상으로, '터'는 '상황' 또는 '처지'를 나타내는 보문명사로 그리고 '지'는 '사실'을 나타내는 보문명사로 처리하였다. 이주행(1983:265-275)는 '수'와 '줄'의 통사 의미적 특성에 대해 논의하였고 김두웅(1983:249-264)에서는 '것, 바, 줄, 이, 데, 수, 체, 듯' 등의 의미를 분석하고 있다.

부사성 의존명사에 대한 논의로는 성광수(1976), 김용석(1982), 왕문용(1984) 등이 있다. 성광수(1976:71-89)는 '이다' 앞의 구문도 다루고 있으나 주로 부사성 의존명사의 범주 문제를 다루고 있는데, 종래의 부사성 의존명사는 명사에서 부사로 전성된 것으로 의존명사에서 제외하여 '부사어 전성 의존명사'로 처리해야 하며 수단위 의존명사 역시 의존명사에서 제외하여야 한다고 보았다. 이에 대하여 김용석(1982), 왕문용(1984)는 명사라는 문법범주와 부사어라는 문법기능이 양립 불가능하지 않다는 전제하에 부사성 의존명사의 분포와 의미기능뿐 아니라 통사론적 분석도 하고 있다.

이주행(1988)에서는 의존명사를 통시적 연구의 대상으로 삼아 현대국

어뿐만 아니라 후기중세국어, 근대국어의 의존명사도 제시하고 있다. 이
러한 통시적 관점은 의존명사의 문법화와 관련하여 의의가 있다. 이주행
(1988:28-87)의 식별 기준은 다음과 같다.

(15) 1. 의존명사와 자립명사의 식별 준거
    1) 자립성 여부   2) 수사와의 공기관계 여부 3) 대체요소 여부
  2. 의존명사와 접미사의 식별 준거
    1) 휴지 유무   2) 구문요소 여부
    3) 하위문을 상위문에 연결시키는 기능 유무 4) 대체요소 여부

왕문용(1987)은 후기근대국어의 의존명사를 대상으로 통합환경, 문법
기능, 의미에 대해 고찰하였다. 통합환경과 문법기능에서는 주로 의존명
사의 공기제약에 대해 검토하였고, 의미의 탐구는 의미적으로 상호관련
이 있는 어휘를 영역별로 분류하고 이 영역 안에서의 상호 대조를 통해
고찰하고 있음이 주목된다.

전통문법과 구조주의문법 그리고 생성문법의 논의를 거쳐 90년대에
들어 전통문법과 생성문법의 해석을 포괄한 논의로 임동훈(1991)을 들
수 있다. 임동훈(1991)은 특히 의존명사에 대한 통사론적 논의의 성격
을 띤 것이다. 임동훈(1991:11)은 의미론적으로 불완전한 측면이 의존
명사의 본질적 특성이라고 보아 '형식명사'라는 용어를 사용하고 있으며
'형식명사'에 대하여 '보어를 필요로 하는 명사'라는 정의를 내리고 있다.
임동훈(1991:21)의 식별 기준을 제시하면 다음과 같다.

(16) ㄱ. 의존명사는 선행 성분(관형어)에 통사적으로 의존적이다. 따라
    서 선행 성분과의 사이에는 속격 이외의 어떠한 조사도 개재될
    수 없다.
  ㄴ. 의존명사는 실질적 의미가 약하며, 형식적 의미를 띤다. 따라
    서 의존명사는 복합어 형성에 참여하기가 어렵다.
  ㄷ. 의존명사는 보어를 요구하며, 홀로는 문법적 직능을 발휘하지
    못한다.
  ㄹ. 의존명사는 대부분 국한된 격조사와만 결합한다.

가장 최근에 이루어진 의존명사에 대한 논의로는 이병모(1995)가 있다. 이병모(1995)에서 특기할 만한 점은 형식명사의 의존성 정도를 선·후행요소와의 통합관계에 따라 수치화한 것으로, 크게 통합관계에 제약이 없는 것, 후행요소는 제약이 없고 선행요소만 제약이 있는 것, 선후행요소와의 통합관계에 제약이 있는 것으로 나누어 논의를 전개하고 있다. 이는 의존명사를 통합상의 제약에 따라 보편성, 주어성, 서술성, 부사성 등으로 나눈 기존의 처리와 통하는 것이라 할 수 있다.10) 그런데 이병모(1995:27)에서는 '모양'에 대해 "날씨가 좀 풀릴 모양이지?"와 같은 문장을 들어 의존명사로 처리하고 있는데 그 결과 이병모(1995)에서만 의존명사로 인정하고 있는 예들이 보인다.

이 밖에 문법화라는 기제를 가지고 의존명사를 다룬 논의로 안주호(1997)과 최형용(1997)을 들 수 있다. 이것은 현대국어의 의존명사 안에 통시적인 문법화가 이미 완성된 것과 공시적으로 문법화 과정 중에 있는 것이 혼재되어 있다는 것을 주목한 점에서 문법화를 '완성된 것'에만 한정해서 다루어온 선행 연구와 구별할 수 있다고 하겠다.

안주호(1997)은 어휘소에서 문법소로 기능이 바뀌는 문법화 현상을 국어의 명사를 대상으로 살펴본 논의로, 문법화를 그 진행 과정에 따라 자립명사가 의존명사로 되는 제1단계와 통사적 구성 또는 단일형태가 접어구성으로 되는 제2단계 그리고 문법화 제2단계에 있던 문법적 기능을 하는 형태 중 일부가 선택되어 문법소로 바뀌는 제3단계로 나누어 고찰하고 있다. 안주호(1997:15)는 문법화를 "주로 어휘적 기능을 하던 것이 문법적인 기능을 하거나 문법적 기능을 하는 형태의 일부로 되는 것, 또 '덜' 문법적인 기능을 하던 것이 '더' 문법적인 기능을 하는 것으로 바뀌는 형상"으로 정의하고, 현대국어 의존명사의 퍼지(fuzzy)한 특성을 '문법화 현상'을 통해 고찰함으로써 완성되고 단절된 것이 아닌 '문법화'의

---

10) 이병모(1995)는 '바람, 나름, 무렵' 등과 같이 체언 뒤에 오는 것에 대하여 선행 체언의 제한성을 이유로 들어 접미사로 처리하고 있는데, 이들을 접미사로 처리한다면 이들과 결합된 '12시 무렵'과 같은 단어들은 사전에 등재되는 파생어가 된다는 문제가 있다.

유동적 특성에 의해 나타나게 되는 의존명사의 범주간의 경계에 걸치는 모호한 특성을 잘 설명하고 있다.

최형용(1997)에서는 의존명사, 보조사 그리고 접미사가 모종의 상관관계를 가진다고 전제하고 원형성이라는 개념 아래 원형적인 의존명사, 원형적인 보조사 그리고 원형적인 접미사의 목록을 작성한 뒤 문법화라는 기제를 통하여 이들의 상관관계를 밝히고자 하였다. 언어는 잠시도 고정되고 멈추어진 것이 아니라 끊임없이 변화하는 존재이므로 공시적인 측면에서도 이러한 변화 양상을 살필 필요가 있다는 점에서 의존명사에 대한 논의에 일조하였다고 하겠다.

민현식(1998)은 지금까지의 의존명사 논의를 전반적으로 고찰하여 정리하였다. 의존명사의 통사-의미적 특성으로 관형어를 요구하는 선행어 제약과 특정 격조사를 요구하는 후행어 제약과 같은 통사적 제약을 통해서 특수한 의미를 실현하는 것을 들고 있으며 의존명사의 의미 기능을 '시상 기능, 양태 기능, 대용 기능, 단위 기능'으로 종합하여 제시하였다.

지금까지 살펴보았듯이 어휘 형태소와 문법 형태소의 특징을 동시에 지닌 의존명사에 대한 논의는 매우 다양하다. 내포문을 모문에 이어 주는 관계대명사, 접속사와 같은 역할로 주목 받기 시작한 의존명사에 대한 연구는 공시적인 연구, 그 연원을 찾는 역사적인 연구, 그 변화의 방향성을 찾는 연구 등으로 그 성과가 상당한 수준에 이르렀다고 하겠다.

의존명사는 그 범주가 지니고 있는 특이성으로 말미암아 이른 시기부터 주목을 받아 왔다. 그러나 아직 그에 대한 논의는 정밀하게 이루어지지 못한 감이 있다. 의존명사의 정의와 그 기능 그리고 식별기준과 그에 따른 목록의 파악 등에 있어서 여전히 논의의 일치에 이르지 못하고 있는 것이다. 본고에서는 이러한 문제점을 해결하고 극복하기 위하여 의존명사의 실제적인 쓰임을 파악할 수 있는 말뭉치 언어학적인 입장과 언어의 역동성을 인정하는 문법화의 관점을 도입하고자 한다. 이론 문법과 더불어 실제의 언어생활에서 사용된 자료를 기반으로 하여 의존명사를 총체적으로 파악함으로써 의존명사의 어휘론적 그리고 통사, 의미론적인 특성을 체계적으로 논의하고 나아가서 언어학의 응용 분야라 할 수 있는 사전 편찬과 전산학의 자연 언어 처리 분야에서도 유용하게 쓰일 수 있는 자료를 제공하고자 한다.

1.3. 논의의 구성

본고는 말뭉치 자료에 대한 분석을 통하여 현대 국어 의존명사의 특성을 파악하고자 하는 것으로 우선 본고에서 논의의 대상으로 삼는 의존명사의 목록은 다음과 같다.

(17) 깐, 것, 게, 겸, 길, 김, 나름, 나위, 녀석, 년, 녘, 노릇, 놈, 따름, 따위, 딴, 때문, 대로, 덧, 데, 동안, 둥, 들, 듯, 등, 등지, 리, 마련, 만, 만큼, 말(씀), 모양, 무렵, 바, 바람, 밖, 빨, 법, 뻔, 뻘, 분, 뿐, 상, 서슬, 섰, 성, 셈, 손, 수, 십상, 양, 이, 이래, 일쑤, 자, 짝, 적, 조, 족족, 쪽쪽, 줄, 즈음, 즉, 지, 지경, 직, 차, 참, 채, 척, 체, 축, 치, 터, 턱, 통, 판, 편, 폭, 품, 한, 해

2장은 의존명사의 특성을 파악하고 그 목록을 작성하기 위한 작업으로서 먼저 의존명사의 개념과 형태론적, 의미론적, 통사론적 특성을 살펴볼 것이다. 이러한 언어이론적인 의존명사의 특성을 토대로 하여 의존명사 목록을 확정하기 위한 의존명사 식별 기준을 마련한다. 기존 연구에 제시된 위의 목록 가운데 의존명사로 인정할 것인가가 문제되었던 예를 대상으로 의존명사 여부를 식별하여 목록을 작성한다. 의존명사를 식별하는 기준은 앞장에서 검토한 의존명사의 특성에 의하겠지만 개념적으로 제시된 의존명사의 특성에 의해 의존명사 여부를 식별하기 어려운 경우에 있어서는 말뭉치 분석 결과로 얻어지는 빈도 정보를 이용할 것이다.

3장에서는 2장의 논의를 통해 얻어진 의존명사 목록을 대상으로 하여, 의존명사의 유형을 나누고 각 의존명사의 유형에 따른 특성을 기술하고자 한다. 의존명사는 문장 내에서 단독으로 존재할 수 없고 항상 선행 요

소를 필요로 한다. 그러므로 어떠한 통사적 환경에서 어떠한 기능을 하는가 하는 것은 의존명사의 유형을 나누는 데 있어서 중요한 기준이 될 것이다. 따라서 의존명사의 기능에 따라 그 유형을 나누고 각 유형에 속하는 의존명사의 특성을 검토함으로써 통사적인 제약과 의미기능의 관련성에 대해 살펴볼 것이다.

4장에서는 본론에서의 논의를 요약하고, 남은 과제들을 정리한다.

2. 의존명사의 특성과 목록

2.1. 도입

　본장에서는 논의의 대상이 되는 의존명사의 목록을 작성하기 위하여 의존명사의 성격을 정의하고 그 특성을 기술하고자 한다. 의존명사의 특성을 기술하는 것은 의존명사의 목록을 작성하는 데 있어서 필수적인 것이라고 할 수 있을 것이다.

　2.2절에서는 의존명사의 정의에 대해서 살펴 본다. 의존명사의 성격 정의는 두 가지 측면에서 이루어질 수 있다. 하나는 의존명사가 가지는 통사적 의존성의 측면이고, 다른 하나는 분포와 기능의 측면이다. 즉, 통사적으로 의존적이기는 하지만 분포나 기능면에서 명사라는 특성을 수용하여 정의를 내린다.

　2.3절에서는 의존명사의 특성을 어휘론적, 통사론적, 의미론적 특성과 문법화에 따른 특성으로 나누어 기술할 것이다. 이들 의존명사의 특성은 의존명사를 식별하는 데 있어서 혼란을 발생시키기도 하지만 동시에 의존명사 식별의 문제에 유용한 기준으로도 사용될 수 있는 것들이다.

　2.4절에서는 의존명사 논의에서 의존명사인지 아닌지 식별에 있어서 문제가 되었던 형태를 대상으로 의존명사 여부를 검토하여 의존명사 목록을 설정할 것이다. 의존명사 식별의 문제는 그 성격에 따라 '자립명사

와 의존명사', '조사와 의존명사', '파생접사와 의존명사', '어미와 의존명사'로 나눌 수 있다. 2.3절에서 설정된 의존명사 기준에 따라 문제가 되는 형태를 각각 검토하여 의존명사의 목록을 설정하고 그 유형을 분류할 것이다.

2.2. 의존명사의 정의

의존명사란 명사의 통사론적 기능을 가지나 어휘 의미가 분명하지 않고 문장에서 쓰일 때 다른 환경요소의 도움을 받아 그 의미가 뚜렷해지는, 자립성이 완전하지 못한 형태를 지칭한다. 여기서 환경요소라 함은 선행 관형어구뿐만 아니라 후행하는 서술어와 전체적인 통사구조 모두를 포괄하는 것으로 이해되어야 한다. 의존명사의 명칭은 논의의 관점에 따라 '의존명사', '형식명사', '불완전명사' 등 여러 가지 다른 이름으로 불려 왔으며, 정의 또한 논의에 따라 약간씩 차이를 갖고 있다.

'의존명사'라는 명칭은 김민수(1960)에서 최초로 사용된 것으로 최현배(1932)의 '안옹근이름씨(불완전명사)'와 함께 구조적 관점에서 붙여진 이름이다.[11] 정렬모(1946)에서는 '형식명사'라는 명칭을 사용하고 있는데 이는 형식적인 뜻뿐이고 실질적인 뜻이 없는 개념을 나타낸다는 의미상의 관점에서 붙여진 이름이다. 고영근(1970)에서는 '체언적 준자립형식'이라는 명칭을 사용하고 있지만 의존형식이 형식적 관계를 지시한다는 사실을 상기할 때 종래의 형식명사라는 이름이 온당한 명칭인 것 같다는 언급을 하고 있다.

'의존명사'와 '형식명사'는 엄밀한 의미에서 서로 의미하는 바가 다르다고 할 수 있다. '의존명사'는 '자립명사' 내지 '완전명사'에 대해 '의존성'을, '형식명사'는 '실질명사'에 대해 '형식성(문법성)'을 부각시킨 용어로 '의존명사'는 구조적 자립성을, '형식명사'는 의미적 실질성을 문제삼는 용어라고 하겠다. 의존명사의 의미가 실질명사와 비교할 때 뚜렷한 대상적인 의

---

11) 북한에서는 '불완전명사'라는 용어를 사용하고 있다.

미를 가지지 못하는 것은 사실인데, 의존명사의 의미가 모호한 것은 문법화와 관련된 현상이라고 할 수 있다. 문법화 과정에는 필연적으로 어휘의 의미상실이 수반되는데, 공기관계가 고정되면서 의미해석의 많은 부분이 통사적 환경에 의존하게 되며 단독으로는 구체적인 의미를 갖지 못해 의미의 모호성이 발생하게 된다. 그러나 의미가 모호하다고 하여 그 자체의 의미가 전혀 없이 관계적인 그리고 형식적인 의미만을 가진다는 것은 아니다. 본고에서는 의존명사의 가장 큰 특징을 '의존성'이라고 판단하여 '형식명사'보다는 '의존명사'라는 용어를 사용하고자 한다. 여기서의 '의존성'이란 비단 통사론적인 측면에서의 의존성 뿐만 아니라 형태론적 그리고 의미론적인 측면에서의 '의존성'을 아울러 의미하는 것이다.

의존명사의 명칭과 마찬가지로 의존명사에 대한 정의도 논의에 따라 약간씩의 차이점을 가지고 있다. 최현배(1937)에서는 "불완전한 이름씨란 것은 완전한 독립성을 가지지 못한, 곧 제 홀로는 쓰이지 못하고 항상 어떤씨나 풀이씨의 어떤꼴이나 어떤씨 노릇을 하는 이름씨 아래에 붙어 쓰이는 이름씨"라고 정의하고 있으며, 유창돈(1961)은 "의존명사란 원래 자립형태소였던 것이 의존형태소로 그 통사상, 의미상의 변화를 입고 있는 과도기적 형태"로, 김민수(1971)은 "본질의 뜻이 없고 다만 문법적 기능이 명사와 동일하다"로 정의하고 있다. 이 외에 이을환·이철수(1983)은 "관형어의 선행을 필수요건으로 하는 의존형식"으로, 임동훈(1991)은 "보어를 필요로 하는 명사"로 정의를 내리고 있다.

이상의 견해는 크게 세가지로 분석된다. 첫 번째는 의존명사가 '자립성이 결여되어 있다'는 것이고, 두 번째는 '실질의미가 결여되어 있다'는 것이며, 세 번째는 '실질어에서 형식어로 바뀌어 가는 과도기적 형태이다'라는 것이다. 이 중 첫 번째 것은 의존명사가 관형어의 수식을 필수적으로 받아야만 문 내에서 자립적으로 쓰일 수 있는 '의존형태소'임을 나타내는 것이고 두 번째 것은 의존명사의 의미가 다른 자립명사들과는 달리 자체에 실질적으로 존재하지 못하고 문맥에 의존해서만 드러나는 추상적인 것임을 말하는 것이다. 세 번째 것은 어휘형태소와 문법형태소의 특징을 모두 갖춘 의존명사의 특성에 주목하여 실질어와 형식어의 중간에 놓인 의존명사의 과도기적 성격을 나타내는 것인데, 의존명사가 실제로 실질형태소에서 형식형태소로 넘어가는 과정에 있는 형태라 할지라도 공시적으로는 엄연히 문법화의 과정을 거쳐 그 결과물로 존재하는 형태라는 사실을 상기할 때 '과도기적 형태'라는 것은 의존명사의 한 특성은 될 수 있으나 의존명사에 대한 정의로는 불충분하다고 여겨진다. 따라서 위의 여러 견해를 포괄하여 다음과 같이 정의를 내릴 수 있다.

(1) 의존명사의 정의:
　　〔의존명사는 관형어를 필수적으로 요구하는 명사이다.〕

2.3. 의존명사의 특성

2.3.1. 어휘론적 특성

의존명사의 어휘론적 특성은 크게 다섯가지 측면에서 살펴 볼 수 있다. 첫번째는 형태음소론적 측면에서의 의존성에 대해서인데, 유필재(1994: 22-24)에서는 다음의 몇 가지 현상을 들어 의존명사가 형태음소론적으로 볼 때 의존형식임을 보여 주고 있다.

먼저 휴지의 측면에서 다음의 (2)들 중 선행 관형어와 의존명사 사이에 휴지를 두어 발음이 가능한 것은 없다.

(2) ㄱ. 먹을 것
　　ㄴ. 알 바
　　ㄷ. 할 줄

분리성의 측면에서 선행 관형어와 의존명사 사이에는 어떤 단어도 들어갈 수 없다.

(3) ㄱ. * 먹을 좋은 것
    ㄴ. * 알 그 바
    ㄷ. * 할 쉬운 줄

또한 형태음소론적으로 의존명사는 일반적인 의존형식과 동일한 모습을 보여 준다.

(4) ㄱ. 볼 것 /볼껃/
    ㄴ. 할 듯 /할뜯/
    ㄷ. 읽을 줄 /일글쭐/
(5) ㄱ. 먹을수록 /머글쑤록/
    ㄴ. 갈지라도 /갈찌라도/

(4)에서 볼 수 있듯이 의존명사는 관형사형 어미 '-을' 뒤에서 경음화하는데, (5)처럼 역사적으로 관형사형 어미 '-을' 아래서 어미화한 것들 역시 경음으로 발음된다. 이러한 사실은 비록 띄어쓰기에 의해 구별되고는 있지만 의존명사가 어미와 같은 의존형식임을 무엇보다 잘 뒷받침해 주는데 자립형식에는 이러한 변이가 일어나지 않기 때문이다.

국어의 한자음 중 /n/이 /i, j/ 앞에 오는 '녀, 뇨, 뉴, 니'가 단어 첫머리에 올 때는 다음 (6)에서 보듯이 국어의 음소배열규칙 중 하나인 두음법칙이 적용되어 '여, 요, 유, 이'로 발음 된다.

(6) ㄱ. 여자 : 소녀
    ㄴ. 요소 : 방뇨
    ㄷ. 유대 : 결뉴
    ㄹ. 익명 : 은닉

의존명사로 쓰이는 '냥, 년'은 일부 방언의 경우를 제외하면 어떤 경우에도 '양, 연'으로 발음되지 않는데 비어두에서와 마찬가지로 /n/ 음소를 인식할 수 있는 것은 이들이 늘 단어의 일부로서 사용되지 결코 단어의 첫머리에 올 수 없음을 말해주는 것이다.

한자음 중 /r/이 /i, j/ 앞에 오는 '랴, 려, 례, 료, 류, 리'가 단어 첫머리에 오게 되면 역시 일부 방언의 경우를 제외하면 두음법칙으로 인하여 (7)처럼 '야, 여, 예, 요, 유, 이'로 발음 된다.

(7) ㄱ. 양심 : 선량
    ㄴ. 역사 : 이력
    ㄷ. 예의 : 사례
    ㄹ. 용궁 : 와룡
    ㅁ. 유행 : 시류
    ㅂ. 이해 : 도리

그러나 의존명사로 쓰린 '리¹'과 '리²'는 '이'로 발음되는 적이 없다.

(8) ㄱ. 몇 리나 더 가야 되나요?
    ㄴ. 그 사람이 그럴 리 없어.

이러한 사실도 의존명사가 자립형식이 아닌 의존형식임을 뒷받침해 주는 근거가 될 수 있다.

이상의 사실을 근거로 유필재(1994)에서는 의존명사가 선행 관형어와 함께 음운론적 단어를 이룬다고 서술하고 있다.12) 그러나 이러한 형태음

---

12) 음운론적 단어는 유필재(1994)에서 설정한 단위로, 이는 연속적인 언어음을 음운론적으로 분석할 때 그 최소 단위가 되는 것을 말하는 것이다. 음운론적 단어의 설정 기준으로는 자립성과 분리성을 들고 있는데, 즉 음운론적 단어는 자립성을 가져야 하고 분리성은 허용하지 않는다는 것이다. 자립성을 갖는다는 말은 단어 양 끝에 잠재적 휴지를 가질 수 있다는 말이고 분리성을 허용하지 않는다는 말은 단어 내부에 다른 음운론적 단어가 개입될 수 없음을 말한다. 이런 기준에 따르면 의존명사, 보조용언, 부정부사 등은 모두 독립적인 음운론적 단어를 이루지 못하고 그 일부가 된다. 예를 들어 "그 찬장 속에는 먹을 것이 많아 보인다."라는 문장은 통사론적 층위에서는 '그, 찬장, 속, 에, 는, 먹, 을, 것, 이, 많, 아, 보이, ㄴ다'의 13개의 문장형성소로 이루어져 있지만 음운론적 층위에서는 '그, 찬장, 속에는, 먹을것이, 많아보인다'

소론적 사실은 하나의 형태소가 자립적이냐 의존적이냐를 결정하는 데는 중요한 기준이 될 수 있으나 그 형태소가 단어인지 아닌지 그리고 그 형태소의 범주를 판별하는 데는 절대적인 기준이 되지 않는다. 의존명사는 형태음소론적 관점에서는 의존형식의 범주에 들 수 있어도 통사론적 분포로는 체언적인 자립형식에 소속되기 때문이다.

의존명사의 두 번째 어휘론적 특성은 음절에서 찾을 수 있는데, 의존명사는 주로 단음절어라는 점이 특징이다. 의존명사로 간주되는 어형들 중 2음절어는 '나름, 나위, 대로, 따름, 따위, 때문, 만큼, 무렵, 바람, 즈음, 노릇, 동안, 등지, 마련, 모양, 족족, 지경, 십상' 등이고 나머지는 모두 단음절어이다. 단음절어일 경우 선행요소와 폐쇄 연접으로 통합되기가 용이한데 이것은 의존명사의 의존적인 특성과 밀접한 관계가 있는 듯하다. 대부분의 의존명사가 단음절어이고 2음절을 초과하는 의존명사가 없다는 사실은 분명히 의존명사의 한 특징이 될 수 있다(왕문용 1988:56).

의존명사의 세 번째 어휘적 특성은 그 기원적인 측면에서 찾아 볼 수 있다. 모든 의존명사가 어떻게 형성되었는지 그 기원을 파악하는 것은 불가능하지만 대다수의 의존명사는 역사적으로 실질명사 등에서 형성된 경우가 많다. 의존명사의 발생 요인으로는 크게 다음의 세 가지를 생각해 볼 수 있다.

첫 번째 요인은 차용으로 인한 경우이다. '이래, 자, 중, 차, 체' 등의 경우가 이에 해당되는데, 이처럼 추상적인 차용어는 언어 차용에서 볼 때 차용이 매우 어려운데 이들 어휘는 차용되어 제한된 범위에서나마 활발하게 사용되고 있는 점이 특징이라고 하겠다. 이와 같이 차용된 한자어가 의존명사로 전화하게 된 것은 차용된 한자어가 국어 어휘체계 속에서 자립명사의 지위를 획득하지 못하고 고립되어 특정한 구문에서 어근과 같은 지위에 머물게 되었기 때문으로 보인다.13)

의 5개의 음운론적 단어로 이루어져 있다고 기술하게 된다.
13) 이기문(1986:792)에 의하면 차용어는 "일반적으로 그 언어의 어휘체계 속에서 고립되어 있음"을 특징으로 하는데 이럴 경우 제한적인 의미로만 쓰임으로써 의존명사화할 수 있는 것으로 판단된다.

두 번째는 문법화로 인한 경우이다. 문법화를 일으키는 기제로는 은유, 재분석, 유추 그리고 융합을 들 수 있는데,14) 이 네 가지 기제는 문법화 과정에서 모두 적용되는 것이 아니라 단계마다 기제가 다르게 적용된다. 이 중 자립명사가 의존명사로 문법화되는 과정에는 은유의 기제가 주요하게 작용하는 것으로 보인다. 실질명사 중 일부는 관용화로 인한 분포 환경의 협소화를 겪으면서 의존성을 띠게 되는데, 자립적 어휘소가 의존성을 띠게 되는 것은 구체적인 의미가 추상적인 의미로 확대되었기 때문이다. 즉 변화된 의미로 제한된 환경에서 자주 쓰임으로써 의존명사로의 전화가 일어난다고 할 수 있다. 구체적인 의미에서 추상적인 의미로의 확장에는 은유적 확장이라는 기제가 작용하게 된다. 예를 들어 '터'의 경우 본래는 '장소'를 뜻하였지만, '근거'의 의미로 확장되어 간다. 즉 '공간'이라는 기본적인 의미가 '구체적이고 물리적'인 범주에서 '심리적인 범주'로 이동된 것인데, 이러한 내부의 의미변화에는 '은유'의 기제가 적용되는 것이다.

세 번째는 문법 체계상의 인력을 들 수 있다. 국어에는 접속어가 따로 없다. 문장의 종속접속은 연결어미에 의하여 이루어지지만 영어의 종속접속사와 같이 다양한 의미를 보충하며 문장을 종속접속하는 장치는 결여되어 있으므로 이러한 구실을 하는 문법적인 요소를 필요로 하게 되는데, 이러한 요구에 의해 의존명사가 발생되는 경우도 있다고 하겠다.이에 해당하는 것으로는 '양, 겸' 등을 들 수 있다.15)

---

14) 안주호(1997:33-39)에서 이 네 가지 기제에 대한 자세한 설명을 볼 수 있다. 문법화는 의미의 변화에서 출발한다고 볼 수 있는데, 구체적인 의미가 추상적인 의미로 확대되는 데는 반드시 은유적 확장이라는 기제가 들어가게 된다. 재분석은 기존의 구조가 아닌 다른 구조로 파악하려는 것으로 '융합'이 일어나기 전에 융합된 구조로 인식하려는 심리적 단계를 뜻한다. 이런 재분석이 한 문장에서 횡적인 구조를 체계화하는 것이라면, 유추는 다른 예에 맞추어 종적인 관계에서 유사해지려는 것이다. 이러한 재분석과 유추가 적용된 후, 더 진전되면 융합이 일어나 통사적인 구성이 형태적인 구성으로 되는 것이다.

15) 국어는 접속어가 따로 없다. 문장의 종속접속은 종속적인 연결어미에 의하여 이루어지지만 영어의 종속접속어(subordinator)와 같이 다양한 의미를 보충하며 문장을 종속접속하는 장치가 결함된 구조는 필연적으로 이러한 구실을 하는 문법적인 요소를 필요로 하게 된다. 따라서 영어의 종속접속어와 같은 구실을 하는 국어의 의존명

지금까지 의존명사의 발생에 대해 살펴 보았는데, 이러한 의존명사의 발생은 무질서하게 일어나는 것이 아니라 Anttila(1972)가 밝힌 '체계상의 빈칸' 이론이나 Lyons(1977)의 '어휘적인 틈' 이론이 적용되어 체계에서 필요한 의존명사가 발생되는 것으로 보인다. 새로 발생된 어휘가 그 영역 내에서 어떤 빈칸을 채우게 될 때 생명력이 유지되고 그렇지 못한 경우는 소멸하거나 다른 어휘를 소멸시키게 된다. 예를 들면 근대국어 시기에 의존명사화한 '쪽'은 같은 영역에 속하는 '데, 중, 녘'에 대조되어 '녘'과 의미가 충돌하게 되는데 이로 인하여 영역 내의 어휘간에 변화가 일어나 '녘'이 소멸의 길을 걷게 되는 것이다(왕문용 1988:56).

의존명사의 네 번째 어휘론적 특성은 단어형성의 측면이다. 단어형성은 어휘적인 면, 문법적인 면과 밀접한 관계를 가지고 있다. 거의 모든 단어는 그가 속하는 품사의 특성에 맞는 단어형성의 방식을 가지며, 단어형성 능력 또한 가지고 있다. 보조동사를 비롯하여 '준자립형식'이라고 불릴 수 있는 단어는 일반적으로 단어형성 능력이 없는 것으로 인정되며 의존명사 역시 단어형성 능력이 없는 것으로 인정되어 왔다. 그러나 과연 의존명사가 단어형성 능력이 있는지 없는지에 대해서는 구체적으로 분석해 볼 필요가 있다.

단어형성의 측면에서 의존명사의 첫 번째 특징은 그 어근성이다. 의존명사는 자립명사와 달리 파생이나 복합에 의해 형성된 경우가 거의 없고 단일형태소로 이루어져 있다.[16) 두 번째 특징은 의존명사에 따라 단어형성의 능력 면에서 차이를 보이는데, 자립명사에 가까운 의존명사일수록 복합어 형성이 가능한 반면 자립명사에서 멀어질수록 선행 형식이나 후행 형식과 연어를 구성하는 경우가 많으며 그 중에는 선행 형식과 결합하여 어미화 또는 접사화하는 경우도 있다.[17) 그러나 복합어 형성에 참여하는 경우

사가 다양하게 요구된다고 하겠다.

16) 의존명사 '대로'는 예외적으로 의존명사 '대'와 조사 '로'가 결합하여 이루어진 의존명사이다. 안병희(1967:194), 이기문(1972:174)에서는 '대'는 '닳-(如)'에서 파생된 부사가 굳어진 것으로 이미 중세 문헌에도 나타남을 지적하고 있다. '대'는 '겨딕도록'처럼 후기 근대국어에서도 그대로 모습을 유지하고 있었다.

라도 의존명사는 복합어의 선행 형식으로 참여하는 경우는 없으며, 파생어를 형성할 경우에도 그 파생어의 어기로 기능할 수는 없다. 선·후행 형식과의 긴밀한 결합 양상에 대한 자세한 논의는 3장에서 이루어질 것이다.

2.3.2. 통사론적 특성

의존명사의 통사적 특성 중에서 첫 번째로 들 수 있는 것은 그 구조적 의존성이다. 의존명사는 선행 성분에 의존해서만 명사로서의 통사적 기능을 수행할 수 있다. 이처럼 의존명사는 자립명사와는 달리 선행 성분을 필수적으로 요구하는 것이 큰 특징인데, 선행 성분으로 올 수 있는 종류는 다음과 같다(서정수 1994:403).

> (12) 의존명사에 선행하는 관형어
> ㄱ. 관형사 : 이, 그, 저, 새, 헌, 옛, 모든
> ㄴ. 용언의 관형사형 : 〈용언+관형사형 어미 '-ㄴ/-은, -ㄹ/-을〉
>   읽는, 좋은, 읽은, 읽을
> ㄷ. 체언의 관형사형 : 〈체언+의〉 : 책의, 내, 네
> ㄹ. 체언 자체
> ㅁ. 용언의 명사형 : 〈용언+명사화소 '기'〉 : 먹기, 읽기

(12ㄹ)처럼 체언이 선행하는 경우에는 의존명사, 접사, 조사 중에서 어느 것인지 판별하기가 어려운 예가 많이 나타나는데, 'N+의존명사', 'N+접사' 그리고 'N+조사'는 구조상 동일한 것으로 보이기 때문이다. 이 경우 문제는 과연 체언이 단독으로 관형어로 기능할 수 있는가 하는 것인데, 이와 관련하여 임홍빈(1981)을 살펴볼 필요가 있다.

임홍빈(1981)은 그동안 명사를 실체성과만 관련시킴으로써 명사의 기능 가운데 관형사적인 기능이 간과되었음을 지적하고, 명사의 용법 중에는 성질이나 상태를 표현하거나 그 관련 대상을 지시할 수도 있는 관형사

---

17) '것'의 경우 '들것'처럼 복합어 형성에 참여하기도 한다.

적 용법이 있다는 점을 강조하고 있다. 그리고 사이시옷은 통사적 파격 구성에 나타나고 통사적 구성에는 나타나지 않는데, 명사가 관형사적 용법으로 쓰이는 '명사+명사' 구성은 통사적 구성이기 때문에 사이시옷이 나타나지 않는다고 설명하고 있다. 임홍빈(1981)의 논의에 대해서 최형용(1997)은 명사의 관형사적 용법은 가능하다 할지라도 의존명사의 경우에는 이를 받아들이기 어렵다고 보고 있다. 그 이유는 '명사+의존명사'의 경우 선행 명사가 후행 명사의 성질이나 상태를 표현하거나 그 대상을 지시하여 쓰인다고 볼 수 없기 때문이며, 또한 제1요소가 제2요소의 재료일 때 사이시옷이 개입되지 않는 것은 재료는 성질로서 관형사가 가진 본래적인 특성과 관련되기 때문이라는 임홍빈(1981)의 설명이 '명사+의존명사' 구성에는 어울리지 않는 해석이기 때문이라는 것이다.

그러나 왕문용(1988)에서는 $N_1 + N_2$의 관형구조의 두 명사 사이의 의미관계는 보문과 보문명사의 의미관계와 흡사한데, '명사+의존명사' 구성도 동일한 의미관계를 가지므로 이러한 구성에 나타나는 후행 성분 역시 명사(의존명사)로 보는 것이 타당하다고 설명하고 있다. 예를 들어 '콩만큼'에서는 '유사정도'의 실질적인 내용이 '콩'이며, '겨울 동안'에서는 '동안'에 해당되는 구체적인 내용이 '겨울'인 것으로 해석할 수 있다는 것이다. 그러나 '만큼'이나 '동안'이 '콩'이나 '겨울'과 동격의 의미관계를 가진다고 말하기는 어려울 것으로 보인다. 따라서 명사와 직접 결합하는 형태의 경우는 전형적인 관형구성을 이룬다고 할 수 없으므로 기본적으로 의존명사에서 제외되어야 할 것으로 생각된다.

그런데 명사 선행 구성의 경우를 의존명사에서 제외한다고 할 때 문제가 되는 것은 명사에 직접 결합하기도 하지만 관형사나 관형사형 어미 뒤에 결합되기도 하는 예의 존재이다. 예를 들어 '바람'은 '잠옷바람'처럼 명사에 결합되기도 하지만 관형사형 어미를 선행시킬 수도 있고(우는 바람에) 관형사와도 결합이 가능하다(그 바람에). 명사에 결합하는 '바람'이 의존명사가 아니라고 한다면 자립성이 없이 관형어 뒤에서만 나타나는 동일한 형태의 '바람'을 어떻게 처리할 것인지가 문제가 된다. 이는 다의어로 처리할 것인가 아니면 동음이의어로 처리할 것인가의 문제라고 할 수 있는데, 이런 문제의 예가 존재하게 되는 근본적인 이유는 문법화의 특성 때문인 것으로 보인다. 문법화가 가진 특성 중에는 지속성과 단계성의 특성이 있는데, 자립명사에서 의존명사로의 문법화에서나 또는 의존명사에서 문법형태소로의 문법화에서도 이런 특성이 나타난다. 즉 자립명사에서 의존명사로 전화하였어도 자립명사였을 때의 특성이 완전히 없어지지 않고 부분적으로는 유지되기도 하며, 또 자립명사와 의존명사의 사이에 여러 중간단계가 존재하기도 하므로 다의어나 동음이의어로 분리하는 것이 쉽지 않은 것이다. 이러한 문제에 대해서는 의존명사의 목록을 확인하는 장에서 상론하겠지만, 이처럼 식별이 어려운 예의 경우 말뭉치 자료에 나타난 빈도수가 유용한 정보로 사용될 수 있을 것이다.

　선행 요소와 관련하여 나타나는 의존명사의 또 다른 특징은 다음 (13)에서 보듯이 수관형사인 '한, 두, 세, 네' 등이 선행 요소로 올 수 없다는 점이다.

　　(13) ㄱ. 저기에 두 사람이 온다.
　　　　ㄱ′ *저기에 두 이가 온다.

　이로 볼 때 의존명사는 〔-가산〕의 의미자질을 가지고 있는 것으로 보인다.

　의존명사의 또 다른 통사적인 특성으로는 관형절을 모문에 연결하는 연결소적인 기능을 들 수 있다.18) 의존명사의 이런 기능은 일찍부터 주목받아 왔는데, Ramstedt(1939:123)에서는 의존명사가 접속사 대신 문장을 확장할 수 있는 기능을 담당하고 있다고 언급하고 있으며 고영근(1970:28)에서 "종속절을 이끌어 주절에 결합시키는 것이 형식명사의 중요직능"이라 한 것도 같은 맥락의 논의이다. 의존명사가 참여하는 구성은 '관형사절＋의존명사', '체언＋의존명사', '체언＋의＋의존명사'로 정리

---

18) 이러한 기능은 영어의 종속접속어와 거의 일치하는 기능이다.

할 수 있는데, '관형사절+의존명사'의 경우는 문장을 이끌어 연결하는 것이고 '체언+의존명사'와 '체언+의+의존명사'의 경우는 체언을 이끌어 모문의 의존명사에 연결하는 것이다.

의존명사의 통사적 특성 중 마지막으로 살펴 볼 것은 격변화의 측면에서이다. 의존명사는 명사이므로 격조사의 통합이 가능한데, 후행 조사 선택에 제약이 없는 의존명사 부류가 있는가 하면 어느 정도의 제약이 있는 부류와 극히 제한된 격조사만을 취하는 부류가 있어, 격조사 선택에 있어 차이를 보인다는 점이 특징이다. 이러한 현상 역시 명사성의 정도에 따라 나타나는 결과로 생각된다.

2.3.3. 의미론적 특성

의존명사는 실질적인 뜻이 없이 형식적인 개념만을 나타낸다고 생각하는 경향이 있다. 실질적인 의미라는 것은 구체적으로 그 어떤 대상이나 현상을 명명하고 표현하는 의미를 말한다면 형식적인 의미는 자체의 의미는 없이 문장에서 단어간의 문법적 관계를 표현해 주는 문법적 의미를 말한다. 어휘적 의미(실질의미)와 문법적 의미는 추상성 단계에서 큰 차이를 가지는데, 일반적으로 문법적 의미는 어휘적 의미보다 실제적으로 존재하는 구체적인 대상과 현상으로부터 더 큰 일반화와 추상화 과정을 거친다. 의존명사는 문장내에서 단어간의 관계를 표현하는 의미를 나타내는 것이 아니므로 형식적인 의미만을 가지고 있다고 할 수 없다. 비록 모호하기는 하여도 의존명사는 그 자체의 고유한 의미를 가지고 있다. 이처럼 고유의 의미를 가지고 있음에도 불구하고 종종 형식적인 의미를 지닌 것으로 생각되는 이유는 바로 의존적인 특성에서 연유하는 것이다. 의존명사는 형태론적, 통사론적으로 의존적일 뿐만 아니라 의미론적으로도 의존적인 것이 특징이다. 의미론적으로 의존적이라는 것은 의존명사 단독으로는 구체적인 의미를 나타낼 수 없고 반드시 의미를 제한하고 보충하여 주는 선행 요소에 의존하여서만 문맥에 나타나는 특성을 말한다. 즉

의존명사는 의미해석의 많은 부분을 통사적 환경에 의존하게 되는데 이
는 한편으로는 의존명사가 통사론적으로 의존적임에 따른 당연한 귀결이
라고도 할 수 있고 다른 한편으로는 의존명사가 어휘 의미에 있어서 그
추상성이 높음으로 인해서이기도 하다. 추상성이 높은 어휘는 집합이나
종류를 가리키고 추상성이 낮은 어휘는 집합이나 종류 중의 한 구체적인
대상을 가리킨다. 의존명사는 이렇게 추상성이 높기 때문에 문맥에서 실
현될 때 반드시 의미를 제한하여 주는 선행 요소를 필요로 하게 되고 따
라서 선행요소에 의존하여 문맥에 나타나는 것이다.
  의존명사는 집합이나 종류를 가리키는 추상성이 높은 어휘이므로 다음
(15)에서 볼 수 있듯이 문맥에 따라 여러 가지 다양한 의미로 해석되는
특성을 보인다.

  (15) ㄱ. 네가 어제 산 것은 불량품이다. (사물)
       ㄴ. 바보 같은 것이 또 운다. (사람)
       ㄷ. 토끼를 잡아 먹은 것은 호랑이다. (동물)
       ㄹ. 얼음이 언 것을 보았다. (현상)
       ㅁ. 네가 찾아 온 것은 3일 전이었다. (사실)
       ㅂ. 네가 옳다고 하는 것은 다 옳다. (판단)
       ㅅ. 네가 괴로운 것을 알고 있다. (심정)

  (15)처럼 의존명사가 그 통사적 환경에 따라 다양한 의미를 나타내고
는 있지만 의존명사도 다른 어휘와 마찬가지로 한 형태는 한 의미를 가진
다는 원칙에 따른다. 표면적으로 드러나는 의미의 개별성은 기본적인 의
미가 통사적 환경에 의해 변이된 것으로 표면적 의미와 기본적인 의미 사
이에는 함의 관계가 성립한다. 말하자면 추상성이 높은 어휘와 그 하위어
사이에 함의 관계가 성립하는 것이라고 할 수 있는데 추상성이 높은 어휘
일수록 보다 많은 하위어를 포괄할 수 있으며 그 하위어가 사용될 수 있
는 모든 문맥에 나타날 수 있는 것이다.
  한편 의존명사는 용언의 관형사형 및 상위문 서술어와의 공기 제약이

심하고 선행 요소의 범주나 의존명사의 문장내에서의 성분 등에서도 제약을 받는 경우가 많은데 이 또한 의존명사의 의미적 특성 중의 하나라고 하겠다.

(16) 한국에 {*간, *가던, 가는, 갈} 수가 있다.

(16)에서 '수'는 '-ㄴ, -던'과의 공기에 제약을 가진다. 이러한 관형사형 어미의 제약은 원칙적으로 표제명사의 의미적인 특성과 관련되는 제약으로, 관형형 어미 '-ㄴ'은 [과거, 완료, 경험]의 의미 자질을 가지며 '-는'은 [현재, 현실, 진행]의 의미자질을 그리고 '-ㄹ'은 [미래, 추정, 의지] 등의 의미자질을 가지는데, 표제명사로 사용되는 각 의존명사들은 이들 관형사형 어미와 충돌을 일으키지 않는 의미자질을 지녀야만 이들과의 공기에 선택제약이 나타나지 않는 것으로 보인다. 또한 '수'는 존재동사의 주어로만 쓰이는데, 이러한 상위문 서술어와의 공기 제약 역시 의미적인 특성에서 말미암은 것으로 생각된다.

선행 요소의 범주 제약은 '문장, 명사, 명사+의'와의 통합관계를 말하는데 이는 원칙적으로 어휘적인 의미의 정도성 즉 문법화의 정도성과 관련된다. 어휘 형태소에 가까운 의존명사일수록 제약이 적은 반면 문법 형태소에 가까운 의존명사일수록 그 제약이 심한 것으로 보인다. 가령 사람을 나타내는 의존명사에는 이런 제약이 없는데 그 어휘적인 의미는 다른 의존명사에 비해 좀더 분명함을 알 수 있다.

문장성분상의 제약은 의존명사가 문장 안에서 어느 특정한 성분으로만 사용되는 것을 말하는데 이 역시 문법화와 관련된 현상으로 볼 수 있는 것으로 제약이 심한 의존명사일수록 의존명사에서 문법형태소로의 문법화가 보다 진전된 것으로 볼 수 있다.

마지막으로 의존명사는 상호간에 대치가 가능한 경우가 많은데 이러한 대치 가능성은 의존명사끼리의 의미적 상호관계를 파악할 수 있게 해주는 특성이다. 의존명사는 여러 의미영역 속에서 상호 긴밀한 의미적 관계를 형성하는데, Nida(1975)에서 설정된 서로 다른 의미단위를 지니는 단어가 맺는 네 가지 의미적 상호관계 중 의존명사 사이에서는 중첩 관계가 가장 잘 나타난다.19) 가령 '등'과 '따위'는 거의 모든 환경에서 상호 대치 가능하다.

> (17) ㄱ. 나는 쇠고기, 돼지고기, 닭고기 <u>등을</u> 샀다.
> ㄴ. 나는 쇠고기, 돼지고기, 닭고기 <u>따위를</u> 샀다.

2.3.4. 문법화에 따른 특성

문법화란 어휘의미를 가지고 자립적으로 기능을 하던 것이 문법기능을 하는 것으로 바뀌는 것을 의미하는 것으로 대부분의 의존명사는 바로 이러한 문법화 과정에 의하여 자립명사에서 전화된 것이라고 할 수 있다.20) 일반적으로 어휘의미와 문법의미 사이에는 역동적인 움직임이 존재하는데, 모든 언어적인 요소는 어휘의미와 문법의미를 어느 정도 함께 가졌다고 할 수 있다. 어휘의미를 주로 가진 것은 자립적으로 쓰이는 어휘소이며, 문법의미를 주로 가진 것은 어미, 조사, 접미사 등과 같은 문법소이다. 그런데 이 어휘의미를 가진 형태소와 문법의미를 가진 형태소는 항상 분명한 경계를 짓고 있는 것이 아니라, 어휘의미를 가진 것이 어느 정도 문법의미도 지닐 수 있으며 문법의미를 가진 것도 어느 정도의 어휘의미를 가질 수 있다. 따라서 어휘의미를 가졌는가 문법의미를 가졌는가 하는 것은 절대적인 것이 아니라 '정도성'의 차이라고 할 수 있다. 의존명사는 문법화가 어느 정도 진행되었는지 그 단계에 따라 정도성에 있어서 다양한 차이를 보인다는 것이 또 하나의 큰 특성이다.21) 이러한 '정도성'은 두 가지 측면에서 나타나

---

19) Nida(1975)는 서로 다른 의미단위를 지니는 어휘들이 맺는 상호관계를 포함, 중첩, 상보, 연접이라는 네 가지 관계로 설정하고 있다. 중첩은 대체로 유의어의 쌍에서 쉽게 드러나는 현상인데 중첩관계에 있는 어휘는 내용에 중요한 변동 없이 일정 문맥에서 상호대치될 수 있다는 특징을 갖는다.

20) 이지양(1998ㄴ:802-808)에서 국어의 문법화에 대한 연구를 상세히 서술하고 있다.

21) Hopper et.al.(1993:7-14)에서는 문법화의 진전 단계에 따라 그 범주를 '내용어 (contend word)>문법적 단어(grammatical word)>접어(clitic)>굴절접사(infle-

는데, 한 가지는 의존명사라는 동일한 부류에 속하는 단어간에도 각각의
의존명사에 따라 문법화의 진행 정도에 있어서 차이를 보인다는 것이며 다
른 하나는 동일한 의존명사라 할지라도 문법화의 단계에 따른 정도성을 드
러낸다는 것이다. 다음의 예를 보자.

   (18) ㄱ. 손이 예쁜 <u>쪽이</u> 좋다.
       ㄴ. 그 <u>쪽을</u> 보지 말아라.
       ㄷ. 광장 <u>쪽에서</u> 들려 오는 울음 소리가 있었다.
   (19) ㄱ. 그가 여기에 올/*오는/*온 <u>리가</u> 없다.
       ㄴ. *그가 여기에 올 <u>리가</u> 있다.
       ㄷ. 그가 여기에 올 <u>리가</u> 있나?

   (18)의 '쪽'은 선행 요소로 명사구, 관형사, 관형절을 모두 취할 수 있
으며 특정한 상위문 서술어에 대한 공기 제약도 없고 격조사 선택도 자유
로워 의존적인 면을 제외한다면 자립명사와 큰 차이를 보이지 않는다. 반
면 (19)의 '리'는 선행 요소로 관형사형 어미 '을'과 결합한 용언의 관형
사형만을 선택하며 반드시 존재동사의 부정형이나 의문형과만 공기하고
주격 조사만을 취하는 등 '쪽'과 달리 여러 가지 면에서 제약을 많이 가진
다. 이처럼 동일하게 의존명사의 부류에 속한다고 하여도 문법화의 단계
에 있어서는 정도성의 차이를 보인다. 1.1에서 논의했던 예문 (9)를 다
시 보자.22)

   (20) ㄱ. 생선은 살짝 익을 <u>만큼</u> 쪄야 담백하다.
       ㄴ. 그 <u>사람만큼은</u> 나를 믿어줄 줄 알았다.
       ㄷ. 기왕 말이 나온 <u>만큼</u> 이 참에 결정지어 버립시다.
       ㄹ. 이 부근은 산림보호가 이루어지느니 <u>만큼</u> 나무들이 특히 굵었다.

   '만큼'이 (20ㄱ)에서는 의존명사로서 '정도'의 뜻으로 쓰이고 있으며,

---

   ctional affix)'로 기술하고 있다.
22) (20)의 예는 안주호(1997:10)의 예를 가져온 것이다.

(20ㄴ)에서는 비교의 대상을 뜻하는 부사격조사의 기능을 하고 있다. (20ㄷ)에서는 '이유'를 나타내는 연결어미와 유사한 기능을 하고 있으며 (20ㄹ)에서는 선행요소와 함께 후행절의 근거를 나타내는 연결어미로 쓰이고 있다. (20)은 동일한 의존명사이지만 그 어휘 내부에는 문법화의 단계에 따라 다양한 정도성을 지닐 수 있음을 보여 준다.

의존명사가 지닌 문법화의 단계에 따른 정도성의 특성은 의존명사 목록을 확정하기 어렵게 만드는 주요 원인의 하나라고 할 수 있다. 현대국어의 의존명사 목록에는 의존명사 기능만 하는 것이 아니라, 문법적인 기능을 수행하기도 하고 문법소로 기능이 완전히 바뀐 것도 포함되어 있으며 자립명사이지만 동시에 의존명사적으로 쓰이는 것도 포함되어 있다. 이와 같이 의존명사에는 다양한 기능을 하는 형태가 속해 있는데, 이것은 통시적인 문법화의 결과와 공시적인 문법화 현상으로 인하여 자립성이 떨어진 형태가 모두 의존명사 안에 포함되어 있기 때문이다. 즉 오랜 역사적 변화과정을 거쳐서 현대국어 시기에 의존 명사에 이른 것과 현대국어에서 의미가 다의화됨에 따라 의존명사로 된 것, 그리고 자립명사에서 점차 의존명사로 쓰이는 과정 중에 있는 것이 모두 의존명사로 처리되었기 때문에 의존명사의 식별에 문제가 생기는 것이다.

2.3.5. 마무리

지금까지 의존명사의 정의와 특성에 대하여 살펴 보았다. 의존명사는 '관형어를 필수적으로 요구하는 명사'로 정의 내릴 수 있다. 의존명사의 특성은 어휘론적, 통사론적, 의미론적 특성과 문법화에 따른 특성으로 나누어 살펴 볼 수 있다.

의존명사의 어휘론적 특성은 네가지를 들 수 있다. 첫째, 의존명사는 형태음소론적으로 볼 때 선행 성분과 함께 음운론적 단어를 이루는 의존형식이다. 둘째, 의존명사는 주로 단음절어이다. 셋째, 의존명사의 대다수는 역사적으로 실질명사 등에서 형성된 경우가 많다. 넷째, 의존명사는 자립명사와 달리 파생이나 복합에 의해 형성된 경우가 거의 없으며, 자립명사에 가까운 의존명사일수록 복합어 형성이 가능한 반면 자립명사에서 멀어질수록 선행 형식이나 후행 형식과 연어를 구성하는 경우가 많다. 그 중에는 선행 형식과 결합하여 어미화 또는 접사화하는 경우도 있다. 복합어 형성에 참여하는 경우 의존명사는 복합어의 선행 형식으로 참여하는 경우는 없으며, 파생어를 형성할 경우에도 파생어의 어기로 기능할 수는 없다.

의존명사의 통사론적 특성은 세가지를 들 수 있다. 첫째, 의존명사는 선행 성분에 의존해서만 명사로서의 통사적 기능을 수행할 수 있는 구조적으로 의존적인 명사이다. 둘째, 의존명사는 관형사절을 모문에 연결시키는 연결소적인 기능을 가지고 있다. 셋째, 의존명사는 격조사의 통합에 있어서 의존명사 부류에 따라 격조사 선택에 차이를 가진다.

의존명사의 의미론적 특성은 네가지를 들 수 있다. 첫째, 의존명사는 통사론적으로 의존적일뿐 아니라 의미론적으로도 의존적이다. 의미론적으로 의존적이라는 것은 의존명사 단독으로는 구체적인 의미를 나타낼 수 없고 반드시 의미를 제한하고 보충하여 주는 선행 요소에 의존하여서만 문맥에 나타날 수 있다는 것이다. 둘째, 의존명사는 집합이나 종류를 가리키는 추상성이 높은 어휘이므로 문맥에 따라 여러 가지 다양한 의미로 해석이 된다. 셋째, 의존명사는 관형사형 어미 및 상위문 서술어와의 공기 제약이 심하고 선행 요소의 범주나 의존명사의 문장내에서의 성분 등에서도 제약을 받는 경우가 많은데 이 는 의존명사의 의미적 특성에서 말미암은 것이다. 넷째, 의존명사는 여러 의미영역 속에서 상호 긴밀한 의미적 관계를 형성함으로써 상호간에 대치가 가능한 경우가 많다.

의존명사의 문법화에 따른 특성은 두가지를 들 수 있다. 첫째, 의존명사라는 동일한 부류에 속하는 어휘간에도 각각의 의존명사에 따라 문법화의 진행 정도에 있어서 차이를 보인다. 둘째, 단일한 의존명사라 할지라도 문법화의 단계에 따른 정도성이 나타난다.

2.4. 의존명사의 식별과 분류

2.4.1. 의존명사의 식별 기준

기존 사전이나 연구 논의에서 의존명사로 다루어진 형태는 다음과 같다.[23]

> (21) 것, 게, 겸, 길, 김, 깐, 나름, 나위, 녀석, 년, 녘, 노릇, 놈, 대로, 데, 동안, 둥, 들, 듯, 등, 따름, 따위, 딴, 때문, 리, 마련, 만, 만큼, 말(씀), 모양, 무렵, 바, 바람, 밖, 법, 분, 빨, 뻔, 뿐, 상, 서슬, 섰, 성, 셈, 손, 수, 십상, 양, 이, 이래, 일쑤, 자, 적, 족족, 줄, 즈음, 즉, 지, 지경, 짝, 쪽, 차, 참, 채, 척, 축, 치, 터, 턱, 통, 판, 편, 폭, 품, 해

(21) 가운데는 '것'이나 '수'처럼 모든 문법서나 사전에서 의존명사로 분류되는 형태가 있는가 하면, 의존명사 목록에 포함되기도 하고 제외되기도 하는 것이 있다. 이처럼 차이를 보이는 이유는 논의에 따라 기준이 다르기 때문이기도 하지만, 의존명사는 인접 범주와 공유하는 특성이 있어서 명확히 범주를 구분하기가 어렵기 때문이기도 하다. 이는 앞에서 지적하였듯이 대부분의 의존명사가 자립명사에서 문법화 과정을 거쳐 의존명사로 전화되었고, 자립명사이었을 때의 특성을 부분적으로 유지하고 있는 의존명사부터 문법형태소에 더 가까운 특성을 가진 것까지 문법화의 정도에 있어서도 차이를 가지기 때문이다. 이들의 경우 자립명사나 접사, 조사, 어미 등과 기능, 의미, 형태 면에서 유사한 점을 많이 가지기 때문에 서로간의 변별에 있어서 적지 않은 어려움이 있다.

---

23) 고영근(1970), 이주행(1988), 임동훈(1991), 손춘섭(1992), 서정수(1994), 이병모(1995)의 논문에서 다루고 있는 의존명사들과 한글학회에서 펴낸 『우리말큰사전』 그리고 금성출판사에서 펴낸 『국어대사전』에 등재된 의존명사들을 대상으로 하였다.

의존명사의 목록이 확정되지 않는다면 사전 편찬과 같은 경우에 있어서도 적지 않은 문제가 발생할 것이다.24) 기존 사전을 검토해 보면 사전에 따라 표제항으로 등재된 의존명사가 차이를 보이며, 동일 사전이라 할지라도 의존명사를 표제항으로 선정하는 기준에 있어서 일관성이 결여된 경우가 종종 나타남을 볼 수 있다. 가령 '들'의 경우는 그 쓰임에 있어서 몇 가지로 나뉘는데 사전에 따라 각기 다르게 처리하고 있다.(민현식 1998:179)

(22) ㄱ. 열거 체언 뒤의 '들': 갑, 을, 병 들이 있다.
    ㄴ. 단일 체언 뒤의 '들': 학생들이 많이 있다.
    ㄷ. 주어 복수 지시의 '들': 빨리들 갑시다.

'들'의 쓰임은 (22)와 같이 나눌 수 있는데, 금성판 〈국어대사전〉은 (22ㄱ)을 의존명사로, (22ㄴ)은 접미사로, (22ㄷ)은 보조사로 처리하고 있고 한글학회의 〈우리말큰사전〉은 (22ㄱ)을 의존명사로, (22ㄴ, ㄷ)은 모두 보조사로 처리하고 있다. '망정'의 경우 '-기에 망정이지'의 '망정'은 두 사전 모두 의존명사로 처리하고 있는데 '-(으)ㄹ망정'은 '-(으)ㄹ망정' 전체를 융합된 어미로 보고 연결어미가 온 경우만 의존명사로 처리하고 있어 일관성이 없는 처리를 보여준다. 이와 같은 문제를 해결하기 위해서

---

24) 의존명사의 사전적 처리에 나타나는 문제점은 여러 가지가 있겠지만 그 중에서 사전에 따라 차이를 보이는 대표적인 것은 '품사를 판단하는 경우와 다의어와 동음어를 판단'하는 경우를 들 수 있다. 한글학회의 〈우리말큰사전〉에는 740여 개의 의존명사가 그리고 금성판 〈국어대사전〉에는 940개 정도의 의존명사가 등재되어 있는데, 이처럼 의존명사의 어휘 항목 수가 차이나는 주된 이유는 서로 다르게 품사를 판단하였기 때문이다. 즉, 〈국어대사전〉에서는 자립명사가 환경에 따라 의존명사로 기능하는 항목에 대해 의존명사라는 품사를 따로 준 데 반해, 〈우리말큰사전〉에서는 그런 경우에도 의존명사라는 품사 정보를 따로 주지 않고 자립명사 속에서 기술하였기 때문이다. 또한 하나의 표제어가 자립명사와 의존명사로 뜻풀이된 예 중에는 그것이 한 표제항 속에서 뜻풀이되는 다의어인지, 아니면 별도의 표제어로 실어야 할 동음어인지 판단하기 어려운 경우가 있다. 예를 들어 '바람'은 〈국어대사전〉에서는 다의어로, 〈우리말큰사전〉에서는 동음어로 처리되어 있다.

는 포괄적이고 타당성 있는 의존명사 목록이 마련되어야 할 것이다.

타당성 있는 의존명사 목록을 작성하기 위해서 우선 선행되어야 할 것은, 어떤 형태를 의존명사로 볼 것인가 그렇지 않을 것인가 확인할 수 있는 기준을 설정하는 일이다. 의존명사를 식별하는 기준은 앞에서 살펴본 의존명사의 특성을 기반으로 하여 설정할 수 있는데, 의존명사의 특성은 의존명사를 식별하는 데 있어서 혼란을 발생시키기도 하지만[25] 동시에 의존명사 식별의 문제에 유용한 기준이 될 수 있는 것이다. 어느 하나의 기준만으로 어떤 형태소가 의존명사인지 아닌지를 판단하기는 쉽지 않다. 가능한 모든 기준을 종합적으로 적용하는 것이 바람직하리라고 보는데, 가능한 모든 기준의 적용에 의해서도 식별이 쉽지 않은 경우에 대해서는 말뭉치에서 검토된 실제 언어 사용에서의 빈도 정보가 유용할 것으로 생각한다.

의존명사의 특성을 바탕으로 의존명사를 설정하는 기준을 정리하면 다음과 같다.

(23) 의존명사의 기준
〈주요 기준〉
　　ㄱ. 의존명사는 자립성이 없으며 선행 성분과 결합하여 음운론적 단어를 이룬다. 따라서 선행어와의 사이에는 어떤 형태도 개재될 수 없다.
　　ㄴ. 의존명사 중 일부는 자립명사와의 복합어 형성이 가능하다. 그러나 파생어의 어기로는 기능할 수 없으며 의존명사끼리의 복합도 가능하지 않다.
　　ㄷ. 의존명사는 선행 성분(관형어)에 통사적으로 의존적이다. 선행 성분으로는 체언, 체언+의, 관형사, 용언의 관형사형이 올 수 있다. 그러나 수사나 부사 그리고 용언의 부사형은 선행 성분으로 올 수 없다.

---

25) 가령 선행어에 대해 의존적이며, 선행어로 체언이 올 수 있다는 의존명사의 특성은 조사의 특성과도 동일하기 때문에 체언+의존명사 구성과 체언+조사 구성의 변별을 어렵게 만들기도 한다.

ㄹ. 의존명사는 실질적 의미가 약하고 추상성이 높은 어휘이다. 따라서 의미를 제한하고 보충해 주는 선행 성분을 필수적으로 요구한다.

〈보조 기준〉

ㄱ. 자립 형식에서 문법화에 의해 전화된 의존명사는 원형식과 의미적 유연성을 가지지 않는다.

ㄴ. 의존명사는 기본적으로 격조사를 취할 수 있다. 그러나 의존 명사에 따라 조사 결합이 자유로운 것과 제한된 격조사만 결합하는 것 그리고 조사가 결합할 수 없는 것이 있다.

ㄷ. 의존명사는 의미적인 이유로 관형사형 어미 및 상위문의 서술어와 공기 제약을 가지는 경우가 많다.

2.4.2. 의존명사의 식별

(21)에서 제시한 의존명사 목록 중에서 고영근(1970), 이주행(1988), 임동훈(1991), 손춘섭(1992), 서정수(1994), 이병모(1995) 모두에서 공통으로 의존명사로 다루고 있는 것은 '것, 겸, 김, 나름, 나위, 녘, 대로, 데, 둥, 듯, 등, 따름, 따위, 때문, 만, 만큼, 무렵, 바, 바람, 분, 뻔, 뿐, 수, 양, 이, 자, 적, 줄, 즈음, 지, 쪽, 참, 채, 체, 축, 치, 터, 통'의 38개이다. 최형용(1997)은 이 38개 중에서도 '나위, 데, 둥, 따름, 리, 바, 분, 뻔, 수, 양, 이, 줄, 즈음, 지, 참, 채, 체'의 17개만을 원형적인 의존명사로 설정하고 있다. 의존명사 목록 가운데도 조사나 어미 등과 형태가 동일한 것이 있어서 이들을 다른 형태소로 처리해야 할지 아니면 품사 통용어로 보아야 할지의 문제가 여전히 존재한다. 의존명사 식별의 문제는 다양한 양상으로 제기되는데, 이를 범주에 따라 구분하면 다음과 같다.

(24) 의존명사 식별의 문제

ㄱ. 자립명사와 의존명사

ㄴ. 조사와 의존명사

ㄷ. 파생접사와 의존명사

ㄹ. 어미와 의존명사

(24ㄱ)은 문제가 되는 형태를 확장된 의미로 쓰이는 자립명사로 볼 것인지 아니면 자립명사에서 문법화되어 형성된 의존명사로 볼 것인지 하는 문제이다. 일반적으로 자립명사에서 의미가 확장되어 의존명사적으로 쓰이는 것으로 본다면 다의어로 처리지만, 의미의 유연성이 없어졌다고 보면 동음이의어로 처리하고 있다. 그러나 자립명사와 의존명사 사이에는 여러 단계가 존재하기 때문에 이 둘을 명확하게 분리하는 것이 쉽지 않다.

의존명사 중에는 조사의 특성도 함께 가지고 있는 형태가 있다. (24ㄴ)은 문제가 되는 형태를 조사로 볼 것인가 아니면 의존명사로 볼 것인가 아니면 품사통용어로 처리할 것인가의 문제이다.

(24ㄷ)은 문제가 되는 형태를 아직까지는 명사성을 유지하고 있는 의존명사로 보아야 할지 아니면 문법화에 의해 전화된 접사로 보아야 할지의 문제이다. 의존명사와 접사 사이에도 또한 유동적인 성격을 가진 형태가 있는데, 공시적인 관점에서 의존명사인지 아니면 접사인지 구분하는 것은 역시 쉽지 않다.

(24ㄹ)은 문제가 되는 형태가 선행하는 보문소와 완전히 융합되어 어미의 일부로 전화되었는지 아니면 선행하는 보문소와 분리된 의존명사인지 구분하는 문제이다.

2.4.2.1. 자립명사와 의존명사

의존명사는 명사의 한 하위부류이다. 자립명사는 음운론적, 통사론적 자립성을 확보하고 있다는 점에서 의존명사와 명확히 구분되며 실질적 의미를 나타낸다는 점에서 추상적 의미를 나타내는 의존명사와 뚜렷한 차이를 보인다. 따라서 자립명사와 의존명사를 구별하는 것은 어려운 일이 아니라고 생각하기 쉽다. 그러나 문법화에 의해 자립명사로부터 전화된 의존명사의 경우 자립명사와 의존명사를 구분하는 것은 쉬운 일이 아니다. 그것은 문법화의 초기 단계에서 자립명사는 다의화되면서, 선행하는 관형어에 의존하여 나타나는 의존적인 쓰임을 보이게 되는데, 이때의

'관형어+명사' 구성에 나타나는 형태가 완전히 의존명사로 전화된 것인지 아니면 자립명사의 의존적 쓰임에 불과한 것인지는 잘 구분되지 않기 때문이다. 이러한 사정으로 인하여 다음 (25)의 형태에 대해서 기존 문법서나 사전에서는 형태, 기능상으로 동일한 형태를 관점에 따라 다의어로 처리하기도 하고 또는 자립명사와 의존명사로 나누어 동음이의어로 처리하기도 하였다.

   (25) 길, 녀석, 년, 놈, 노릇, 동안, 마련, 법, 손, 십상, 일쑤, 말, 모양,
        서슬, 셈, 지경, 턱, 판, 편, 품, 간, 딴

   이러한 문제를 해결하기 위해 자립명사와 의존명사의 특성을 살펴 보면 자립명사와 의존명사는 크게 두 가지 면에서 뚜렷한 차이를 보인다. 첫째는 통사적인 측면인데, 자립명사와 의존명사는 그 명칭에서 알 수 있듯이 의존성에 있어서 차이가 있다. 자립명사의 경우 문장에서 자립적으로 나타날 수 있으며 관형성분 역시 필수적으로 선행되어야 하는 성분이 아닌데 반해 의존명사는 문장에 자립적으로 나타날 수 없으며 반드시 관형성분에 의존해서만 문장에 나타날 수 있는 것이다. 또한 문법화 초기 단계의 형태로 아직 완전히 의존명사화 하지 않은 형태의 경우는 관형성분에 의존적인 점에서는 의존명사와 다른 점이 없지만 관형사형 어미나 조사 그리고 상위문 서술어 선택에 있어서 의존명사보다는 제약이 덜하다는 점에서 차이를 보인다. 그 이유는 자립명사가 다의화하여 쓰일 때 그중 어느 특정한 통사적 환경에서 변화된 의미로 사용됨으로써 점차 그러한 통사적 환경에서 쓰이는 형태는 원래의 자립명사와 분리되어 의존명사로 전화되는 경우가 많기 때문이다. 따라서 자립명사에서 전화된 의존명사는 제한된 통사적 환경에서만 나타나는 경우가 일반적이라고 할 수 있다.

   두째는 의미적인 측면인데, 자립명사가 자립적으로 쓰이는 것 외에 관형성분을 필수적으로 요구하는 등의 의존적인 쓰임을 보이는 경우라도 자립적으로 쓰일 때와 의미상 유연성을 유지하고 있으면 아직 완전히 의

존명사로 전화된 것으로 보기 어렵다고 하겠다. 문법화가 진행되어 완전히 의존명사화 한 경우에는 특정한 통사적 환경에서 원래의 자립명사와는 다른 의미를 가지게 되는 것이 일반적이다. 여전히 의미적으로 유연성을 유지하고 있으면 이는 자립명사의 다의적인 쓰임에 불과할 뿐으로, 문제의 자립명사가 가지는 여러 가지 의미 중 어떤 하나의 의미가 쓰이는 것인데, 그 의미가 가진 특성 때문에 관형 성분이 요구되는 등의 제약이 나타나는 것이라고 설명할 수 있다.26) 자립적으로 쓰이는 형태와 의존적으로 쓰이는 형태가 서로 의미적인 유연성을 유지하고 있는지 아니면 상실했는지를 알기 위해서는 대치의 방법이 유용할 것이다. 즉 자립적으로 쓰이는 형태의 동의어가 의존적으로 쓰이는 형태와도 대치될 수 있는가의 여부를 통해 의미적인 유연성을 판단해 보는 것이다.

이상을 통하여 문제의 형태를 확장된 의미로 쓰이는 자립명사로 볼 것인지 아니면 자립명사에서 문법화하여 형성된 의존명사로 볼 것인지 식별하기 위하여 (23)에서 설정된 기준 중에서 〈주요 기준 ㄱ〉과 〈보조 기준 ㄱ〉이 적용될 수 있다. 즉, 문제의 형태가 자립명사인지 의존명사인지를 식별하기 위하여 선행 성분을 필수적으로 요구하는지 여부를 검토하여야 할 것이고, 문제의 형태가 자립명사에서 문법화하여 의존명사로 전화했는지 확인하기 위해서는 원형식과의 의미적 유연성이 있는지 없는지를 검토하여야 할 것이다. 이러한 기준을 적용하여 위에서 지적된 형태를 살펴 보면 다음과 같다.

〔1〕 길, 녀석, 년, 놈, 노릇, 마련, 십상, 일쑤, 말, 모양, 서슬, 셈, 지경, 턱, 판, 편, 품, 깐, 딴

---

26) 자립명사라 할지라도 원래 가지고 있는 중심의미(기본적 의미) 외에 연상에 의해 해석이 가능한 비유적, 상징적인 주변 의미를 가질 수 있다. 이러한 경우 자립명사와 그로부터 기인한 의존명사 간의 의미적 유연성을 확인하는 것은 쉬운 일이 아니다. 그러나 일단 의존명사로 간주되는 형태에서 자립명사가 지니는 비유적 의미를 찾을 수 있다면 그 형태는 原意와 유연성이 있는 것으로 간주해야 할 것이다.

고영근(1970)과 권재일(1985)에서는 '길'에 대하여 통합상의 제약을 받아서 형식명사의 직능을 발휘하는 것으로 보일 때도 있으나 아직 완전한 의존형식이라고 할 수 없다고 하여 자립명사로 처리하였으며, 허웅(1995)에서는 "그 동안 참던 길로 더 참아 보자"와 같은 구문에서 '-던 길로'가 '곧바로'라는 의미로 추상화된 것으로 보아 의존명사로 처리하고 있다. 또한 이병모(1995)에서는 '길'이 "지시의 불투명성을 지니고 있기 때문에 '형편, 처지, 상황' 등의 의미로 쓰일" 경우 의존명사로 파악하고 있다. 그러나 대부분의 명사는 중심의미 외에 다수의 확대된 의미인 주변의미를 가지는데 단지 의미의 추상화만을 근거로 의존명사로 처리하는 것은 타당하지 못하다.

'길'은 (26)과 같이 자립적인 쓰임에서 의존적인 쓰임까지의 사이에 여러 중간단계가 존재하고 있어서 다의어나 동음이의어로 분리하는 것이 쉽지 않다.

(26) ㄱ. 그들은 동네 가운데를 가로지르는 <u>길을</u> 따라 걸어갔다.
　　　　〈007K-017.TXT〉
　　ㄴ. 세속화 문제에 대해서 연구하고자 하는 이들의 수고를 가장 잘 덜어줄 수 있는 <u>길은</u> 아마도 문화사회학에 대한 포괄적인 추구가 될 것이다. 〈023K-00086.TXT〉
　　ㄷ. 필자는 이러한 시도가 과연 얼마나 성공을 거둘까 하는 불안감을 누를 <u>길이</u> 없다. 〈001K-001.TXT〉
　　ㄹ. 모스 부호로 신호를 보내는 <u>길을</u> 생각해내고 생기가 돌았던 마음이 시들 해지고 있었다. 〈033K-114.TXT〉
　　ㅁ. 새까만 구름잠이 어느새 퍼졌는지 형세 자못 사납게 엄습해 오는 <u>길이</u> 아닌가. 〈053K-156.TXT〉
　　ㅂ. 지금 막 성밖까지 말을 달려 설경을 구경하고 돌아오는 <u>길이다.</u>
　　　　〈030K-110.TXT〉
　　ㅅ. 친구를 기다리고 있던 <u>길이다.</u>

(26ㄱ)은 '도로'의 의미를 가진 자립명사로 쓰인 것이다. (26ㄴ-ㄷ)은 '길'의 확장된 의미인 '수단, 방법'의 의미로 해석되는데, (26ㄴ-ㄹ)처럼

문장의 주요성분인 주어, 목적어 기능을 할 수 있고 관형사절이 없이도 '방법'의 뜻으로 쓰일 수 있으므로 역시 자립명사로 쓰인 것이라고 할 수 있다. (26ㅁ-ㅂ)은 '-하는 중'으로 해석되는 것으로 관형절을 취하지 않으면 비문이 된다. 또한 보문소로는 '-는'만을 취하며 상위문 서술어로는 '이다'만 결합하고 주어, 목적어 등 문장의 주요성분으로 기능 할 수 없는 등의 통사적 제약을 가지므로 의존명사로 쓰였다고 할 수 있다. 그러나 보문동사로 '오다, 가다'만을 취하는 것으로 보아 알 수 있듯이 구체적 공간적인 '길'의 의미가 유지되고 있다고 할 수 있다. 비록 특정한 통사적인 환경에서 추상적 시간적인 의미로 확대되어 쓰이고는 있으나 의미의 유연성을 유지하고 있는 것으로 판단되므로 자립명사로 처리하는 것이 타당하다. (26ㅅ)은 '지금까지 계속된 상황'의 의미로 해석할 수 있는데, 이 역시 (26ㅁ-ㅂ)과 동일한 통사적 제약을 가지므로 의존명사로 볼 수도 있다. (26ㅅ)은 (26ㅁ-ㅂ)과 달리 보문동사로 '가다, 오다'만을 취해야 한다는 제약이 없으므로 (26ㅁ-ㅂ)보다 의미가 더 추상적 시간적임을 알 수 있다. 그러나 '지금까지 계속된 상황'이라는 의미는 자립명사 '길'의 의미에서 완전히 분리된 의미라고 보기는 어려운 것으로 판단된다. 예를 들어 '지금까지 내가 지나온 길은 험난의 길이었다'라는 예문에서도 (26ㅅ)에서의 의미를 찾아볼 수 있기 때문이다. 말뭉치 자료를 분석해 보면 선행 요소로 관형사절이 오는 '길'의 경우는 전부 483개인데 그중 (6ㅁ-ㅂ)처럼 의존적인 쓰임을 보이는 경우는 53개로서 10.9%를 차지하며 이 경우 모두 보문동사로 '오다/가다'만을 취하고 있다. (26ㅅ)의 경우는 말뭉치 자료에는 나타나지 않는다. 이러한 사실을 통해서 볼 때, '길'이 비록 제한된 통사적 환경에서 의존명사적인 쓰임을 보이기는 하나 의미적 유연성이나 빈도상으로 볼 때 아직은 자립명사로서 쓰이고 있다고 하겠다.

'녀석'은 이병모(1995)에서만 의존명사로 처리된 형태이고 '년'은 고영근(1970)에서는 자립명사로 처리하였으나 이병모(1995)에서는 의존명사로 처리하였으며, '놈'은 고영근(1970)과 이병모(1995)에서 의존명사로 처리한 형태이다. 그러나 다음 (27)-(29)에서 보듯이 '녀석', '년', '놈'

은 자립명사로 쓰일 때나 관형사절과 결합해서 쓰일 때나 모두 각각 '남자를 낮추어 일컫는 말', '여자를 낮추어 일컫는 말' 그리고 '사내의 낮춤말'이라는 의미로 사용되고 있어 의미의 변화가 없다. 따라서 '녀석', '년', '놈'은 자립명사로 처리해야 할 것이다.

> (27) ㄱ. <u>녀석이</u> 결국엔 내 하초를 표적으로 격검 연습을 감행한 거지요.
> 〈124M-114.TXT〉
> ㄴ. 이 곳에 근무하는 양키 <u>녀석들은</u> 한국군의 시체가 들이닥치면 노골적으로 좋지 않은 얼굴을 해 보였다. 〈040K-132.TXT〉
> ㄷ. 그 불쌍한 <u>녀석은</u> 어디를 가서나 살아있어야 한다.
> 〈040K-132.TXT〉
> ㄹ. 배달한 짜장면 값 떼어먹고 도망칠 <u>녀석</u> 아닌가.
> 〈029K-107.TXT〉
> (28) ㄱ. 헌디도 년이 그꼴까지 당한 건 순전히 제 <u>년의</u> 색정 탓이었지요.
> 〈124M-114.TXT〉
> ㄴ. 나를 넋빠진 <u>년이라고</u> 생각했을지도 모르지. 〈048K-150.TXT〉
> (29) ㄱ. 우리 백두산이야 김장군께서 <u>놈들을</u> 끊임없이 무찌른 성산인데 될 밀인가. 〈018K-078.TXT〉
> ㄴ. 나두 내 <u>아들놈한테</u> 속았다니까요. 〈008K-019.TXT〉
> ㄷ. 꼭 우는 놈 그 <u>놈만</u> 꿩꿩하고 두 번 울어. 〈015K-049.TXT〉

'노릇'은 고영근(1970)과 이병모(1995)에서 의존명사로 처리하였고 임동훈(1991)에서는 자립명사로 처리하였다. 안주호(1997)에서는 중세국어에서 '직무, 역할'의 의미를 지니고 있던 '노릇'이 '비하된 행위'만을 지시하는 것으로 의미가 확장되어 의존명사화했다고 설명하고 있다. 그러나 (30)에서 보듯이 '노릇'이 '비하된 행위'만을 의미하는 것은 아니다.

> (30) ㄱ. 정원은 꼬마에게 쉽게 도피처 <u>노릇을</u> 해준다.〈122M-111.TXT〉
> ㄴ. 어떤 자들은 일본의 앞잡이 밀정 <u>노릇을</u> 하고 있다.
> 〈061K-178.TXT〉
> ㄷ. 원망한다고 저질러진 일이 되물려질 수는 없는 <u>노릇이었다.</u>
> 〈008K-019.TXT〉

ㄹ. 방침대로 밀고 나가겠다는 데는 할 말이 없는 <u>노릇이</u> 아닌가?
　　〈016K-057.TXT〉
ㅁ. 다 부질없는 <u>노릇</u>을 기어코 하겠다고 저렇게 고집을 부린다.

(30ㄱ-ㄴ)은 '역할, 직무'의 의미로 해석되는데 자립명사로 쓰인 것이다. (30ㄴ)은 (30ㄱ)과 달리 '비하된 행위'를 나타내는 것으로 해석되는데 이는 '노릇'이 가지는 자체적인 의미라기보다 선행어가 가지는 부정적인 의미와 관련하여 나타나는 의미인 것으로 생각된다. (30ㄷ-ㅁ)은 관형사절에 결합하여 '화자가 원치 않던 상황'의 의미를 나타내는 것으로 해석할 수 있다. (30ㄷ-ㅁ)은 관형사절이 생략되면 비문이 되고 확장된 의미로 쓰였지만 문장의 주요성분인 주어, 목적어 기능을 할 수 있고, 보문동사나 상위문 서술어와 그리고 관형사형어미와의 결합에도 별다른 제약을 가지지 않으며, 의미에도 자립명사 '노릇'의 의미와 유연성을 유지하고 있는 것으로 생각된다. 말뭉치 자료를 보면 총 88개의 용례중 '노릇'이 자립적으로 나타나는 경우는 보이지 않으며 명사에 결합하는 경우는 42개로 47%, 관형사 또는 관형사절에 결합하는 경우는 46개로 52%의 비율을 보이는데, 명사에 결합하는 모든 경우의 '노릇'이 '비하된 행위' 또는 '원치 않던 상황'만을 나타내는 것은 아닌 반면 관형사절에 결합하는 '노릇'은 대부분 부정적인 의미를 보여준다.27) 또한 '형노릇'의 경우 '형의 노릇'으로 복원될 수 있으므로 '노릇'에 자립적인 용법이 완전히 없다고 할 수는 없다. 이러한 사실로 '노릇'이 의존명사적으로 쓰이기는 하지만 통사적인 관점에서나 의미적인 관점에서 볼 때 완전히 의존명사로 전화되었다고 보기는 어려우므로 자립명사로 처리하는 것이 타당할 것이다.

'마련'은 금성국어대사전과 고영근(1970)에서 의존명사로 다루어진 것으로 항상 '-게, -기, -도록'과 같은 활용어미 뒤에만 나타난다는 점에서

---

27) '노릇'은 '종노릇, 첩노릇, 장사치노릇'처럼 천한 직업이나 직무를 나타내는 합성어를 이루는 경우가 대부분이기는 하지만 '형노릇, 아우노릇'과 같은 합성어에서는 비하의 의미가 나타나지 않는 것으로 볼 때 '비하의 의미'가 '노릇' 단독에 의해 나타나는 의미는 아님을 알 수 있다.

다른 의존명사와 차이를 가진다. 고영근(1970)에서는 명사형 아래에서
도 쓰이는 의존명사 '때문'과의 병행성을 이유로 '마련'을 의존명사로 처리
하였는데, 이와 달리 '마련'과 동일하게 항상 명사형에만 결합하는 '십상'
과 '일쑤'의 경우는 의존명사로 처리하지 않아 모순을 보인다. 다음 (31)
의 '마련'은 '때문'28)과 달리 관형사형 어미 뒤에 나타나는 경우가 없고
명사형어미 '-기'와 부사형어미 '-게' 뒤에 나타난다. '십상'과 '일쑤'도
(32-33)에서 보듯이 관형사형에 결합하는 경우가 없고 항상 명사형에만
결합한다.

(31) ㄱ. 예상되는 질문을 메모해가며 답변요지를 <u>마련했다.</u>
         〈015K-049.TXT〉
     ㄴ. 교양, 취향 등은 대부분의 경우에 말이라는 표현수단으로 드러
         나게 <u>마련이다.</u> 〈005K-011.TXT〉
     ㄷ. 눈에 안보이고 몸으로 느끼지 않으면 잊히기 <u>마련이다.</u>
         〈045K-146.TXT〉
(32) ㄱ. 사무실 내의 온도는 바깥 온도보다 너무 낮아 자칫하면 감기로
         고생하기 <u>십상이다.</u> 〈112M-085.TXT〉
(33) ㄱ. 학생들은 대부분 아침잠을 자느라 밥을 안 먹기 <u>일쑤이다.</u>
         〈080M-024.TXT〉

 (31ㄱ)은 자립명사로 쓰인 것으로 '헤아려 갖춤'의 의미로 해석된다.
(31ㄷ)은 명사형어미에 결합하여 의미가 확대된 경우인데 '이미 그러하
도록 되어 있음'의 의미로 해석할 수 있다. 비록 의미가 확대되기는 하였
지만 '갖추어져 있다'는 의미가 들어 있다는 점에서 자립명사 '마련'과의
의미적 유연성을 가지고 있다. 또한 관형어를 취하는 것이 의존명사의 가
장 큰 특징이라는 점을 고려할 때 '마련'은 자립명사로 처리하는 것이 바
람직할 것이다. (31ㄴ-ㄷ)의 경우는 '-기, 게' 뒤에서 '마련'이 '이다'와 결
합하여 함께 문장의 서술어로 쓰이는 것으로 생각된다.29)

---

28) '때문' 역시 선행 요소로 명사형 '-기'를 취한다. 그러나 '마련'과는 달리 선행 요소로
    관형사형도 취하지만 부사형 '-게'는 취하지 않는다.

'십상'은 '십상팔구'의 준말인데 '일쑤'와 함께 '마련'과 동일한 처리가 가능하다고 본다.

'말'의 경우는 고영근(1970)에서 특수한 통합관계를 유지하며 그 의미가 자립성을 띠었을 때와는 거의 인연이 없다는 것을 이유로 의존명사로 분류하였고 이주행(1987)에서는 자립명사로 보았다. 다음 예문 (34)에서 보듯이 '말'을 의존명사로 분리하기에는 아직도 의미의 유연성이 남아 있는 것으로 생각된다.

(34) ㄱ. 하지만 같은 범주에 속한 사람들로서 그런 말을 들어 충분히 속
　　　상한 일이 될 수도 있다고 생각한다. 〈003K-007.TXT〉
　　ㄴ. 사생활 폭로가 우리 교포사회에도 횡행하는 고약한 버릇들이 있
　　　으니 말이다. 〈003K-007.TXT〉
　　ㄷ. 얼마든지 늦게 들어올 수도 있는 거란 말이야. 〈007K-017.TXT〉

(34ㄱ-ㄴ)은 자립명사로 쓰인 것인데 각각 '입으로 나타내는 소리', '사실의 확인이나 힘주어 말함'의 의미로 해석된다. (34ㄷ)은 관형사절에 결합하여 의존적으로 쓰인 경우인데 이 때에도 그 의미는 (34ㄱ-ㄴ)과 동일한 것으로 생각된다. 따라서 '말'은 자립명사로 처리하는 것이 타당할 것이다.[30]

'모양'은 고영근(1970)에서 자립명사로 분류했으나 이병모(1995)에서는 의존명사로 처리하였다. 다음의 예문을 보자.

---

29) '마련'을 의존명사로 처리한다면 의존명사의 선행 요소로 관형어뿐만 부사형까지 오
　는 것으로 되어 전체적인 체계에서 벗어나는 것이 된다.
30) 자립명사이든 의존명사이든 그것이 계사 '이다'와 통합하여 문장의 서술어로 쓰일 경
　우에는 원래 가지고 있던 의미를 나타내기보다 명제 내용에 대한 화자의 태도인 양태
　적인 의미를 표현하게 되는 경향이 있다. "얼마든지 늦게 들어올 수도 있는 거란 말
　이야."와 같은 문장을 "얼마든지 늦게 들어 올 수도 있다."처럼 바꾸어도 그 명제 내
　용은 변함이 없다. 즉, 명제 내용은 동일하지만 '말이야'라는 구성이 쓰임으로써 화자
　의 '강조'하는 태도와 같은 양태적인 의미가 덧붙게 되는 것이다.

(35) ㄱ. 삭정이들을 헤집으면서 나뭇가지의 진물이 끓는 <u>모양을</u> 물그러
　　　　미 바라보고 있었다. 〈054K-158.TXT〉
　　ㄴ. <u>점쟁이모양</u> 육갑을 짚는지 자신없는 소리를 자신있게 끝낸다.
　　　　〈052K-155.TXT〉
　　ㄷ. 차서방은 아직 안 잡힌 <u>모양이지예?</u> 〈012K-035.TXT〉
　　ㄹ. 감기 기운이 폐나 기관지 부근 어디에 아직까지 늘어붙어 있는
　　　　<u>모양이었다.</u> 〈012K-035.TXT〉
　　ㅁ. 아마 좋은 혼처가 나타날 <u>모양이다.</u> 〈013K-043.TXT〉

　(35ㄱ)은 '겉으로 나타나는 생김새나 됨됨이'의 의미를 가진 자립명사
로 쓰인 경우이다. (35ㄴ)은 명사 뒤에 쓰여서 '처럼'의 의미를 가지는
경우인데, '어쩌다 나라가 이 모양이 되었는지 모르겠소'와 같은 예문에서
알 수 있듯이 '처럼'의 의미는 '모양'의 확대된 의미라고 할 수 있다. (35
ㄷ-ㅁ)은 '짐작이나 추측'의 의미로 해석되는데, 이 경우 선행하는 관형사
절이 없으면 비문이 되며 상위문 서술어로 '이다'만을 취하는 제약을 가지
므로 '모양'이 의존적으로 쓰이고 있다. 그러나 문장의 내용을 살펴보면,
어떤 모양이나 상태를 통해 어떤 추측을 하는 그런 내용이라고 판단할 수
있으므로 이러한 '추측'의 의미 역시 자립명사 '모양'의 의미와 유연성을
유지하고 있다고 생각된다. 따라서 '모양'은 자립명사로 처리하는 것이 타
당하다.31)
　'서슬'은 이병모(1995)와 안주호(1997)에서 의존명사로 분류하였다.
그러나 (36)에서 보듯이 의존적으로 쓰였을 때에도 자립명사로 쓰였을
때와 비교하여 의미의 차이가 없는 것으로 보인다.

(36) ㄱ. 그 중에서 제일 뚱뚱하고 얼굴이 거무튀튀한 아줌마가 나를 불
　　　　러세우더니 <u>서슬이</u> 퍼렇게 다그치는 것이었다. 〈109M-080.TXT〉

---

31) '모양' 역시 '말'과 마찬가지로 계사 '이다'와 결합하여 양태적 의미를 표현하는 것으로
　　보인다. "감기 기운이 아직까지 늘어붙어 있다."와 "감기 기운이 아직 늘어붙어 있는
　　모양이다."를 비교해 보면 알 수 있듯이 '모양이다' 구성은 '추측'의 양태 의미를 덧붙
　　여 주고 있다.

ㄴ. 빠르고 과감하게 손을 뿌리치는 <u>서슬에</u> 오히려 그가 경사진 벽
　　돌더미 위로 쓰러질 뻔했다. 〈041K-134.TXT〉

(36ㄱ)은 자립명사로 쓰인 것으로 '날카로운 기세'로 해석된다. (36ㄴ)
은 관형사절에 결합하여 의존적으로 쓰인 경우인데, '기세'라는 의미를 가
지고 있는 것으로 생각된다. 안주호(1997)에서는 '날카로운 기세'를 의미
하던 '서슬'이 '이유'를 뜻하는 의존명사로 확장되어 쓰이게 되었다고 설명
하고 있는데, '이유'의 의미는 '서슬' 자체의 의미라기보다 조사 '에'에 의해
서 연유되는 것으로 판단된다. 따라서 '서슬'은 자립명사로 처리할 수 있다.
　'셈'에 대하여 고영근(1970)은 '셈'이 통합상의 제약을 받아서 의존명
사의 직능을 발휘하는 것으로 보일 때도 있지만 형태음소론적으로 볼 때
아직 완전한 의존형식이 아니므로 자립명사의 범주에 소속시키는 것이
타당하다고 보았고, 이병모(1995)에서는 의존명사로 처리하였다.

(37) ㄱ. 아무리 박하게 <u>셈을</u> 해도 열여섯이나 열일곱살은 잘 됨직한 소
　　　년이었다. 〈054K-158.TXT〉
　　ㄴ. 연인인가, 아니면, 오래빈가, 졸갠가, 무슨 푼순가까지를 속으로
　　　<u>셈해</u> 가려 내게 하기도 한다. 그런 셈 속에 빠져들어 가다가.....
　　　〈120M-108.TXT〉
　　ㄷ. 그 병의 원인을 찾으려고 하면 불가능한 일을 하는 <u>셈이</u> 된다.
　　　〈075M-009.TXT〉
　　ㄹ. 이야기를 써나가다가 지면이 차면 중단할 <u>셈하고</u> 두서없는 이야
　　　기를 시작하려 한다. 〈072M-006.TXT〉

(37ㄱ-ㄴ)은 자립명사로 쓰인 것으로 각각 '계산'과 '마음속으로의 생
각'의 의미로 해석된다. (37ㄷ-ㄹ)은 관형사절에 결합하여 의존적으로
쓰인 경우인데 주로 '이다' 서술어를 취하지만 '치다, 하다, 잡다' 등의 서
술어와도 결합되므로 통사적 제약이 심한 것은 아니다.[32] 의미도 '마음

---

32) '셈'이 '이다'와 통합하게 되면 '화자의 바라지 않은 상황'을 나타내는 부정적 판단의
　　양태 의미가 표현된다.

속으로의 헤아림' 정도로 해석되므로 자립적으로 쓰일 때와 의미적인 유연성을 유지하고 있는 것으로 판단되므로 '셈'은 자립명사로 분류하는 것이 타당하다.

'지경'은 고영근(1970)과 이병모(1995)에서 의존명사로 처리하였고 임동훈(1991)에서는 자립명사로 처리한 형태이다. 다음의 (38)에서 보듯이 '지경'은 관형사절에 결합되어 원의에서 확대되어 추상적인 의미로 쓰이고 있다.

(38) ㄱ. 병든 몸 고쳐보겠다 몰래 <u>지경을</u> 벗어나 이 먼곳까지 와 쓰러지다니. 〈152M-177.TXT〉
　　　ㄴ. 점진적 개혁이 어려운 것이 사실이며, 때로 지지부진하여 시작을 후회하는 <u>지경에까지</u> 이르기도 한다. 〈009K-029.TXT〉
　　　ㄷ. 장본인보다 남의 손에서 그것이 더 근사하게 기사화되어 나온다면 미칠 <u>지경이</u> 아닐 수 없다. 〈003K-007.TXT〉

(38ㄱ)은 '경계의 사이'를 의미하는 자립명사이다. (38ㄴ-ㄷ)은 관형사절에 결합하여 '상황, 처지'의 의미로 쓰였는데, 구체적 공간에서 추상적인 공간을 의미하는 것으로 의미가 확대되었다고 할 수 있다. (38ㄴ)에서 상위문 서술어로 '이르다'라는 동사가 쓰이고 있는 것으로 볼 때 '공간'의 의미가 유지되고 있는데, '지경'이 나타내는 '상황, 처지'의 의미는 자립명사 '지경'의 의미로부터 유추가 가능한 것으로 판단되므로 아직 완전히 의존명사화하였다고 볼 수는 없다. 말뭉치 자료를 보면 '지경'이 쓰인 총 60개의 용례 중 관형절과 결합하지 않고 자립적으로 쓰인 경우는 3개뿐이며 나머지 57개는 모두 관형사절에 결합하여 '상황, 처지'의 의미로 쓰이고 있다. 현대어에서 '지경'은 점차 자립적인 쓰임이 없어지고 있으며 대부분 '경계'라는 어휘로 대체되고 있는 반면 관형사절에 결합된 '지경'은 '상황, 처지'의 의미로 특히 '원치 않던 상황'이라는 의미로 그 쓰임을 굳히고 있다. 그러나 아직은 의미의 유연성을 가지고 있으므로 자립명사로 처리하는 것이 타당할 것이다.

'턱'은 고영근(1970)과 이병모(1995)에서 의존명사로 분류하였으나 이주행(1987)에서는 자립명사로 보았다. 그런데 (39)를 보면 자립명사로 쓰일 때와 의존적으로 쓰일 때에 서로 의미의 차이가 없는 것으로 생각된다.

(39) ㄱ. <u>턱</u> 없는 말을 하지 마라.
　　　ㄴ. 열 살을 갓 지난 내가 이런 사정을 알 <u>턱</u>이 없었다.
　　　　〈083M-030.TXT〉

(39ㄱ)은 자립명사로 쓰인 것으로 '까닭이나 이치'의 의미로 해석된다. (39ㄴ)은 관형사절에 결합한 경우인데, 관형사절을 생략하면 비문이 되고 관형사형어미로 '-ㄹ'만 가능하며 상위문 서술어로는 '없다'만 결합하는 제약을 가지므로 의존적으로 쓰이고 있다. 그러나 의미는 (39ㄱ)과 동일하게 '까닭이나 이치'로 해석되므로 의존명사로 전화되었다고 볼 수는 없다. 따라서 '턱'은 자립명사로 처리해야 할 것이다.

'판'은 임동훈(1991)에서만 의존명사로 처리된 형태이다. 그러나 예문 (40)에서 보듯이 자립적으로 쓰일 때와 의존적으로 쓰일 때의 의미가 서로 차이를 보이지 않는다.

(40) ㄱ. <u>판</u>이 벌어지다.
　　　ㄴ. 세상이 바뀌고 또 바뀌고 있다니까 너나 할 것 없이 눈에 불을
　　　　　켜고 돌아치는 <u>판</u>에 도대체 그는 어디서 무얼하는 것인지 소식
　　　　　한 장 없었다. 〈032K-113.TXT〉

(40ㄱ)은 자립명사로 '일이 벌어진 자리나 장면'의 의미이다. (40ㄴ)은 관형사절에 결합하여 의존적으로 쓰인 경우인데 '판국'의 의미인 '일이 벌어진 사태의 형편이나 국면'의 의미로 해석된다. 따라서 '판'은 자립명사로 처리하는 것이 타당할 것이다.[33]

---

33) '판'은 주로 관형사형 어미 '-ㄹ'이 선행하고 계사 '이다'가 통합한 '-ㄹ 판이다' 구성으

‘편’은 고영근(1970)과 이주행(1987)에서는 의존명사로 처리하지 않았지만 이병모(1995)와 임동훈(1991)에서는 의존명사로 처리하였다. 그러나 ‘편’ 역시 자립적으로 쓰일 때와 의존적으로 쓰일 때에 그 의미 차이가 없는 것으로 판단된다.

(41) ㄱ. 그렇다면 전 어느 편도 진정으로 사랑하고 있지 않다는 것일까요? 〈036K-122.TXT〉
　　　ㄴ. 김여사의 신혼생활은 그런대로 괜찮은 편이었다. 〈015K-049.TXT〉

(41ㄱ)은 자립적으로 쓰인 것으로 ‘여러 패로 나누었을 때 그 하나하나의 패’의 의미이다. (41ㄴ)은 관형사절에 결합하여 의존적으로 쓰인 경우인데, ‘좋은 쪽’과 ‘나쁜 쪽’으로 나누었을 때 ‘좋은 쪽’에 속한다는 의미이므로 (41ㄱ)과 동일한 의미를 나타내는 것으로 보인다. 따라서 ‘편’은 자립명사로 보아야 할 것이다.

‘품’은 고영근(1970)과 이병모(1995)에서 의존명사로 처리된 형태인데 임동훈(1991)에서는 의존명사에 소속시키지 않았다. ‘품’은 한자어 ‘品’과 관련된 듯한데 왕문용(1988:35)에서는 ‘품’이 의존적인 쓰임을 보이는 것은 현대국어 이후부터이며 근대국어 시기에는 자립적인 쓰임만이 나타난다고 설명하였다.

(42) ㄱ. 볼품이 없다.
　　　ㄴ. 너스레를 떠는 품이 의외의 수확인 듯한 냄새를 풍긴다. 〈052K-155.TXT〉

말뭉치 자료에는 ‘품’이 자립적으로 쓰인 경우가 나타나지 않는다. ‘품’은 ‘품성, 품질’ 등에 나타나는 한자어 어근인 것으로 생각되는데 (42ㄱ)의 경우는 복합어로 이 때의 ‘품’은 ‘모습’의 의미로 해석된다. (42ㄴ)은

로 쓰이는데 이 때에도 ‘부정적 판단’의 양태 의미를 표현해 준다.

관형사절에 결합하여 의존적으로 쓰이는 경우인데, 의미에 있어서 복합어의 구성성분으로 쓰인 (42ㄱ)의 '품'과 별 다른 차이를 보이지 않는다. '품'이 자립적으로 쓰이지 못하고 항상 관형사절에 결합하여 나타나는 것은 고유어 체계 속에서 고립된 한자어가 가지는 특성 때문인 것으로 생각된다. 이러한 한자어 중에서도 의미 변화가 심하여 원래의 한자어와의 유연성을 상실함으로써 고유어화한 경우는 의존명사로 간주할 수 있다. 그러나 '품'의 경우는 복합어에 나타난 '품'과 관형사절에 결합된 '품'이 서로 다른 어휘라고 보기에는 의미의 유연성이 많이 남아 있으므로 의존명사로 처리하지 않는 것이 타당하다.

'깐'과 '딴'은 고영근(1970)에서 의존명사로 처리하였으나 이병모(1995)에서는 의존명사의 목록에 소속시키지 않았다. '깐'과 '딴'은 동일한 의미를 가지는 어휘인데 (43)-(44)에서 보듯이 둘 다 자립적으로 쓰일 때와 의존적으로 쓰일 때의 의미 차이가 크지 않다.

(43) ㄱ. <u>깐을</u> 보고 일을 시작한다.
    ㄴ. 눈을 못 보는 <u>깐으로는</u> 술청 일이 완전히 손에 익어 있어서 별 다른 불편을 느끼는 것 같지는 않았다. 〈147M-168.TXT〉
    ㄷ. 자네야 노다지 금판만 만난다면 <u>그깐</u> 땅뙈기가 대순가?
(44) ㄱ. 아무일 없었던 것처럼 맥주잔을 들고 있었다니 <u>딴은</u> 괘씸한 생각이 이만저만이 아니다. 〈003K-007.TXT〉
    ㄴ. 아들 하나만 더 낳아달라는 치기어린 생떼를 썼지만 <u>제딴엔</u> 마음 깊숙이 결연한 각오를 했던 모양이다. 〈099M-061.TXT〉

(43ㄱ)은 자립적으로 쓰인 것으로 '나름대로의 생각이나 가늠'의 의미이다. (43ㄴ)은 의존적으로 쓰인 것으로 의미는 (43ㄱ)과 동일하다. (43ㄷ)은 '깐'이 주로 '이, 그, 저, 내'와 같은 관형사에만 제약적으로 결합하여 '대상을 낮추어 봄'이라는 양태적인 의미를 가지게 된 경우로 접미사화되어 가는 것으로 볼 수 있으나, 의미에 있어서 자립명사 '깐'과의 유연성이 있고 선행요소와 결합하여 새로운 의미를 가진 어휘를 만들어내

지는 못하므로 아직은 자립명사로 볼 수 있다. (44ㄱ)의 '딴'은 자립적으로 쓰인 것으로 '나름으로의 생각이나 기준'의 의미이다. '딴'의 경우는 (44ㄴ)처럼 선행요소로 '이, 그, 내, 제' 등의 관형사만을 취하는데, 접미사화되어 가는 형태라고 할 수 있으나 '깐'과 동일한 이유로 아직은 자립명사로 처리할 수 있다.34)

　

〔2〕 동안, 법,

'동안'은 원래 공간개념을 나타내던 자립명사였는데, 현대국어에서는 자립적으로 쓰이는 경우 없이 관형사절에 결합하여 '시간개념'의 의미로 확대되어 쓰이는 형태이다. 고영근(1970)과 이병모(1995)는 '동안'을 자립명사로 보았고, 권재일(1985)와 임동훈(1991)은 의존명사로 처리하였다. 고영근(1970)에서는 '동안'을 자립명사로 보는 이유로 큰사전의 의존명사 '지'의 풀이항인 '동작이 있었던 때로부터 지금까지의 동안을 뜻하는 말'에서의 '동안'이 자립성을 가지기 때문임을 들고 있다. 하지만 '체언+의'는 의존명사의 관형성분으로 기능할 수 있으므로 위의 문장에서 '동안'이 자립적으로 쓰였다고 볼 수는 없다.

(45) ㄱ. 시장과 집이 <u>동안이</u> 떠서 불편하겠다.
　　　ㄴ. 여러 세기가 지나는 <u>동안에</u> 비로소 여러 개별 과학들이 철학에
　　　　　서 떨어져 나갔다. 〈011K-034.TXT〉

(45ㄱ)은 '동안'이 자립적으로 쓰인 것으로 '거리'의 의미로 해석된다. (45ㄴ)은 관형사절에 결합된 경우로 관형절을 생략하면 비문이 되므로

---

34) 안주호(1997:220)에서는 '깐, 딴'이 '그, 저, 제'와 같은 관형사와만 제약적으로 결합하여 '낮추어 봄'이라는 의미를 파생하게 되었으므로 접미사로 기능이 동요되고 있다고 보고 있다. 그러나 '제깐, 자기딴'에서의 '제, 자기'는 관형어 이외의 다른 것으로 보기 어려우며, '눈을 못 보는 깐으로는'과 같은 예문을 보더라도 '깐, 딴'의 경우 접미사로 전화되고 있다기보다는 의존명사로 전화되는 과정에 있다고 보는 것이 타당할 것이다.

의존적으로 쓰이고 있다. 의미는 추상화되어 구체적인 공간의 개념에서 추상적인 시간의 개념으로 확대되어 있다. 공간적인 거리에서 시간적인 거리로 추상화되기는 하였으나 의미의 유연성을 상실한 것으로는 판단되지 않는다. 그러나 현대국어에서는 '공간'의 의미를 가진 '동안'이 생산적으로 사용되지 않으며 무엇보다도 문장 내에서 자립적으로 쓰이는 경우는 없다. 말뭉치 자료에 나타난 '동안'의 용례를 보아도 '공간'의 의미를 가진 경우나 또는 관형사절 없이 자립적으로 쓰인 경우는 한 건도 찾아볼 수 없다는 것도 한 증거가 될 것이다. 따라서 '동안'은 현대국어에서 의존명사로 전화되었다고 보는 것이 타당할 것이다.

'법'에 대하여 고영근(1970)은 의존명사의 목록에 소속시키되 자립명사와 의존명사의 중간에 자리잡은 형태라는 설명을 붙였으며, 이주행(1987)은 의존명사로 처리하지 않았다. '법'은 중세국어, 근대국어에서는 주로 자립명사로 쓰였으나, 현대국어로 올수록 의존적으로 쓰이는 형태로 자립명사와 의존명사 사이에 여러 중간단계가 존재하여 둘을 명확하게 구분하는 것이 쉽지 않다.

(46) ㄱ. 그렇다고 나라의 <u>법을</u> 금방 바꿀 수야 없지 않겠나?
〈157M-190.TXT〉
ㄴ. 그 다음에는 차 끓이는 <u>법을</u> 배워야할 것이오.
〈143M-162.TXT〉
ㄷ. 그렇다면 이 비지라고 해서 돼지만 먹으란 <u>법은</u> 없지 않는가?
〈143M-162.TXT〉
ㄹ. 물건이란 것은 한번 욕심이 나면 더욱더 집착하게 되는 <u>법이다.</u>
〈148M-171.TXT〉
ㅁ. 뚱뚱하고 깔끔한 몸차림에 앞치마를 두르고 머릿수건을 쓴 그림에나 나올 <u>법한</u> 전형적인 모습이 그것을 증명해 주고 있다.
〈131M-133.TXT〉

(46ㄱ)은 자립명사로 '나라에서 국민 모두가 쫓아 지키도록 정한 규칙'을 의미한다. (46ㄴ)은 '방법'의 의미로 관형사절이 선행해야 한다는

제약은 있지만 문장에서 주어, 목적어 등의 주요 기능으로 쓰일 수 있으며 특정한 상위문 서술어에 대한 제약도 없다. 또한 의미에 있어서도 자립명사와 유연성을 유지하고 있으므로 의존명사로는 볼 수 없다. (46ㄷ)은 '이치'의 의미로 문장에서 여러 가지 기능으로 쓰일 수 없고, 관형사형 어미로 '-ㄴ, 는'만 가능하며 상위문 서술어로 '있다, 없다'만 결합하는 등의 통사적 제약이 있다. 그러나 의미에 있어서 자립명사와의 유연성을 유지하고 있다. (46ㄹ)은 '필연적인 사실'의 의미로 '-ㄴ, 는' 관형형어미만을 취하고 '이다' 서술어와만 결합하는 등 통사적인 제약이 (46ㄷ)의 경우보다 더 심하지만 의미에 있어서는 여전히 유연성을 유지하고 있다. (46ㅁ)은 '추측'의 의미로 '-ㄹ 법하다'의 구조로만 쓰이는데 의미에 있어서도 자립명사 '법'과의 유연성을 찾을 수 없어 의존명사로 전화되었다고 할 수 있다. 이처럼 자립명사에서부터 의존명사로 전화되어 가는 여러 단계를 보여 주는 '법'과 같은 경우 어디까지를 자립명사로 보고, 어디부터를 의존명사로 보아야 할 것인가는 판단하기가 쉽지 않다. 그러나 (46ㅁ)과 같이 양태의 의미를 가지게 된 '법'은 의존명사로 처리할 수 있으므로, 의미의 유연성은 아직 남아 있지만 (46ㅁ)과 동일하게 특정한 통사적 환경에서만 나타나는 (46ㄷ-ㄹ)의 '법'도 아울러 의존명사로 처리하는 것이 타당할 것으로 생각된다.

2.4.2.2. 조사와 의존명사

기존 문법서나 사전에서 의존명사와 조사간에 혼돈을 보이는 형태는 다음과 같다.

(47) 대로, 들, 만¹, 만², 만큼, 뿐

조사는 주로 자립 형식(체언)에 붙어, 그 말과 다른 말의 문법적 관계를 나타내는 단어이다. 단독으로 문장 내에서 쓰일 수 없다는 조사의 특성은 의존명사의 특성과 일치하는 특성이다. 조사는 체언 뒤에 통합되는 것이 일반적이나 부사나 부사격 조사, 연결 어미에도 통합된다. 이 중 명사가 통합되는 경우는 의존명사의 특성과 일치를 보인다. 여기서 의존명사와 조사의 구분에 문제가 발생할 수 있다. 즉, 의존명사와 조사는 선행어에 의존하여서만 문장에서 기능하며, 두 범주 모두 선행어로 명사나 명사구가 올 수 있기 때문에 '명사구+조사' 구성과 '명사구+의존명사' 구성이 잘 구분되지 않는 것이다.

이런 이유로 (47)에 대하여 기존 문법서나 사전에서는 조사나 의존명사로 각각 달리 처리하거나 조사와 의존명사의 품사통용어로 처리하기도 하며, 또는 의존명사로 처리한 후 의존명사의 기능이 주된 기능이고 조사의 기능이 부수적인 기능이라고 설명하기도 한다.

그러나 의존명사와 조사의 특성을 좀더 자세히 살펴보면 그 분포나 기능에 있어서 차이가 있음을 알 수 있다. 남윤진(1997:143)에서는 의존명사와 조사의 특성을 다음의 표2-1과 같이 비교하여 정리하고 있다.

[표2-1]을 보면 의존명사의 선행어로 '체언+의'나 관형사 그리고 용언의 관형사형 등의 관형 성분이 올 수 있는 반면 조사는 이들 관형 성분이 선행 요소로 올 수 없으며, 의존명사는 용언의 부사형이나 부사 뒤에 올 수 없는 반면 조사는 용언의 부사형이나 부사 뒤에 올 수 있다. 또한 의존명사는 선행 요소와의 사이에 '-의'를 제외한 다른 조사가 올 수 없으나 조사는 선행 요소에 다른 조사가 올 수 있다는 점에서도 차이를 보이고 있다. 따라서 관형 성분 뒤에 올 수 있고 그 관형 성분에 '-의'를 제외한 다른 조사가 올 수 없는 형태에 대해서는 조사가 아니라 의존명사로 처리하는 것이 타당할 것이다. 그러나 관형 성분 뒤에 올 수 있으면서 '-의' 이외의 다른 조사도 올 수 있는 형태에 대해서는 조사와 의존명사의 두 가지 기능을 모두 가진 품사통용어로 보아 조사와 의존명사로 나누어 처리해야 할 것이다. 일반적으로 명사에서 전화된 조사는 '자립명사 〉 의존명사 〉 부사어 〉 후치사 〉 보조사'와 같은 문법화 단계를 거쳐서 형성된 것이라고 할 수 있다. 이러한 과정을 차례로 거치는 것이 일반적이기는

하지만, 이런 순차적인 과정을 거치지 않고 자립명사에서 의존명사와 조사로 분화되어 문법화가 진행되는 경우도 있는 것으로 생각된다. 이처럼 두 가지 기능으로 나뉘어 쓰일 경우 문법화는 두 방향으로 진행될 수 있는데, 첫째는 두 기능 중 어느 한 기능이 빈도상으로 우세하게 쓰임으로써 다른 한 기능은 점차 소멸되어 하나의 기능만을 가진 형태가 문법화의 결과로 남는 것이고, 두 번째는 두 기능 모두 비슷한 빈도수로 쓰임으로써 각기 다른 기능을 가진 형태로 문법화되는 것이다. 후자의 경우 형태는 동일하나 다른 기능이나 분포를 가지는 것으로 품사통용어가 된다고 할 수 있다.

〔표2-1〕 의존명사와 조사의 특성 비교

		의 존 명 사	조 사
선행어에 대한 의존성		음운론적 의존성/ 통사적 의존성	음운론적 의존성/ 통사적 의존성
분포	선행 요소	체언, *체언＋조사('-의'는 가능) 관형사, 용언의 관형형 *부사, *용언의 관형형	체언, 체언＋조사('-의'는 불가) *관형사, *용언의 관형형 부사, 용언의 부사형
	후행 요소	조사 결합이 자유로운 것 제한된 조사와만 결합하는 것 조사와 결합할 수 없는 것	다른 조사가 올 수 없는 것 제한된 조사만 올 수 있는 것 조사 결합이 자유로운 것
기능		선행요소에 의해 문법적/어휘적 의미 보충됨 후행요소와의 결합양상에 따라 통사적 관계 가짐	선행요소의 문법적 의미를 보충함 선행요소의 통사적관계를 표시함

따라서 문제의 형태가 조사인지 아니면 의존명사인지 아니면 조사와 의존명사의 품사통용어인지를 식별하기 위해서 (23)의 의존명사 기준 중에서 〈주요 기준 ㄷ〉이 적용될 수 있다. 즉 문제의 형태에 선행하는 성분이 관형 성분인지 아니면 용언의 부사형이나 '의'를 제외한 조사인지 아니면 이 두 성분이 모두 올 수 있는지를 식별의 기준으로 적용할 수 있다.

이러한 기준에 따라 이들을 검토해 보면 다음과 같다.

〔1〕 들, 만

'들'은 기존 문법서나 사전에서 그 용법에 따라 접미사, 의존명사, 조사 등으로 다루어진 것이다. 최현배(1971)에서는 '들'을 두 가지로 나누어 '사람들'에서의 '들'은 접미사이고 '개, 소, 말 들이 있더라'의 '들'은 '불완전 명사'로 처리하고 있으며, 고영근(1972)에서는 부사어에 부착되는 '들'은 새로운 의미부를 형성하는 것이 아니므로 특수조사로 보고 그 이외의 '들'은 접미사로 파악하였다. 또한 임홍빈(1989)에서는 '들'이 명사구에 결합되는 통사적 파생의 접미사라고 보았다. '개, 소, 말 들이 있더라'의 '들'을 의존명사로 보는 것은 이러한 예가 중세국어 단계에서는 명사적인 것으로 파악되기 때문이다. 그러나 중세국어 단계에서도 '둘ㅎ'은 속격의 'ㅅ'을 선행시키지 않아 선행요소에 속격의 'ㅅ'을 허용하는 '뿐'이나 '또룸'에 비해 상대적으로 명사성이 약하다고 할 수 있다. 또한 부사어 뒤에 오는 '들'과 명사 뒤에 오는 '들'은 그 분포는 다르다고 할지라도 의미나 기능은 동일하므로 둘로 나누어 처리하는 것은 바람직하지 않다. 그리고 '들'을 접미사로 본다면 다른 접미사와는 달리 선행 성분에 대한 어휘적 선택 제약이 거의 없고 선행 성분과의 분리성이 강한 점을 설명하기가 어렵다.

'들'은 (48)에서 보듯이 관형사나 용언의 관형사형 뒤에는 올 수 없으나, 명사나 부사 그리고 용언의 활용형 등 자립성을 가지는 다양한 범주의 선행어 뒤에 올 수 있으며, '-의'를 제외한 모든 조사 뒤에 올 수 있다. 또한 '들'은 (48ㄴ)이나 (48ㅁ)에서 보듯이 명사구나 문장과 같은 통사적 구성과 문법적 관계를 가진다. 이러한 '들'의 다양한 분포와 통사적 관계를 고려하여 '들'은 의존명사이기보다는 조사로 처리하는 것이 타당할 것으로 생각된다. '들'을 조사로 본다면 '들'이 부사어 뒤에 나타나는 경우도 설명이 된다.

(48) ㄱ. 민속음악 판소리가 <u>국민들</u> 사이에서 비로소 이해와 평가의 대상
　　　　이 되었다. 〈184PQART.TXT〉
　　ㄴ. 죽 둘러서 있는 <u>구경꾼들</u> 사이를 검정 강아지가 빠져 나와 핥아
　　　　먹었다. 〈043K-138.TXT〉
　　ㄷ. 나뭇잎들이 꽤 넓적넓적했고 <u>활짝들</u> 피어 있었다. 〈081M-025.TXT〉
　　ㄹ. 음흉하게 낄낄대며 <u>좋아들</u> 하는 모습을 어느 반에서나 어느 해
　　　　에나 공통적으로 발견하곤 한다. 〈087M-039.TXT〉
　　ㅁ. <u>동감들이</u> 아니십니까들? 〈039K-131.TXT〉

　　'만'은 (49ㄱ, ㄴ)처럼 '단독'의 의미를 가지는 경우와 (49ㄷ, ㄹ)처럼 '시간'의 의미를 가지는 경우 그리고 (49ㅁ, ㅂ)처럼 '비교, 정도'의 의미를 가지는 경우로 나뉜다. 이 세 경우에 있어서의 '만'은 그 분포나 기능이 다를 뿐만 아니라 의미에 있어서도 서로 연관성이 없으므로, 형태는 같아도 동일한 형태소로 볼 수는 없다. 이 중에서 '단독'의 의미를 가지는 '만'은 명사 및 명사 상당어인 구나 절뿐만 아니라 부사나 어미에 모두 결합할 수 있으므로 조사임을 알 수 있다. 여기서 의존명사인지 아닌지 문제가 되는 것은 뒤의 두 경우 즉 '시간'과 '비교, 정도'의 의미를 가진 '만'이다. 이 두 경우를 시간을 의미하는 '만¹'과 비교, 정도를 의미하는 '만²'로 나누어 살펴보기로 하겠다.

(49) ㄱ. 심지어는 <u>김일성에게만</u> 사용할 수 있는 어휘를 따로 정해 놓고
　　　　있다. 〈002K-003.TXT〉
　　ㄴ. 당신이 <u>빨리만</u> 갔더라도 그를 만날 수 있었을 것이다.
　　ㄷ. 죽어도 되겠구나 했던 그 심정을 <u>40여년만에</u> 다시 맛본다.
　　　　〈083M-030.TXT〉
　　ㄹ. 낳은 지 <u>여덟</u> 달만에 글귀를 알아듣고..... 〈114M-090.TXT〉
　　ㅁ. 이 <u>짐승만도</u> 못한 놈들! 〈039K-131.TXT〉
　　ㅂ. 키스는 못해 주더라도 손 한번쯤 <u>잡아줄 만도</u> 하지 않겠는가.
　　　　〈038K-130.TXT〉

　　'만'은 고영근(1970)에서 접미사로 처리된 형태인데, 관형사절에 결합

하지 않으며, 선행어에 조사가 통합할 수도 없고 선행어로 시간을 표시하는 특정한 단어만 온다는 제약이 있으므로 접미사일 가능성이 있다. 그러나 (49ㄷ, ㄹ)에서 '40여년'이나 '여덟 달'과 같은 구성은 단어라기보다는 명사구에 가까워서 '만'을 단어에 결합되는 접사라고 보기 어려우며, 또 '여덟 달만에'처럼 처격 조사 '에'만이 올 수 있는데, 이처럼 조사와의 통합에 있어서도 제약이 심하여 일반적으로 접미사는 조사나 어미와 같은 후행 형식과의 제약이 없는 점을 고려할 때 '만'을 접사로 처리하기는 어렵다. '만'은 '오랜만에'와 같은 구성을 형성하는데, 이는 남윤진(1997:144)에서 지적하고 있듯이 '오랜(관형사)+만(의존명사)+에(조사)' 또는 '오래(형용사)+ㄴ (관형사형 어미)+만(의존명사)+에(조사)'로 분석되므로 관형어가 선행어로 올 수 있음을 알 수 있다. 따라서 관형어에 결합할 수 있고 선행어와에 조사가 통합할 수 없으며 뒤에 국한된 격조사만을 취하는 특성을 가진 '만'은 의존명사로 처리하는 것이 타당할 것이다.

　[2] 만², 만큼, 뿐, 대로

　'비교, 정도'의 의미를 가지는 '만²'는 예문 (50ㄱ)에서 보듯이 선행어로 관형어가 올 수 있을 뿐만 아니라 (50ㄴ, ㄷ, ㄹ)에서처럼 용언의 부사형도 선행어로 올 수 있으며, 선행어에 다른 조사가 통합될 수도 있다.

(50)　ㄱ. 세계 최고급 행정부 건물임을 <u>뽐낼 만하다</u>. 〈144M-165.TXT〉
　　　ㄴ. 영희가 인물이 <u>어려서만</u> 못하다.
　　　ㄷ. 영희의 노래솜씨가 <u>학교에서만</u> 못하다.
　　　ㄹ. 아무리 친구간의 신의가 깊다한들 피를 나눈 <u>형제끼리만</u> 하겠는가.

　'만²'는 이처럼 조사와 의존명사의 특성을 모두 가지며, 관형어가 선행할 때의 '만'과 용언의 부사형이 선행할 때의 '만'은 형태나 의미면에서도 동일하므로 품사통용어의 대상이 된다. 따라서 '만'이라는 항목 아래에 의존명사와 조사의 하위 항목을 두어서 관형어가 선행하는 경우는 의존명사로, 용언의 부사형이 선행하는 경우는 조사로 처리할 수 있다. 그런데 명사가 선행하는 '만²'의 경우는 조사와 의존명사 중 어느 것으로 보아야 할지 결정하기가 쉽지 않은데, 남윤진(1997:147)의 설명을 참조할 때 조사로 처리하는 것이 타당할 듯하다. 남윤진(1998:147)에서는 명사가 결합할 때 '내, 네, 제'의 형태를 취하고 주격조사를 제외한 다른 조사와 결합할 때는 '나, 너, 저'의 형태를 취하는 인칭대명사가 '만²'와 결합할 경우에는 '나, 너, 저'의 형태를 취한다는 사실을 바탕으로 하여 '인칭대명사 +만²'뿐만 아니라 '명사+만²'의 구성에 나타나는 '만²'를 조사로 보아야 한다고 설명하고 있다. 이러한 설명에 따르면 '만²'뿐 아니라 의존명사와 조사의 품사통용어로 처리되는 형태에서 선행어가 명사인 경우는 모두 조사로 처리할 수 있다.

한편 말뭉치에 나타난 빈도를 보면 '만²'가 사용된 총 132개의 용례중 의존명사로 쓰인 경우는 3개, 조사로 쓰인 경우는 129개로 조사로 쓰인 경우가 92.7%의 높은 비율을 보이므로, '만²'는 명사보다는 조사로 쓰이는 경우가 우세하다고 할 수 있다.

'만큼', '뿐', '대로'도 또한 다음 (51-53)에서 보듯이 관형어가 선행할 수도 있고, 용언의 부사형이 선행할 수도 있으므로 '만²'와 마찬가지로 조사와 의존명사의 품사 통용어로 처리할 수 있다.

(51) ㄱ. 그는 러시아의 팔레스트리나로 <u>불릴 만큼</u> 오랜 명성을 남겼다.
　　　〈028K-105.TXT〉
　　ㄴ. 일본인들이 국가이익과 얽힌 사안에 <u>대해서만큼은</u> 곧잘 보조를 맞춘다는 사실을 익히 알고 있었다. 〈144M-165.TXT〉
　　ㄷ. 상투를 자르고 술로 살다시피 <u>해왔으니만큼</u> 역시 술로 밥을 삼는 축이라야 죽에 맞았다. 〈114M-090.TXT〉
　　ㄹ. 개방적인 남성들 가운데에도 실제로 알고 보면 <u>여성문제에 서만큼은</u> 머리가 갸우뚱해질 만큼 보수적인 경우가 흔히 있습니다. 〈077M-018.TXT〉
(52) ㄱ. 징재는 더욱 얼굴을 <u>붉힐 뿐</u> 대답이 없었다. 〈013K-043.TXT〉
　　ㄴ. 과목 시간과 <u>관련해서뿐만</u> 아니라 특별 강연식으로라도 꼭 이루

> 어져야 한다고 주장하고 있다. 〈087M-039.TXT〉
> ㄷ. 여주의 청이라면 듣다뿐이겠는가.
> ㄹ. 보석이나 금속을 사용하면 단순히 셈하는 <u>도구로써 뿐만</u> 아니라 가축과 동등한 가치를 인정받게 된다. 〈128M-123.TXT〉
> (53) ㄱ. 사연을 들은 것이 있었으면 <u>들은 대로</u> 얘기를 좀 털어놔 보게. 〈147M-168.TXT〉
> ㄴ. 초대장이 우송되어 거기에 씌어진 <u>그들대로의</u> 초대언어에 잠깐 동안의 여유 나마 할애해 보았다. 〈093M-051.TXT〉
> ㄷ. 집에서는 집에서대로의, 직장에서는 <u>직장에서대로의</u> 할 일이 따로 있다.

'만큼'은 전부 705개의 용례 중에서 의존명사로 쓰인 경우는 331개이고 조사로 쓰인 경우는 374개로 의존명사로 쓰인 것이 46.9%를 차지하며, '대로'는 전부 1349개의 용례 중 의존명사로 쓰인 경우는 513개이고 조사로 쓰인 경우는 836개로 의존명사로 쓰인 경우가 38.2%를 차지한다. 또 '뿐'은 전부 1400개의 용례 중 의존명사로 쓰인 경우는 863개이고 조사로 쓰인 경우는 537개로 의존명사로서 쓰인 경우가 61.64%를 차지하고 있다. 이러한 빈도 정보를 통해서 볼 때 '대로, 만큼, 만²'는 의존명사보다는 조사로 쓰이는 경우가 더 많은 반면 '뿐'은 조사보다 의존명사로 쓰이는 경우가 더 많음을 알 수 있다.

2.4.2.3. 접사와 의존명사

접미사와 의존명사는 자립성이 없고 선행요소와 더불어 음운론적 단어를 이룬다는 점에서 동질적이지만 선행 요소와 접미사가 이루는 구성은 형태론적 구성인 반면 선행 요소와 의존명사가 이루는 구성은 통사론적 구성이라는 점에서 차이를 가진다. 따라서 '선행 요소＋접미사' 구성에서는 선행 요소가 문장 내부의 다른 요소와 통사적 관계를 가질 수 없으나 '선행 요소＋의존명사' 구성의 경우는 선행 요소가 문장 내부의 다른 요소와 통사적 관계를 가질 수 있다. 이러한 차이에 초점을 맞춘다면 의존명사와 파생접미사의 구별은 어려운 일이 아니라고 생각하기 쉽다. 그러나 의존명사 가운데는 선행 요소로서 관형사절뿐만 아니라 체언이 가능한 경우가 있는데 이 경우 '체언+의존명사' 구성과 '체언+접미사' 구성이 잘 변별되지 않으므로 식별의 문제가 생기게 된다. 이런 사정 때문에 다음 (54)의 경우 형태나 의미상으로 동일하지만 관점에 따라서 접미사로 처리되거나 혹은 의존명사로 처리되거나 하였다.

(54) 게, 해[35]

문제의 형태가 접미사인가 아니면 의존명사인가를 판별하기 위해서는 (23)에서 지적된 의존명사의 기준 가운데 〈주요 기준 ㄱ, ㄷ〉이 적용 될 수 있다. 즉, 이들 형태와 선행어 사이에 조사 '의'가 통합 되는가 아닌가 하는 점이다. (23ㄷ)에서 지적되었듯이 의존명사는 선행요소와의 사이에 조사 '의'를 통합시킬 수 있다. 그러나 접미사는 선행요소와 함께 형태론적 구성을 이루므로 선행 요소 다음에 조사 '의'뿐만 아니라 휴지도 올 수 없다. 이러한 처리 기준에 따라 (54)의 형태를 살펴 보면 다음과 같다.
  '게'는 고영근(1972)에서 관형사형과 결합하지 않으며, '우리, 자네' 등의 특수한 대명사와만 통합한다는 이유로 접미사로 처리하였고 임동훈(1991)에서는 의존명사로 다루었다.

(55) ㄱ. <u>우리 게는</u> 올해 풍년인데, 자네 게의 농사는 어떤가?
     ㄴ. 땅이 기름진 <u>우리네 게에서는</u> 호두가 많이 나는데, <u>자네들게에
        서는</u> 무엇이 많이 나는가?

'게'는 '살고 있는 곳'을 의미하고 선행 요소와 '게' 사이에는 휴지가 있

---

35) '게, 해' 외에 접사와 의존명사 그리고 조사 사이에서 그 구분에 혼란을 보이는 형태로 '쯤'이 있다. 그런데, '쯤'은 관형성분과 결합할 수 없으므로 의존명사로 보기는 어렵다. "이런 일들쯤이야...."와 같은 예문에서 보듯이 '쯤'은 복수접미사 '-들'에 결합할 수 있으므로 접미사보다는 조사로 처리하는 것이 타당할 것이다.

다고 할 수 있으며, '우리네'와 '자네들'의 경우 '우리, 자네'는 관형어 외에 다른 것으로 볼 수는 없다. 또한 '우리'와 '게' 사이에는 복수접미사 '-네'가 올 수도 있으므로 '우리'와 '게'가 이루는 구성은 형태론적 구성이 아니라 통사론적 구성이라고 할 수 있다. 그리고 '저희 게'의 경우 선행어와 '게' 사이에 조사 '의'가 개재될 수도 있다. 따라서 '게'는 접사라기보다는 의존명사로 처리하는 것이 타당할 것이다. 말뭉치 자료에는 '게'의 용례가 한 건도 나타나지 않는데 현대국어에서 '게'가 생산적으로 쓰이지 않음을 방증해 준다고 하겠다.36)

'해'는 고영근(1970)에서 의존명사로 처리하였으나 이주행(1987)에서는 선행명사와의 사이에 휴지가 오지 않는다는 사실을 들어서 접사로 처리하였다. '해'는 '네, 제'에만 결합하여 '것'의 의미로 '소유'를 나타내는데 형대국어에서 더 이상 생산적으로 쓰이지 못하여 폐어화한 어휘라고 할 수 있다. '내, 제' 등의 특정한 요소와만 결합하므로 접미사로 볼 수도 있으나 '내, 제' 등이 대명사의 소유격형임을 감안할 때 '해'는 의존명사로 처리할 수 있다.

2.4.2.4. 어미와 의존명사

의존명사 중에는 선행 요소나 후행 요소들과 결합하여 의존명사로서의 의미는 상실하고 선행 보문의 어간에 붙어 어미와 같은 기능을 하는 형태가 있다. 이들은 어미와 유사한 분포와 기능을 보여 주기 때문에 기존 문법서나 사전에서는 관점에 따라 통사론적 구성으로 혹은 형태론적 구성으로 그 기술을 달리 하고 있다. 통사론적인 구성으로 본다면 이들은 각각 '관형사형 어미+의존명사+상위문 서술어'나 또는 '관형사형 어미+의존명사+조사' 등으로 분석이 가능한 반면 형태론적인 구성으로 처리한다면 이러한 분석은 가능하지 않을 것이다. 실제로 국어의 어미 가운데는 '-ㄹ수록, -ㄹ

---

36) '게'는 '살고 있는 곳'을 뜻하는 말로 중세어의 '그에'에 맥이 닿아 있는 것으로 보인다.(임동훈 1991:17)

지언정, -ㄹ진대, -ㄹ사, -ㄹ새' 등과 같이 보문을 이끄는 명사에 조사나 활용형이 통합되어 하나의 어미로 형성된 예가 존재한다. 문제가 되는 것은 이러한 구성들이 완전히 문법화하여 하나의 독립된 어미로 전화하였는지 아니면 어미와 유사한 기능을 수행하기는 하지만 아직은 문법화의 과정 중에 있는 것인지 판단하기가 쉽지 않다는 것이다. 그러나 통사론적 구성에서 형태론적 구성인 어미로 전화하게 되면 통사론적 구성이었을 때와는 다른 몇가지 특성을 가지게 된다37). 먼저 형태 통합면에서 볼 때, 특정한 관형사형어미에만 제약적으로 결합되고 다른 관형사형어미는 가능하지 않다는 점을 들 수 있다. 또한 이들은 고유한 문법적 기능을 가지기 때문에 이들 구성 사이에 다른 어떤 요소도 개재되는 것이 불가능하며 이들을 분석할 경우 이러한 고유의 문법적 의미는 상실될 것이다. 통사적인 면에서 본다면, 시제나 주어 그리고 서법적인 면 등에서의 제약을 받는 점이 있다. 만약 이들이 어미로 되지 않았다면 이런 제약을 받지 않겠지만 이런 제약을 가진다면 이미 어미화한 것으로 판단해도 무방할 것이다.38)

따라서 문제의 형태를 식별하기 위해서는 일차적으로 의존명사 기준 (23) 중에서 〈주요 기준 ㄷ〉이 적용될 수 있다. 즉, 선행 성분으로 관형 성분 이외에 동사 어간이나 선어말어미가 올 수 있는지 여부를 검토하여야 할 것이다. 이 기준 외에 이차적인 기준으로 형태론적 구성으로 전화되었을 때에만 나타날 수 있는 특징들 즉, 특정한 관형사형 어미에만 제약적으로 결합하는지, 시제나 주어 그리고 서법적인 면 등에서 제약을 받는지 여부가 검토되어야 할 것이다.

하나의 독립된 어미인지 아니면 의존명사가 결합된 형태인지 그 구분에 있어서 혼돈을 보이는 형태는 (56)과 같다.

---

37) Bybee 외(1994)에서는 어휘소가 문법적 기능을 하는 형태로 바뀌는 경우에는 자립적 어휘소의 경우에 보이지 않던 여러 가지 제약들이 나타난다고 지적하고 있다. 예를 들면 영어 'will, shall'의 경우 자립적 어휘소인 본동사로 쓰일 때는 다른 동사들과 마찬가지로 시제나 성, 수 일치의 활용을 할 수 있었지만 문법적 기능을 하는 조동사가 된 이후에는 시제나 성, 수 일치의 활용을 할 수 없게 되었다.

38) 안주호(1997:229) 참조.

(56) 듯, 바

'유사성'의 의미를 가지는 '듯'은 다음 (57)처럼 관형 성분 뒤에 결합하기 때문에 의존명사로 볼 수 있으나, (58)처럼 용언 어간이나 선어말어미에 직접 통합하여 활용어미와 같은 분포를 보이는 예도 있다.

(57) ㄱ. 분노가 동공을 가득히 채우고 <u>있는 듯도</u> 하였다.
　　　〈010K-032.TXT〉
　　ㄴ. 독립신문의 창안이라고 믿어도 <u>좋을 듯하다.</u>
　　　〈001K-001.TXT〉
(58) ㄱ. 도덕은 근본적이고 법률은 <u>응급적이듯이</u> 동양 의학은 근본을 치료하는 의학이고..... 〈075M-009.TXT〉
　　ㄴ. 여름이 무더워서 곡식도 잘 여물고 <u>여름답듯이,</u> 겨울에는 겨울답게 삼한사 온이 나타나..... 〈084M-031.TXT〉
　　ㄷ. 걸음을 걸을 때면 엉덩이가 묘하게 춤을 <u>추듯</u> 했다.
　　　〈008K-019.TXT〉
　　ㄹ. 이상의 예에서 <u>살펴보았듯이</u> 뛰어난 시인은 깊은 감흥을 얻게 마련이다. 〈092M-049.TXT〉

(57)은 '듯'이 관형사절과 결합한 경우로 '처럼'의 의미를 나타내고 있다. (58ㄱ-ㄷ)은 각각 계사, 용언 어간에 직접 통합한 예이고 (58ㄹ)은 선어말어미 '-었-' 다음에 통합한 예로, (57)의 경우와 동일하게 '선행 어간처럼'이라는 의미를 보인다. 이처럼 '듯'은 관형 성분의 수식을 받는 경우가 있는가 하면 동사 어간이나 선어말어미 뒤에 오는 경우도 있어서 의존명사와 어미의 특질을 모두 보이고 있다. 따라서, 이들을 무리하게 의존명사나 어미 중의 어느 한 범주로 매김할 것이 아니라, 관형어의 수식을 받는 경우에는 의존명사로, 동사 어간이나 선어말어미 뒤에 오는 경우는 어미로 처리하는 것이 타당할 것으로 생각된다.39) '듯'을 어미와 의존

---

39) 서태룡((1988:254)에서는 활용어미와 의존명사로 그 통사론적 범주를 달리하는 '듯'에 대하여 관형사형어미 다음의 요소이므로 형식명사일 가능성이 있으나 '듯이'처

명사로 처리할 때 어떤 용법이 중심적인 것인가를 알기 위해 빈도 정보를 이용할 수 있다. 말뭉치 자료를 보면 총 1612개의 용례중 의존명사의 용법을 보이는 것이 964개, 어미의 용법을 보이는 것이 649개로서 의존명사로 쓰이는 경우가 59.8%의 비율을 보인다. 따라서 '듯'은 어미의 용법보다는 의존명사로서의 쓰임이 우세하다고 할 수 있다.

'-은바'는 연구자에 따라 단일한 연결어미로 보기도 하고, 통사적 복합구성으로 보기도 하는 형태이다. 이와 유사한 구성으로 '-은데'가 있는데 '-은데'의 경우는 연구자 모두 현대국어에서 연결어미로 보고 있다. 이 두 형태는 모두 보문소와 의존명사가통합된 형태로 '설명'의 기능을 보여 준다. 그럼에도 불구하고 '-은데'는 연결어미로 파악함에 논란이 없는 반면 '-은바'는 의존명사를 추출해낼 수 있는 통사적 구조로 보기도 하고 단일한 형태의 연결어미로 보기도 하는 이유는 이들이 문법화된 시기에 있어서 차이를 보이기 때문이다. '-은데'의 경우는 전기 중세국어 시기에 이미 문법화하여 형태적으로나 의미적으로 완성된 문법소의 기능을 했던 것이다.(안주호1997:255-256)

(59) ㄱ. 그는 <u>어찌할 바를</u> 몰라 길거리를 온통 헤메고 다녔다.
　　 ㄴ. 당신이 <u>말하는 바가</u> 정확히 무엇인지 알아들을 수가 없다.
(60) ㄱ. 새로운 계획을 <u>시작하는바</u> 많은 도움을 바랍니다.
　　 ㄴ. *그가 새로운 계획을 <u>시작하는바</u> 많은 도움을 바랍니다.

럼 어말어미 {-이} 선행하는 요소이므로 어간이나 통합형을 이루는 어말어미일 가능성도 있다고 설명하고, 일단은 〔유사한 상태〕라는 의미를 나타내는 {듯}을 다양한 통합적 특징을 보이는 어근으로 설정한다고 하였다. 그러나 '듯이'의 '-이'는 어말어미라기보다 파생 접미사로 볼 수 있다고 생각한다. 송철의(1988:193)에서는 '-이'가 다시 결합될 수 있는 부사들은 대체로 어근적인 성격을 띠는 부사들이라고 하였는데, '듯'은 후행하는 서술어에 대하여 부사어로서의 직능을 발휘하는 부사성 의존명사로, 관형절의 수식을 받는다는 점에서 내향적으로 명사이지만 자신이 표제로 있는 구성을 주어, 목적어 등으로 할 수 없다는 점에서 외향적으로는 본래부터의 어근이라고 할 수 있다.

(59)의 '바'는 그 앞에 관형사형어미 '-ㄴ, -는, -던'과 '-ㄹ'이 대체할 수 있고 그 다음에는 격조사 '-가, -를, -에, -으로' 등이 통합할 수 있으므로 의존명사임을 쉽게 확인할 수 있다. 그런데 (60)의 '-은바'는 관형사형어미 '-ㄹ'과의 통합에 제약이 있으며 격조사와의 통합에도 제약을 받는다. 또한 문장의 주체도 화자여야 한다는 제약이 있다. 이러한 인칭 제약을 가지는 이유는 (60)의 '-은바'는 (59)의 '바'가 '앞엣말의 사실이나 일'만을 나타내는 것과 달리 이러한 의미에 '화자 자신이 직접 경험으로 인지한 사실'을 나타낸다는 의미가 첨가되어 있기 때문이다. 이러한 사실을 통해서 볼 때 '-은바'는 보문소와 의존명사의 통합형에서 문법화한 연결어미로 처리하는 것이 타당하다고 생각된다.

2.4.3. 의존명사의 목록

앞의 논의를 바탕으로 의존명사의 목록을 제시하면 다음과 같다.

(61) 의존명사의 목록
〔것, 게, 겸, 김, 나름, 나위, 녘, 대로, 데, 동안, 둥, 듯, 등, 따름, 따위, 때문, 리, 만^1, 만^2, 만큼, 무렵, 바, 바람, 분, 법, 빨, 뻔, 뿐, 섟, 성, 손^1, 손^2, 수, 양, 이, 이래, 자, 적, 족족, 줄, 즈음, 지, 직, 짝, 쪽, 차, 참, 채, 척, 체, 축, 치, 터, 통, 폭, 해〕

2.4.4. 의존명사의 분류

수량단위 의존명사를 제외한 일반 의존명사에 대한 분류는 크게 두 가지 방식에 의해 이루어 졌다. 첫째 방식은 후행하는 조사와의 제약에 따른 분류이고, 두 번째 방식은 의존명사가 실현하는 의미 기능에 따른 분류이다.

첫째 방식을 달리 말하면 의존명사의 문장 내에서의 성분에 따른 분류라고 할 수 있는데 이러한 분류를 한 논의로는 최현배(1937:211-215), 고영근(1989:102), 임동훈(1991:22)를 들 수 있다. 최현배(1937:211-215)는 일반 의존명사를 "항상 다른 씨 아래에 붙어 그것과 합하여 어찌씨 같은 뜻을 가지는 부사성 불완전명사"와 "독립성이 없어서 안옹글기는 하지만 그 쓰임이 대체로 여늬이름씨 비슷한 보통 불완전명사"로 나누었다. 고영근(1989:102)는 최현배(1937:211-215)의 분류 방식을 따르되 이를 좀더 세분화하여 '보편성 형식명사, 주어성 형식명사, 서술성 형식명사, 부사성 형식명사'로 나누었다. 임동훈(1991:22)는 1차적으로는 고영근(1989:102)의 분류 방식을 따라 일반 의존명사를 '대상성 형식명사, 서술성 형식명사, 부사성 형식명사'로 나누고 각 부류의 의존명사를 '관형절의 성격, 선행 환경에서의 제약' 등과 같은 기준에 따라 2차적으로 하위 분류하였다.

두 번째 방식 즉, 의존명사가 실현하는 의미 기능에 따라 의존명사를 분류한 논의로는 왕문용(1987:48)과 손춘섭(1992:34)를 들 수 있다. 왕문용(1987:48)은 일반 의존명사를 '구상·추상 의존명사, 구상 의존명사, 추상 의존명사, 위치 의존명사'로 나누었으며, 손춘섭(1992:34)는 '구상 의존명사, 시간·공간 의존명사, 추상 의존명사' 나누었다.

본고는 이 두가지 분류 방식 중 첫 번째의 방식을 따르고자 한다. 의존명사가 실현하는 의미보다는 의존명사가 실현되는 통사적 환경이 보다 객관적이고 과학적인 기준이 될 수 있다고 생각하기 때문이다. 첫 번째 방식에 따른 분류 중에서 본고는 임동훈(1991:22)의 방식을 받아들이고자 한다.

앞 장에서 살펴 본대로 의존명사는 '의존성'과 '명사성'을 특징으로 한다. 의존성은 자립명사와 달리 통사-의미상으로 홀로 존재할 수 없다는 비자립성을 말하며 명사성은 격조사를 취할 수 있다는 점을 말한다. 그러나 같은 의존명사의 범주에 속하는 어휘들 사이에서도 그 명사성의 정도에 있어서 다양한 차이를 보여준다. 따라서 어떤 부류의 의존명사는 비록 문장 내에서 자립적으로 존재할 수 없다는 점은 있지만 그 기능상 자립명사와 거의 동일하게 기능하는 반면 또 다른 부류의 의존명사는 부사로 기능하거나 또는 계사와 결합하여 서술어로만 기능하기도 한다. 따라서 의존명사의 유형을 분류하는 데 있어서 이러한 문법적 기능상의 제약이 제1의 기준으로 적용될 수 있을 것이다.

이 기준에 의해 의존명사를 분류하면, 의존명사는 크게 대상성 의존명사, 서술성 의존명사 그리고 부사성 의존명사로 나눌 수 있다. 대상성 의존명사는 주어나 목적어 등 문장의 주요 기능으로 쓰일 수 있는 의존명사를 말하며, 서술성 의존명사는 주로 '이다'나 '하다'와 결합하여 서술어로 기능하는 의존명사이다. 그리고 부사성 의존명사는 상위문의 서술어에 대하여 부사적인 기능을 하는 의존명사를 말한다.

대상성 의존명사, 서술성 의존명사, 부사성 의존명사는 다시 하위분류될 수 있는데 여기에는 분포 환경이 제2의 기준으로 적용된다. 앞에서 지적하였듯이 의존명사는 선·후행 환경에 의존하여서만 구체적인 의미를 나타낼 수 있는데, 선행 환경과 후행 환경에 대해서도 의존명사에 따라 그 제약을 달리한다. 이러한 제약은 의존명사의 의미와 밀접한 관련을 가지는 것이므로 의존명사를 하위분류하는데 유용한 기준으로 적용될 수 있을 것이다.

2.4.5. 마무리

지금까지 의존명사 목록을 설정하기 위하여 기존 논의에서 문제가 되었던 어휘를 대상으로 의존명사 여부를 식별하였다. 의존명사 식별의 문제는 다양한 양상으로 제기되는데, 이를 범주에 따라 구분하면 다음과 같다.

(62) 의존명사 식별의 문제
    ㄱ. 자립명사와 의존명사
    ㄴ. 조사와 의존명사
    ㄷ. 파생접사와 의존명사
    ㄹ. 어미와 의존명사

(62ㄱ)은 문제가 되는 형태를 확장된 의미로 쓰이는 자립명사로 볼 것

인지 아니면 자립명사에서 문법화하여 형성된 의존명사로 볼 것인지 하는 문제이다. 이를 식별하기 위해서는 (23)에서 설정한 의존명사의 기준 중에서 〈주요 기준 ㄱ〉과 〈보조 기준 ㄱ〉을 적용할 수 있다. 즉 문제의 형태가 자립명사인지 의존명사인지를 식별하기 위하여서 선행 성분을 필수적으로 요구하는지 여부를 검토하여야 할 것이고, 문제의 형태가 자립명사에서 문법화하여 의존명사로 전화했는지 확인하기 위해서는 원형식과의 의미적 유연성이 있는지 없는지를 검토하여야 할 것이다.

(62ㄴ)은 문제의 형태를 조사로 볼 것인가 아니면 의존명사로 볼 것인가 아니면 품사통용어로 처리할 것인가의 문제이다. 이를 식별하기 위해서는 의존명사의 기준 중에서 〈주요 기준 ㄷ〉이 적용될 수 있다. 즉, 의존명사는 '체언＋의' 구성이나 관형사 및 용언의 관형사형 등 문장성분 상의 관형어 다음에 올 수 있는 반면 조사는 이들 관형성분을 선행 성분으로 가지지 못하는 것이다. 또, 조사는 용언의 부사형이나 다른 조사 다음에 올 수 있는 반면 의존명사는 '의'를 제외한 다른 조사나 용언의 부사형 다음에는 올 수 없다.

(62ㄷ)은 문제가 되는 형태를 아직까지는 명사성을 유지하고 있는 의존명사로 보아야 할지 아니면 문법화에 의해 전화된 접사로 보아야 할지의 문제이다. 이를 식별하기 위해서는 의존명사의 기준 중에서 〈주요 기준 ㄱ, ㄷ〉이 적용될 수 있다. 즉, 접사는 선행 어기와의 사이에 조사 '의'가 개재될 수 없으나 의존명사는 조사 '의'가 개재될 수 있는 것이다.

(62ㄹ)은 문제가 되는 형태가 선행하는 관형사형 어미와 융합되어 어미의 일부로 전화되었는지 아니면 선행하는 관형사형 어미와 분리된 의존명사인지 구분하는 문제이다. 이를 식별하기 위해서는 의존명사 기준 중에서 〈주요 기준 ㄷ〉이 적용될 수 있다. 즉 의존명사는 동사 어간이나 선어말어미를 선행 성분으로 가지지 못하는 반면 어미는 동사 어간이나 선어말어미를 선행 성분으로 가질 수 있기 때문이다. 이 외에 문제의 형태가 선행하는 관형사형 어미와 융합되어 형태론적 구성인 어미로 전화되었는지를 식별하기 위해서는 통사론적인 구성이었을 때에는 보이지 않

는 특성들이 나타나는지 여부를 검토할 필요가 있다. 즉, 특정한 관형사형 어미에만 제약적으로 결합하는지, 시제나 주어 그리고 서법적인 면 등에서 제약을 받는지 여부를 살필 필요가 있다.

이상의 기준을 적용하여 의존명사 식별 문제에 대한 논의를 종합하면 다음과 같다.

〔표2-2〕 의존명사 식별표 : 자립명사/의존명사

	관형성분 결합의 필수성	자립명사와의 의미적 유연성	결과
길	○	○	자립명사
녀석	×	○	자립명사
년	×	○	자립명사
놈	×	○	자립명사
노릇	○	○	자립명사
마련	×	○	자립명사
십상	×	○	자립명사
일쑤	×	○	자립명사
말	○	○	자립명사
모양	○	○	자립명사
서슬	○	○	자립명사
셈	○	○	자립명사
지경	○	○	자립명사
턱	○	○	자립명사
판	○	○	자립명사
편	○	○	자립명사
품	○	○	자립명사
깐	×	○	자립명사
딴	×	○	자립명사
동안	○	×	의존명사
법	○	×	의존명사

[표2-3] 의존명사 식별표 : 조사/의존명사

	관형성분 결합	부사어 결합	선행어 제약	결과
들	×	○	×	조사
만 (시간)	×	×	○	의존명사
만^2 (비교)	○	○	×	의존명사/조사
만큼	○	○	×	의존명사/조사
뿐	○	○	×	의존명사/조사
대로	○	○	×	의존명사/조사

[표2-4] 의존명사 식별표 : 접사/의존명사

	선행성분 사이에 조사'의'의 개재	결과
게	○	의존명사
해	○	의존명사

[표2-5] 의존명사 식별표 : 어미/의존명사

	관형성분 결합 제약	동사어간 결합	선어말어미 결합	격조사 결합 제약	인칭 제약	결과
듯	○	○	○	○	×	의존명사/어미
(-은)바	×	○	×	○	○	연결어미

앞의 논의를 바탕으로 의존명사의 목록을 제시하면 다음과 같다.

(63) 의존명사의 목록

〔것, 게, 겸, 김, 나름, 나위, 녘, 대로, 데, 동안, 둥, 듯, 등, 따름, 따위, 때문, 리, 만^1, 만^2, 만큼, 무렵, 바, 바람, 분, 법, 빨, 뻔, 뿐, 섞, 성, 손, 수, 양, 이, 이래, 자, 적, 족족, 줄, 즈음, 지, 짝, 쪽, 차, 참, 채, 척, 체, 축, 치, 터, 통, 폭, 해〕

의존명사는 문법적 기능을 제1의 기준으로, 분포 환경을 제2의 기준으로 하여 다음과 같이 분류된다.

(64) 의존명사의 분류

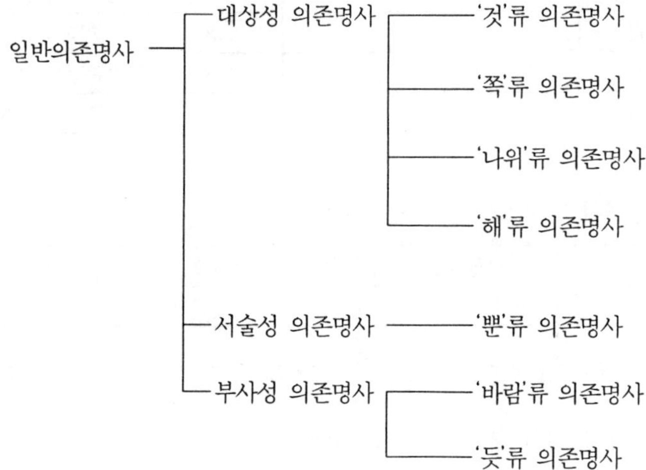

3. 의존명사의 의미와 기능

3.1. 도입

본장에서는 앞 장에서 살펴 본 의존명사의 분류에 따라 각 부류에 속하는 의존명사의 의미와 기능을 검토하고, 의존명사가 실현하는 의미 기능은 어떤 것이 있으며 어떻게 유형화되는지 살펴 보고자 한다.

의존명사는 단독으로는 구체적인 의미를 나타내지 못하지만 문맥이나 상황이 주어지면 그 어휘적인 의미를 파악해 낼 수 있다. 즉 의존명사는 의미해석에 있어서 많은 부분을 통사적 환경에 의존한다. 이처럼 의존명사에 있어서 의미와 통사적 환경은 상호간에 밀접한 관련성을 가진다. 따라서 통사적 환경에 따라 분류된 의존명사의 의미 기능을 검토함으로써 통사적 환경과 관련하여 의존명사의 의미 기능도 유형화할 수 있는 가능성이 있다고 생각한다.

3.2절은 대상성 의존명사에 속하는 '것'류 의존명사, '쪽'류 의존명사, '나위'류 의존명사, '해'류 의존명사의 의미 기능을 검토하고, 3.3절은 서술성 의존명사에 속하는 '뿐'류 의존명사를 검토하며, 3.4절에서는 부사성 의존명사에 속하는 '바람'류 의존명사, '듯'류 의존명사를 검토한다.

3.2. 대상성 의존명사

문장 내에서 주어나 목적어 등 주요 성분으로 기능할 수 있는 의존명사가 대상성 의존명사에 속한다.40) 문장의 주요 성분으로 기능할지라도 '것'처럼 문장의 모든 성분으로 자유롭게 쓰일 수 있는 것과 주어나 목적어 등 어느 한 성분으로만 주로 쓰이는 것도 있어 그 기능에 있어서 다양한 차이를 가진다. 대상성 의존명사는 그 분포 환경에 따라 '것'류, '쪽'류, '나위'류 의존명사로 나눌 수 있다.

3.2.1. '것'류 의존명사

'것'류 의존명사는 선행 요소로 명사구와 관형사절을 모두 취할 수 있으며, 관계절 구성을 이루어 그 관계절의 핵으로 기능할 수 있는 의존명사로 후행하는 격조사와의 결합에도 별다른 제약이 없을 뿐만 아니라 특정한 상위문 서술어에 대한 제약도 없어 의존명사 중에서 가장 명사성이 강한 부류라고 하겠다. 이 부류에 속하는 의존명사로는 '것, 분, 손', 이, 자, 치, 데, 바' 등이 있다. 각 의존명사가 가진 기능과 의미를 검토하면 다음과 같다.

---

40) '대상성'은 인식의 대상이 될 수 있는 세계와 관련된 개념이다. 인식의 대상이 되는 세계를 실체화하여 이름한 것이 명사이므로, 대상성이란 명사가 가진 인식의 대상을 말하는 것이라 할 수 있다. 이 인식의 대상에는 감각으로 확인할 수 있는 물질적인 것과 감각으로 확인할 수 없는 추상적인 것 모두가 해당된다. 정순기(1988:43)은 대상성이란, 어떤 대상, 현상 등을 가리키는 명사의 어휘적 의미로서 명명적 기능과 관련되어 있다고 밝히고 있다. 즉 인식의 대상이 될 수 있는 세계에 존재하는 대상, 현상, 행동, 과정, 상태 등이 바로 대상성의 의미가 되는 것이다. 대상성 의존명사의 대상성은 이들이 다른 부류의 의존명사들과 달리 문장에서 주어나 목적어 등 주요 성분으로 기능할 수 있게 하는데, 대상성 의존명사의 대상성은 자립명사의 대상성보다는 그 추상적인 층위가 높다.

3.2.1.1. 것

(1) ㄱ. 자, 이렇게 해서 땅속으로 <u>들어간/들어가는/들어갈 것을</u> 토해
  낼 수 있는가? 〈085M-035.TXT〉
  ㄴ. <u>이것은</u> 집단장면에서 하나의 독특한 역할을 한다.
  〈067K-199.TXT〉
  ㄷ. <u>이것들은</u> 별개의 보다 깊은 친밀감과 집단 결속력을 촉진한다.
  〈067K-199.TXT〉

  (1ㄱ)의 '것'은 내포문의 논항위치 명사와 공지시될 수 있는 점으로 보
아 관계구문의 표제명사이다. 관계구문은 원칙적으로 보문자 선택제약이
없으므로 보문자 '은, 는, 을'이 모두 사용될 수 있음은 당연한 일이다.
(1ㄴ)은 지시사와 결합하여 대명사적으로 쓰이는 경우이며, (1ㄷ)은 복
수 표지 '들'이 결합된 경우인데, '것'이 지시사나 '들'과 자유로이 결합할
수 있다는 사실은 '것'이 자립명사로서의 성격을 강하게 가지고 있음을 의
미한다고 하겠다.
  '것'은 그것이 지칭할 수 있는 대상에 거의 제약이 없다. 장소나 인물을
제외한 모든 사물이 '것'으로 지칭될 수 있으며,41) 그 지칭 범위는 '것'이
필수적으로 요구하는 관형어에 의해서 한정된다. '것'은 '분, 이' 등의 사람
을 가리키는 의존명사나 '사람'과 같은 분류사에 의해 지칭될 수 있는 인물,
'여기, 저기, 거기' 또는 '곳'으로 지칭될 수 있는 장소와 지명의 경우에 약
간의 제약이 있는 것을 제외하고는 구체적 대상은 물론 추상적인 일까지
모두 가리킬 수 있다.42) 따라서 '것'에는 고정된 의미가 있다기보다는 선

---

41) '것'은 일반적으로 '사람'이나 '장소'를 지칭하지는 못한다. 이는 '것'이 지시하는 대표
  의미가 사물이라는 것과 관련이 있는 듯하다. 그러나 '사람'의 경우 그 인격을 몹시
  낮게 대우할 경우에는 '것'이 쓰일 수 있다. "이 불효막심한 것아"와 같은 경우가 그것
  인데, 여기에서도 그 인격을 고려하지 않고 단순히 대상을 사물화하여 표현한 것이라
  고 볼 수 있다.
42) 강범모(1983)에서는 의미 자질을 바탕으로 하여 '것'이 [0사실성], [0명제성], [0실
  현성]의 특성을 갖는 가장 중립적인 의존명사라고 하여, 그만큼 '것'의 의미가 비제약

행 명사구를 대치함으로써 반복을 방지하고 그것이 지닌 의미를 자기 것으로 하는 대용 기능을 주요 의미 기능으로 가지고 있다고 할 수 있다(윤용선 1989:288). 그리고 그 대용의 범위는 거의 무제한적이다.43)

'것'은 문장 밖의 사물을 대용할 수도 있고, 그것이 쓰인 문장 속의 어느 대상을 대용할 수도 있다.

(2) ㄱ. 여행경비는 아빠가 준 것 외엔 절대로 쓰지 않아요.
　　　〈048K-150.TXT〉
　　ㄴ. 고추는 작은 것이 맵다.
　　ㄷ. 고양이가 어디서 쥐 죽은 것을 하나 물어 왔다.
　　ㄹ. 앞발이 짧은 것은 토끼다.
　　ㅁ. 지하철이 있는 것은 서울이다.
　　ㅂ. 빌딩을 가진 것은 홍사장이다.
　　ㅅ. 이상한 것을 자꾸 묻지 마라.

(2ㄱ-ㄴ)의 문장에 쓰인 '것'은 각각 '여행경비, 고추'를 가리킨다. 이들은 이른바 중주어 구문이니, 중목적어 구문이니 하는 구문에서 주어나 목적어를 큰 것으로부터 작은 것으로 좁혀 들어가는 방식으로 구성된 명사구를 가진 구문이다. 그리하여 '것'이 (2ㄱ)에서는 '여행경비 중에서 아빠가 준 여행경비', (2ㄴ)에서는 '크고 작은 여러 가지 고추 중에서 작은 고추'하는 식으로 그 선행 명사를 지칭하여 그것에 대용되고 있는 것이다. (2ㄷ)44)은 '고양이가 어디서 쥐를 죽은 것을 하나 물어 왔다'나 '고양이가 어디서 쥐가 죽은 것을 하나 물어 왔다'의 뜻으로 해석이 가능하지만, 한편으로 '쥐 죽은 것'이 '죽은 쥐'의 강조적 표현 방식이라고 한다면 위의 두 가지 뜻과는 다른 뜻으로 해석이 되는 중의적인 표현이다. '것'에 의한 반

―――――――――――――――――

　적임을 지적하고 있다.
43) '것'은 그것이 가진 의미의 층위가 높기 때문에 상황에 따라 어떠한 것으로도 의미 해석될 수 있다.
44) (2ㄷ)은 남기심(1992:75)에서 '것'이 같은 문장 안의 선행명사를 지칭하는 경우의 예로 든 것을 가져 온 것이다.

복 표현에는 이러한 중의성이 나타나는 경우가 적지 않다. (2ㄹ-ㅂ)은 '것'이 분열문에 나타난 경우로 (2ㄹ)에서 '것'은 '토끼'를 포괄하는 상위개념의 말을 대용하고 있다. 이러한 문형에서는 '것'이 (2ㅁ-ㅂ)처럼 장소나 사람까지도 포괄하여 지칭할 수 있다. 일반적으로 분열문은 'A는 B이다'형의 문장으로서 일정한 조건에서 'B는 A이다'형으로 바꾸어도 적격한 문장이 된다. 그런데 '것'이 (2ㅁ-ㅂ)처럼 장소나 사람을 포괄하여 대용하고 있는 분열문의 경우는 이 둘을 바꾸는 것이 가능하지 않다. 가령 '앞발이 짧은 것은 토끼다'와 같은 문장에서는 '토끼는 앞발이 짧은 것이다.'와 같이 바꾸어도 적격한 문장으로 되지만, '빌딩을 가진 것은 홍사장이다'는 '*홍사장은 빌딩을 가진 것이다'처럼 바꾸면 부적격한 문장이 된다. 이것은 'A는 B이다'와 같은 분열문에서 서술어 자리의 B는 A가 소속되는 부류를 정확하게 명시하여 설명해야 하는 자리이기 때문에 '분'이라는 분류명사를 제쳐 놓고 '것'을 쓸 수 없기 때문인 것으로 설명된다(남기심 1991:82). (2ㅅ)의 '것'은 '묻다'의 목적어의 기능을 가진 것인데, 여기서의 '것'은 문장 밖의 실세계에 존재하는 지시물을 지칭하고 있는 것으로 그 대상은 추상적인 사건을 포함하고 있다. 가령 (2ㅅ)의 '것'은 "왜 사람의 귀는 하나가 아니고 둘일까요?"와 같은 내용의 것이 될 수 있을 것이다.

    (3) ㄱ. 그가 <u>무사했다는 것</u>이 다행이다.
        ㄴ. 나는 그가 순이를 <u>좋아했다는 것</u>을 들었다.
        ㄷ. 철수가 숙제를 <u>하는 것</u>을 좀 도와주어라
        ㄹ. 저 사람이 노래를 <u>하는 것</u>이 이상하다.

    (3)은 보문 구성을 이룬 것인데, '것'이 취하는 보문은 두 가지가 있다. 즉, (3ㄱ-ㄴ)에서처럼 완형보문을 취하는 경우와 (3ㄷ-ㄹ)에서처럼 불구보문을 취하는 경우이다. (3ㄱ)의 경우는 의미의 변화 없이 불구보문으로도 쓰일 수 있으나 (3ㄴ)의 경우는 불구보문으로 바꾸어 쓸 수 없다. 즉, (3ㄱ)은 "그가 무사한 것이 다행이다."로 바꿀 수 있으나 (3ㄴ)은 "*나는 그가 순이를 좋아하는 것을 들었다."라고 하면 비문이 된다. 또한

(3ㄷ)은 완형보문으로 바꿀 수 없으나 (3ㄹ)은 완형보문으로 바꿀 수도 있고 그렇지 않을 수도 있다. (3ㄷ)은 "철수가 숙제를 한다는 것을 좀 도와주어라."로 바꾸면 비문이 된다. (3ㄹ)의 경우는 '저 사람이 노래를 한다는 사실이 이상하다.'는 뜻과 '저 사람이 노래를 하는 모양이 이상하다.'는 뜻으로 중의적으로 해석이 되는데 전자의 뜻일 때는 완형보문으로 바꾸는 것이 가능하여 "저 사람이 노래를 한다는 것이 이상하다."로 할 수 있지만 후자의 뜻일 때는 의미의 변화 없이 바꾸는 것이 가능하지 않다(남기심 1991:79).

이 '것'보문 구성은 대부분의 경우 의미의 변화 없이 "그가 무사했음이 다행이다."나 "그가 무사했기가 다행이다."처럼 명사형 어미 '-음'이나 '-기'에 의해 대치가 가능하다. 이러한 이유로 하여 '것'을 문법 형태소인 보문자로 간주하는 경우도 있다(이맹성 1968, 이홍배 1970). 그러나 남기심(1991:79)에서는 다음의 예를 들어 '것'이 단순히 허사로서의 문법 형태소가 아니라 어휘 형태소라는 것을 밝히고 있다.

(4) ㄱ. 너도 철이가 피리를 부는 <u>것을</u> 들었지?
　　ㄴ. 이웃 집에서 고기 굽는 <u>것이</u> 구수하구나.

남기심(1991:80)에 의하면 (4ㄱ)에서의 '것'이 주어, 목적어, 서술어를 모두 갖춘 완전한 문장인 "철이가 피리를 분다."를 체언화한 보문자라고 할 때, 이것은 문법적 형태의 보문자라기보다 '소리' 또는 그러한 어휘적 의미를 나타내고 있는 어휘적 형태소로 보인다는 것이다. (4ㄴ)에서도 마찬가지로 '것'이 '냄새' 또는 그와 비슷한 의미를 나타내고 있다. (4)에서 '것'이 나타내는 의미는 상위문의 서술어가 달라지면 그에 따라서 다르게 나타난다. 가령 "너도 철이가 피리를 부는 것을 알았지?"나 "이웃집에서 고기를 굽는 것이 탄로났다."로 바꾸게 되면 (4ㄱ)의 '것'은 '소리'의 뜻에서 '사실'로, (4ㄴ)의 '것'은 '냄새'에서 '일'의 뜻으로 바뀌어 해석된다. 즉, 상위문 서술어의 어휘적 특성이 '것'이 지시하는 의미가 어느 특정한 것이 되게 하는 상황적 배경이 된다는 것이다. 그런데 이처럼 '것'이

지시하는 의미가 문맥적 상황에 의해 해석이 되는 것은 '것'의 지시 기능의 포괄성에 기인하는 것이라 할 수 있다.

　말하자면, '것'은 문장 형식으로 표현되는 사건 또는 일, 낱말로 표현될 수 있는 '사람, 짐승, 맛' 등의 추상물 내지 구체물은 물론 그것을 표현할 구체적인 낱말이 없는 사물까지도 대용할 수 있는 기능이 있다. 또 '것'이 대용하는 것은 문장 밖의 사물일 수도 있고 문장 안의 어느 문장 성분이 지시하고 있는 것일 수도 있으며, 그것이 쓰인 문장이 주는 문맥적 상황에서 추론되는 의미일 수도 있다고 판단된다.(남기심 1991:82)

　(5) ㄱ. 철수가 먼저 도착한(하는, 할) <u>것이다.</u>
　　　ㄴ. 철수가 먼저 도착했다.

　(5ㄱ)은 '것'에 주로 계사 '이다'가 결합하여 단정과 강조의 뜻을 나타내는 명사문 구성인데, '것이다'형 서술어는 (5ㄴ)의 일반 서술어와 거의 동일하게 쓰인다. (5ㄴ)은 (5ㄱ)과 명제내용은 같지만 (5ㄱ)은 명제의 진술내용 이외에 화자의 인식 태도가 개입되어 있다. 이 '것이다'는 문장의 명제내용에 대해서는 아무런 영향을 미치지 않으면서 문장에 일정한 양태 의미를 첨가해 주는데, 그것은 바로 '발화 내용을 부각시켜 주는' 기능이다. 즉 발화 내용이 단순한 객관적인 사실 이상의 현상으로 화자에게 인식되고 있음을 나타내는데, '문제의식의 제기'를 통한 '강조, 환언, 단정'이라는 주관적 판단이 개입된다.[45) 그러나 '것이다'형 서술어가 항상 일반 서술어로 바뀌어 쓰일 수 있는 것은 아니다. (6ㄱ)의 경우 그에 대응하는 (6ㄴ)의 문장은 찾을 수 없다.

　(6) ㄱ. 이럴 때는 잠자코 있는 <u>것이다.</u>
　　　ㄴ. *이럴 때는 잠자코 있는다.

---

45) 안주호(1997:127) 참조.

(5)에서의 '것이다'가 '강조, 환언, 단정'의 양태적 의미를 표시하는 반면 (6)에서의 '것이다'는 일반적으로 받아들여지고 있는 사실이나 마땅히 지켜야 할 일을 의미하는 당위적 표현으로 쓰인 것이다. 당위적 표현으로 쓰일 때는 내포문의 관형사형 어미로 미완료, 지속의 '-는'만 올 수 있다. 일반적으로 받아들여지고 있는 사실을 의미하는 당위는 추정이나 완료와는 무관하기 때문이다.

또한 '것'은 주어와 서술어의 관계를 완전히 갖추지 못한 불완전문이라고 하는 것에서도 그 기능을 수행한다.

(7) ㄱ. 수업 마치는 대로 즉시 <u>돌아올 것.</u>
　　ㄴ. 파트너는 <u>예쁠 것.</u>

예문 (7)은 '것'이 불완전문에 쓰일 수 있음을 보여준다. (7ㄱ)은 내포문 서술어가 동사인 경우로, 명령을 표시하고 있으며, (7ㄴ)은 내포문 서술어가 형용사인 경우로 마땅히 어떠해야 하는 당위를 표시하고 있다. 이때는 관형사형 어미에 제약이 있다.

(7)′ ㄱ. 수업 마치는 대로 즉시 <u>*돌아온(*돌아오는) 것.</u>
　　 ㄴ. *파트너는 <u>예쁜 것.</u>

이것은 (7ㄱ)에 명령의 의미가 있기 때문에 미래의 행동에 관한 언어 행위이므로 미래와 관련된 관형사형 어미 '-ㄹ'이 온 것이다. (7ㄴ) 역시 미래의 상태에 관한 언어 행위이므로 마찬가지이다.

'것'은 '이다' 외에 다음 예문 (8)과 같이 서술어 '같다'와 결합하여서도 화자의 발화태도와 관련된 양태의미를 나타내는 기능을 가진다.

(8) ㄱ. 비가 올 <u>것 같다.</u>
　　ㄴ. 이게 훨씬 더 좋은 <u>것 같아.</u>

(8ㄱ)은 '것'이 관형사형 어미 '-ㄹ' 그리고 '싶다' 서술어와 결합된 구성으로, 이 때의 '-ㄹ 것 같다'라는 구성은 화자의 태도가 들어가지 않은 단순한 '추측'의 의미만을 나타내고 있다. 그러나 (8ㄴ)에서는 (8ㄱ)과 달리 화자의 발화태도와 관련된 양태의미가 나타나고 있다. 즉 '-ㄴ/는 것 같다' 구성에서는 '지나치게 단정적인 표현을 피함으로써 상대방으로 하여금 거부감을 느끼게 하지 않으려는 심리'(남기심 1995:32)나 '모든 일에 책임을 회피하려는 심리'와 같은 '단정회피'의 양태의미가 덧붙여 있다고 하겠다. (8ㄱ)은 본래 '-ㄴ/는/던/ㄹ 것과 같다'에서 기인한 것인데, 이에 유추되어 '-ㄴ/는 것 같다' 구성이 파생된 것으로 보인다.(안주호 1997:133) 이들 구성들은 외형적으로는 의존명사와 통합된 형식을 취하고 있지만 인접형식과 어느 정도의 융합이 이루어진 구성이라고 볼 수 있다. 따라서 두 개의 논항을 요구하는 '같다' 서술어에 맞추어 구성을 바꿀 경우 "*비가 올 것과 같다, *이게 훨씬 더 좋은 것과 같다"처럼 비문이 된다.

한편 '것'은 〔±격식〕이라는 스타일에 따라 '거'로 교체되기도 한다.

(9) ㄱ. 남자가 일이 있으면 늦게 들어올 수도 있는 <u>거야.</u>
       〈007K-017.TXT〉
   ㄴ. 무얼 하고 있는 <u>게야.</u> 〈032K-113.TXT〉
   ㄷ. 사내는 다시 침을 뱉은 다음 누구 담배 가진 <u>거</u> 있으면 한대 달
       라고 당당히 말했다. 〈007K-017.TXT〉
   ㄹ. 장래성이 좋은 남자의 짝이 되는 <u>게</u> 일차적 꿈이었다.
       〈010K-032.TXT〉

(9ㄱ-ㄴ)은 '것'이 계사 '이-'와 결합하여 각각 '거'와 '게'로 실현됨을 보인 예로, '것'이 계사 '이-'와 결합할 경우에는 주로 '거'로 실현되는데 (9ㄴ)과 같은 표현은 현대 국어에서 그 쓰임이 활발치 못하다. 또한 '거'는 (9ㄷ)에서 보듯이 주격조사가 생략된 경우에는 '거'로 실현되지만 주격조사와 결합할 경우에는 (9ㄹ)에서처럼 '게'로 실현된다. 여기서의 '게'는 음운론적으로 어휘화된 것으로 볼 수 있는데, 받침이 없는 '거'에는 주격조

사 '이'가 아니라 '가'가 붙는 것이 일반적인 현상이며 '거+이'가 '게'로 실현되는 음운론적 과정도 공시적 음운 규칙으로는 설명되지 않기 때문이다.(임동훈 1991:27)

(10) ㄱ. 오늘 점심은 내가 <u>살게</u>.
      ㄴ. 자네 친구가 가만 있지 <u>않겠는걸</u>!

(10)는 '것'이 어미의 일부로 변해 버린 예이다. (10ㄱ)은 '내가 살 것이야'로 그리고 (10ㄴ)은 '않겠는 것을'로 분석은 할 수 있지만 '-ㄹ게'나 '-는걸, -ㄹ걸'은 현대국어에서 하나의 단일한 종결어미로 굳어져 쓰이는 형태들이다. '-ㄹ게, -는걸'은 '-ㄹ 것이다, -는 것을'과 달리 과거시제를 표시할 때에도 관형사형 '-ㄴ'을 취하지 않고 일정한 보문소 '-는/ㄹ'만을 취하며, 시제 형태소나 높임법 어미는 이들 형태 속에 있는 용언의 활용에서는 나타나지 못하고 그 앞에서만 나타난다. 또한 "오늘 점심은 민희가 살 것이다."처럼 '-ㄹ 것이다' 구성은 3인칭 주어와 공기가 가능한 반면 '-ㄹ게'는 "*오늘 점심은 민희가 살게."와 같이 3인칭 주어와는 공기할 수 없는 제약을 가진다. 이는 비록 '-ㄹ게, -는걸, -ㄹ걸'이 '것'과 관련된 구성에서 비롯된 형태들이기는 하지만 이미 하나의 단일한 어미로 전환되었음을 보여 주는 증거라고 하겠다.

3.2.1.2. 분, 손, 이, 자, 치

이들은 모두 사람을 표시하는 의존명사들이다. 일반적인 의존명사가 불구 보문을 취하는데 별다른 제약이 없는 것과 달리 이들 사람을 표시하는 의존명사는 관계절이나 완형 보문은 취하지만 불구 보문은 취하지 않는 특징을 가지고 있다. 하나씩 살펴보기로 하자.

(11) ㄱ. 이처럼 들을이가 매우 높은 <u>분</u>이 될 때는 그 보다 낮은 <u>분</u>에 대하여는 존대 표현을 억제하여야 한다. 〈005K-011.TXT〉

ㄴ. 그이를 아시는 <u>분도</u> 계실 것입니다만, 그이는 일찍 동학에 입도
  하셨던 분으로 보기 드문 의기지인이었소. 〈051K-153.TXT〉
ㄷ. <u>두 분은</u> 친형제가 아닐지도 모른다. 〈008K-019.TXT〉
ㄹ. <u>이 분께</u> 대한 깊은 감사를 표하기를 주저하지 않는다.
  〈046K-148.TXT〉
ㅁ. 너는 내일 <u>오실 분과</u> 함께 지내야 한다.

'분'은 예문 (11)에서 보듯이 관형형어미의 제약이 없어 '-ㄴ, -는, -ㄹ'
이 모두 쓰일 수 있고 내포문의 서술어에도 제약이 없다. (11ㄱ)은 상태
동사가, (11ㄴ)은 동작동사가 내포문의 서술어로 쓰이고 있음을 볼 수 있
다. 또한 '분'은 조사와의 통합이 자유로워 거의 모든 문장성분으로 기능할
수 있고 서술어와의 공기도 보편적이며 (11ㄹ)과 같이 관형사와도 결합
된다. 또한 사람을 표시하는 다른 의존명사와 달리 '분'의 경우는 (11ㄷ)
처럼 수관형사와도 결합이 가능하다. '분'이 수관형사와도 자연스럽게 통
합되는 이유는 '분'이 가진 [+높임]의 자질 때문으로 이해된다. 사람을 세
는 일반적인 단위로는 '사람'과 '명', '년, 놈'이 있다. '사람'과 단위성 의존
명사 '명'은 '높임'의 자질과 무관하게 쓰이며, [-높임]일 때는 '년, 놈'이
쓰인다. 그리고 셈의 대상이 [+높임]의 자질을 갖추었을 때는 '분'이 쓰이
는 것이다. 이것은 높임법의 체계가 상당히 복잡한 우리말의 특성에서 나
온 것으로, 높임의 대상이 되는 사람을 수량으로 표현할 때조차 높임의 성
질을 유지하고자 하는 심리적 태도에서 나온 것으로 볼 수 있다.
'분'은 존칭의 여격조사 '께'와 존칭의 선어말어미 '-시-'와 결합할 수 있
는 [+높임]의 의미자질을 가진 의존명사로 [±높임]의 의미자질을 가지
는 '이'보다 좀더 높이는 말이다.

(12) ㄱ. 너와 같이 가실 <u>분이</u> 저기서 너를 기다리고 계신다.
   ㄱ'. 너와 같이 가실 <u>이가</u> 저기서 너를 기다리고 계신다.
   ㄴ. 너와 같이 가실 <u>분께</u> 이 꽃을 드려라.
   ㄴ'. ?너와 같이 가실 <u>이께</u> 이 꽃을 드려라.

　(12ㄱ)의 '분'과 (12ㄱ′)의 '이'는 서로 대치가 가능하지만 (12ㄴ′)의 경우에는 '이'가 존칭의 '께'와의 통합이 자연스럽지 못함을 보여 준다. 이는 '분'이 명백히 높임의 자질을 가지고 있음에 비해 '이'는 尊卑에 있어서 중립적인 의미를 가지기 때문인 것으로 생각된다.

　(13) ㄱ. 나는 <u>그이가</u> 무슨 생각을 하는지 잘 알고 있다.
　　　 ㄴ. 사랑하는 <u>이를</u> 생각하며 밤을 보냈다.
　　　 ㄷ. 마음이 착한 <u>이는</u> 복을 받게 돼있다.
　　　 ㄹ. 내일 만날 <u>이에게</u> 이 말을 꼭 전해다오.
　　　 ㅁ. * 선생인 <u>이가</u> 그런 소리를 하다니!

　(14) ㄱ. 가장 가까이에 서 있던 <u>자가</u> 먼저 주먹으로 기태의 턱을 후려
　　　　　 갈겼다. 〈007K-017.TXT〉
　　　 ㄴ. 기정 같은 <u>자도</u> 목에 힘을 주고 제명 받을 자를 빨리 찾아오라
　　　　　 고 호령을 하는 것이었다. 〈017K-058.TXT〉
　　　 ㄷ. 하긴 <u>이 자도</u> 사내임엔 분명하니까. 〈124M-114.TXT〉

　(13)은 '이' 그리고 (14)는 '자'의 예들이다. '자'는 '분'과 마찬가지로 후행조사와의 통합에 제약이 없으며, 관형사형어미나 내포문 서술어와의 통합에도 제약이 없으나 '이'의 경우는 (13ㅁ)처럼 관형어로 서술격 조사의 관형사형은 취할 수 없다. '자'는 '이'보다 낮추어 하는 말이기는 하지만 尊卑에 있어서는 중립적이라고 할 수 있다.46) '이'는 '자'보다 높이는 말이기는 하지만 尊卑에 있어서 역시 중립적인 의미를 가지고 있어 〔높임〕의 '분'뿐만 아니라 〔낮춤〕의 의미자질을 가진 의존명사들과도 대치가 가능하다.

　(15) ㄱ. 너와 같이 가실 <u>분이</u> 저기서 너를 기다리고 계신다.
　　　 ㄱ′. 너와 같이 가실 <u>이가</u> 저기사 너를 기다리고 계신다.

---

46) 중세국어에서 '자'는 '분'과 대립적으로 쓰여 〔-높임〕의 어휘자질을 가지고 있었으나 현대국어에서는 〔-높임〕의 자질을 유지하고 있지 않다.

ㄴ. 마음이 따뜻한 <u>의는</u> 세상을 아름답게 본다.
ㄴ′. 마음이 따뜻한 <u>자는</u> 세상을 아름답게 본다.
ㄷ. 우리의 식량을 강탈한 <u>치가</u> 저기 있다.
ㄷ′. 우리의 식량을 강탈한 <u>의가</u> 저기 있다.

예문 (15)에서 보듯이 높임의 층위는 달라도 모두 '이'와의 대치가 가능한데, 이는 '이'의 의미가 존비에 있어서 중립적임으로 해서 사람을 나타내는 의존명사들 중에서 그 의미영역이 가장 포괄적이기 때문으로 생각된다. '이'와 '자'는 (15ㄴ-ㄴ′)처럼 상호 교체적으로 쓰일 수 있지만 이럴 경우 말의 어감은 동일하지 않다. (15ㄴ)과 (15ㄴ′)를 비교해 보면, '이'가 쓰인 (15ㄴ)의 문장이 보다 친밀감이 느껴짐을 알 수 있다. 즉, '이'는 비공식적이며 친밀감을 표시할 때, '자'는 '이'보다 다소 공식적이며 객관적 대상을 지시할 때 쓰인다고 하겠다. '자'는 이처럼 〔-친밀감〕의 자질을 가지고 있다고 할 수 있는데, 이런 어휘자질을 가지고 있기 때문에 '학생인 자'처럼 대상을 객관화하여 단정하는 표현인 계사의 관형사형을 관형어로 취할 수 있는 것이다.

(16) ㄱ. 네 이놈의 <u>손들</u>! 어느 호로놈우 새끼들이 여게다 똥을 싸노?
〈042K-135.TXT〉
ㄴ. 저런, 빌어물, 범 물어갈 놈우 <u>손이</u> 있나? 〈042K-135.TXT〉
(17) ㄱ. 남편이 아내를 다른 사람에게 이를 때 '저의 여편네입니다',
'우리 <u>치가</u> 아이들을 데리고 떠났습니다'는 식으로 말한다.
〈002K-003.TXT〉
ㄴ. 좌우간 저 <u>치는</u> 사람이 좀 숙부드럽고 만만한 맛이 있어.

(16-17)의 '손'과 '치' 역시 통합에 있어서 별다른 제약은 없다. 둘은 모두 〔낮춤〕의 의미자질을 가진 의존명사들로 '자'보다 더 낮춘 말이라고 하겠다. '손'은 요즈음에는 거의 안 쓰여 사어화해 가는 것으로 보이며, '치' 역시도 잘 쓰이는 말은 아니다. 말뭉치 자료에서 '손'은 5개 그리고 '치'는 1개의 용례만이 나타난다.

3.2.1.3. 데, 바

'데'와 '바'는 대상성 의존명사에 속하는 다른 의존명사들과 달리 지시사와 결합하지 않는다는 특징을 가진 의존명사들이다. 다음 (18)은 '데'의 예들이다.

(18) ㄱ. 그의 외모는 조금도 나무랄 <u>데가</u> 없었다. 〈085M-035.TXT〉
 ㄴ. 그는 조심스럽고 신중한 <u>데가</u> 있는 젊은이였다. 〈007K-017.TXT〉
 ㄷ. 처자가 예뻐서 좋은 <u>데로</u> 시집가겠네. 〈013K-043.TXT〉
 ㄹ. 1백평 내외의 논을 만드는 데 꼬박 두 달이 걸리기도 했다.
   〈101M-063.TXT〉
 ㅁ. 지배층 안의 이해 관계를 조정하는 <u>데도</u> 실패하였다.
   〈073M-007.TXT〉

(18ㄱ-ㄷ)은 관계절 구성으로 (18ㄱ-ㄴ)은 추상적인 장소를 지칭하며 '구석/점'의 의미로 해석되는데, (18ㄱ)의 '-ㄹ 데 없다'는 관용구를 형성하고 있다. (18ㄷ)은 구체적인 장소를 지시하는 것으로 '곳'의 의미로 해석된다. '데'가 이처럼 지시적인 의미로 쓰일 경우에는 조사 결합상의 제약이 거의 없어 주어, 목적어, 부사어 등 다양한 문장성분으로 쓰일 수 있다. '데'는 '드'에 처격 '-에'가 결합함으로써 만들어졌는데, 구체적인 의미를 지칭하다가 추상적인 의미를 나타내기도 하고, 의미가 더 확장되어 '상황'이나 '처지', '일'을 의미하는 것으로도 쓰인다. (18ㄹ-ㅁ)은 보문 구성으로 (18ㄹ)에서는 '데'가 '상황'을 설명하는 데 쓰인 것이며 (18ㅁ)에서는 '일'의 의미로 쓰이고 있다. '데'가 보문 구성을 취하여 '상황'을 설명하는 것으로 쓰일 경우에는 관형사형 어미로 '-는'을 주로 취하며, 후행 조사로 보통 '(에)는'과 결합한다는 특징이 있는데, 특별히 강조되는 경우를 제외하면 조사는 생략되는 것이 보통이다. '상황, 상태'의 의미를 가질 경우 '데'는 [+사실성]의 자질을 가지는데, 여기에서의 '사실성'이란 보문의 내용이 참의 전제를 가짐을 표시하는 것을 말한다. 즉, '데'가 보문구성을 보

일 때, 보문의 내용이 '사실'이라는 해석을 가능하게 하는 것이다. 따라서 '추정'의 의미를 표시하는 관형사형 어미 '-ㄹ'은 쓰일 수가 없는 것이다. 특정한 통사적인 환경에서 '상황'이라는 보다 확대된 의미로 쓰이는 '데'는 "한국사람들은 친족들을 수로 정하는데 이를 촌수라고 한다."에서 나타나는 '상황설명'의 연결어미인 '-는데'와 형태나 그 쓰이는 환경이 유사함으로 인해 구별에 있어서 혼란을 야기시키기도 한다. 실제로 의존명사 '데'나 연결어미 '-는데'는 모두 '딕'라는 '대상'을 나타내던 의존명사에서 기원한 형태들이다. '-는데'는 [[[ ]ㄴ # 딕]익-]의 구조가 경계의 재분석과 유추에 의하여 연결어미의 기능을 하다가 의미의 확장으로 인해 '상황설명'의 연결어미로 문법화된 것이고, 의존명사 '데'는 '딕'와 처격조사 '익'가 연결되어 '-딕〉데'로 발달하면서 원래의 '대상, 장소, 상황'의 지시적인 의미를 그대로 유지하고 있는 형태인 것이다. 그런데 의존명사 '데'가 상황을 설명하는 의미로 쓰일 경우에는 '-는데'와 쓰이는 환경이 유사함으로 인해 이러한 혼란이 생긴 것으로 보인다.(안주호 1997:259)

(19) ㄱ. 떠돌이별들의 궤도를 추리해 낸 <u>바가</u> 있다. 〈011K-034.TXT〉
　　　ㄴ. 위의 약술에서 분명히 드러난 <u>바와</u> 같이. 〈001K-001.TXT〉
　　　ㄷ. 그 당시 문화운동이 나아갈 <u>바를</u> 적시해 주고 있다.
　　　　　〈004K-009.TXT〉
　　　ㄹ. 어차피 현지 생산을 할 <u>바엔</u> 서두르는 것이 좋겠지.
　　　　　〈031K-112.TXT〉
　　　ㅁ. 어차피 고향 땅을 못 밟게 될 <u>바에야</u> 차라리 진영을 고향 가까운 곳으로 여기자고 생각했다. 〈012K-035.TXT〉
　　　ㅂ. 간절한 심정으로 감사의 인사 말씀을 드리는 <u>바입니다.</u>
　　　　　〈110M-081.TXT〉
　　　ㅅ. 어제 민수를 <u>만났던바</u> 학교 선생이더라

　(19)는 '바'의 예들인데, '바'는 중세국어까지만 해도 매우 생산적으로 쓰였던 의존명사이다.47) 원래는 구체적 장소를 지시하던 것인데, 앞에

---

47) 유창돈(1961:293)에 따르면 '바'는 만주어 "pa(地)"와 동일어로 보이는데, 일어에서

나온 선행 명사를 받을 수 있는 대용의 기능으로 쓰인다. 그리고 중세국어에서는 '것'과 같이 어떠한 문장 성분으로도 생산적으로 쓰일 수 있었다. (19ㄱ-ㄴ)은 관계절 구성인데 조사와의 결합은 자유롭지만 중세국어와는 달리 '-ㄴ/ㄹ 바가 있다/없다/이다/아니다' 등으로 문장 성분 중 주로 주격조사에 결합되어 쓰이는 경향이 있으며 '있다, 없다' 서술어와 공기하는 특징을 보인다. 의미는 다양하여 '것 적, 데' 등 사물과 시간을 나타내기도 하고 '이른바, 맡은바'처럼 관용적으로 쓰이기도 한다.

(19ㄱ)에서 (19ㄷ)의 '바'는 각각 '경험, 사실, 방향' 등의 의미를 나타내고 있는데, 이런 다양한 의미를 모두 포괄하는 '상황, 상태'를 '바'의 대표적 의미라고 할 수 있겠다. (19ㄷ-ㅂ)은 보문 구성이다. 보문 구성에서는 관형사형 어미로 (19ㄷ)처럼 주로 '-ㄹ'만이 허용되는데 이는 언어 행위 중 상황에 대한 기술은 발화시점을 기준으로 할 때 미래적인 것일 경우가 보다 많고 자연스럽기 때문으로 특수한 문맥에서는 '-ㄴ'도 사용될 수 있다(그 사건 때문에 너희가 걱정한 바는 아니잖아).(윤용선 1989:299)

(19ㄹ-ㅁ)은 '-ㄹ 바에(는/야)' 관용구 구성으로 '선행절의 상황을 피하지 못할 경우에는'의 뜻으로 해석된다. 안주호(1997:260)에서는 '-ㄹ 바에(는/야)'를 연결어미로 문법화된 것으로 보고 있다. 그러나 '-ㄹ 바에는/바에야' 구성의 경우 인칭 제약을 비롯하여 어미로서 가지는 특정한 통사적 제약들을 찾을 수 없고 의미에 있어서도 의존명사 '바'가 가지는 대상적, 지시적 의미를 유지하고 있어 아직 어미로 전환되었다고 보기는 어렵다고 하겠다.

(19ㅂ)은 '바'와 '이다'가 결합된 구성으로 이 구성은 주로 '-는' 관형사형 어미만을 취하며, 부정문 형성이 불가능하다는 특징을 보인다. 동일하게 '이다'와 결합한 구성이라도 (19ㅂ) 구성에서의 '바'와 다음 예문 (20)에서의 '바'는 그 기능이 다른 것으로 보인다.

도 "pa(地, 場)"로 쓰이며, 중세국어에서는 장소의 뜻을 떠나 거의 일반사물을 지칭하는 의존명사로 쓰였다고 한다.

(20) ㄱ. 이것이 우리가 해야 할 <u>바이다.</u>
　　　ㄴ. 그것은 바로 내가 알고 있는 <u>바입니다.</u>

(20)에서의 '바'는 대용의 기능을 하는 것으로 어휘적 의미를 가지고 필수성분으로 쓰이고 있는 반면 (19ㅂ)에서의 '바'는 화자의 진술태도와 관련된 기능을 하는 것으로 원래의 '바'가 지닌 구체적 의미는 상실하고 수의적인 성분으로 쓰이고 있다. (19ㅂ)과 같은 표현은 주로 문어체나 인사말과 같은 격식체에서 쓰이는 것으로 화자가 명제내용을 완곡하게 말할 때 사용하는 표현이다. 앞에서 '것이다' 구성이 '단정, 강조'라는 양태적 의미를 표현한다고 하였는데 '바이다' 구성은 '완곡'의 양태적 의미를 가진다고 하겠다.[48]

(19ㅅ)에서는 '바'가 선행하는 관형사형 어미 '-ㄴ'과 결합하여 '설명'의 연결어미로 문법화된 경우이다. 이 경우 관형사형어미 '-ㄹ'과의 통합에 제약을 받을 뿐만 아니라 격조사와의 통합에도 제약을 보인다. 또한 (19ㅅ)보다 더 과거에 일어나 일인 경우에는 '-었던 바'가 되며, 서술문에만 나타나고 의문문과 명령문, 청유문 등에는 나타날 수 없다. 따라서 '-ㄴ 바'는 통합하여 하나의 단일한 어미로 전환되었다고 볼 수 있겠다.

3.2.2. '쪽'류 의존명사

'쪽'류 의존명사는 선행성분으로 명사구와 관형사절을 취할 수 있으나 관계절 구성은 취하지 않으며, 상위문 서술어와의 통합에 있어서도 특정한 제약을 가지지 않는 의존명사들이다. '쪽'류에 속하는 의존명사로는 '짝, 쪽, 축, 따위, 법, 폭, 동안, 적(제), 지, 무렵, 즈음, 녘' 등이 있다.[49]

---

48) 안주호(1997:129) 참조.

49) '동안, 지, 무렵, 즈음'은 임동훈(1991)에서 '부사성 의존명사'에 소속시켰던 것들이다. 이들은 주로 조사 '에'와 결합하여 부사어로 기능하기도 하지만, 실제로 격조사와의 결합에는 특별한 제약을 가지지 않으며 문장에서 다양한 성분으로 기능할 수도 있으므로 본고에서는 대상성 의존명사 부류에 소속시킨다.

3.2.2.1. 쪽, 짝, 축, 따위

이 셋은 모두 어떤 특성에 따라 구분할 때 어느 한 부류에 속함을 나타내는 의존명사들이다.

(21) ㄱ. 정말 재수없는 <u>쪽은</u> 그의 그런 차에 치이는 사람일게다. 〈003K-007.TXT〉
ㄴ. 주사위는 혹서와 폭풍우가 몰아치는 <u>쪽의</u> 더 자주 나타나는 형태로 던져질 것이다. 〈138M-146.TXT〉
ㄷ. 그가 가리키는 <u>쪽을</u> 보려고 안간힘을 썼다. 〈131M-133.TXT〉
ㄹ. 네가 갈 <u>쪽을</u> 택하여라.
ㅁ. 얘기는 한국의 정치에 관한 환담 <u>쪽으로</u> 흘러 그 부분이 훨씬 더 많은 시간을 차지했다. 〈003K-007.TXT〉
ㅂ. <u>그 쪽</u> 재산도 어느 정도 가지고 월남했을 것이다. 〈118M-096.TXT〉

(21)의 '쪽'은 선행성분으로 관형사, 명사, 관형사절을 모두 취할 수 있으나 관계절 구성은 취하지 않는 의존명사로, 내포문 서술어에는 제약이 없어 동작동사, 상태동사가 모두 올 수 있다. 특정한 상위문 서술어와의 공기 제약은 없고 후행조사와도 통합도 보편적이다.

'쪽'은 '방향'의 의미를 나타내는데, 이와 유사한 의미를 가지는 '데'가 '곳, 장소'라는 구체적인 의미로부터 문맥에 따라 다양한 추상적인 의미를 가지는 데 비해 '쪽'은 대체로 구체적인 의미를 가지고 있다. (21ㄱ-ㄴ) 에서 '쪽'은 여러 부류 중 어느 한 부류를 나타내는 것으로 이러한 의미를 가질 경우에는 관형사형 어미 '-ㄹ'과는 결합할 수 없는 제약을 가진다. 여기에서 '쪽'이 현실법의 '-는'과 공기하는 것은 그것이 시제와는 관계 없이 일반적인 부류를 지시하기 때문이다.

(22) ㄱ. 영양 면에서 아무 <u>짝에도</u> 쓸모 없는 것이 우엉이다. 〈069M-002.TXT〉

ㄴ. 어른이 그런 일을 하다니 그게 무슨 <u>짝이란</u> 말이냐.

(22)의 '짝'은 부정지시관형사 '아무'나 '무슨'만을 선행성분으로 취하는 통사적인 제약이 심한 의존명사이다. '짝'의 후행 조사로는 보통 처격의 '-에'나 '-에도'가 오는데, 여기서 '짝'이 〔+공간성〕의 의미를 가지고 있음을 짐작할 수 있다. '짝'이 '아무'와 결합할 경우에는 주로 (22ㄱ)처럼 '쓰다'의 부정형을 상위문 서술어로 취하며, '무슨'과 결합할 때는 상위문 서술어로 의문문 형태가 나타난다. '짝'은 (22ㄱ)에서는 '장소'를 의미하지만 (22ㄴ)에서는 '모양, 꼴'의 확장된 의미를 나타내고 있다.

(23) ㄱ. 그를 두고 인물 하나는 난 <u>축이라는</u> 소문은 젊었을 때부터
    자자한 터였다. 〈012K-035.TXT〉
  ㄴ. 그가 책장을 넘기며 눈을 실처럼 가늘게 뜨고 들여다볼 때
    마다 얼굴색이 변하는 <u>축이</u> 있다. 〈039K-131.TXT〉
  ㄷ. 예물을 못바친 <u>축들의</u> 가슴이 그 일갈에 철렁 내려앉는다.
    〈039K-131.TXT〉
  ㄹ. 학교 다닐 때는 공부 좀 한다는 <u>축에</u> 들었었는데도 '도스'란
    말은 금시초문이다. 〈106M-076.TXT〉

(23)의 '축'은 선행성분으로 지시관형사, 명사, 관형사절을 취하며, 후행조사와의 통합도 자유로운 의존명사이다. 관형사형 어미로는 '-ㄹ'이 올 수 없는데, 이는 '축'이 시제와는 관계 없는 어떤 부류, 즉 어떤 특성으로 구분되는 부류를 나타내기 때문이다. 후행 조사나 상위문 서술어와의 통합은 자유롭지만 '축'의 의미가 어떤 부류에 속함을 나타내기 때문에 주로 소속을 나타내는 서술어와 공기하여 처격 조사 '-에'와 호응하여 쓰인다. 유사한 의미를 가지는 '쪽'이나 '짝'과 달리 '축'은 〔+인간〕, 〔+무리〕의 자질을 가지고 있는데, 문맥에 따라서는 '이 동네는 깨끗한 축에 든다'나 '쇠고기, 돼지고기는 맛있는 축에 든다'처럼 〔-인간〕, 〔-유정물〕의 의미로 확대되어 쓰이기도 한다.

(24) ㄱ. 밤에 경솔하게 공원에 가는 <u>따위의</u> 행위는 마땅히 금해야 되
　　　　겠지요. 〈036K-122.TXT〉
　　 ㄴ. 그런 것은 흉내도 못낼 <u>따위에게</u> 뭘 바라겠어.
　　 ㄷ. 지나치게 높은 <u>따위에서는</u> 살고 싶지 않다.
　　 ㄹ. '가난한 돌이 <u>따위가</u> 감히' 하는 생각에 촌장은 화가 났다.
　　　　〈013K-043.TXT〉
　　 ㅁ. 열대지방에서 들여온 파인애플이나 망고 <u>따위를</u> 먹는 것은
　　　　환경에 맞지 않는 식생활이다. 〈069M-002.TXT〉
　　 ㅂ. <u>네 따위는</u> 겁나지 않아!
　　 ㅅ. <u>그 따위에게</u> 당하고 있을 내가 아니다.
　　 ㅇ. 그는 혼자 있을 때 마구 고함을 <u>지르는 따위를</u> 한다.

　(24)의 '따위'는 선행성분으로 지시관형사, 명사구, 관형사절 모두를
취할 수 있으며, 관형사형 어미와의 통합에 제약을 가지지 않는 의존명사
이다. 내포문의 서술어에는 제약이 있어 동작동사만이 올 수 있고 상태동
사나 계사의 활용형은 올 수 없다. 후행하는 조사와의 통합에는 제약이
없어 대부분의 격조사와 통합이 가능한데 특히 (24ㅅ)처럼 일반적으로
유정물에 결합될 수 있는 여격조사 '에게'와의 통합도 가능하다. 또한
(24ㅂ)처럼 대명사의 속격 융합형에 결합하여 쓰이기도 한다.
　'따위'는 선행하는 자질을 같은 부류로 묶어주거나 비문맥적 사태들을
문맥속에서 '따위'로 표현된 사태와 비슷한 부류로 묶어서 나열해 주는 기
능을 하며 다양한 것들을 지시할 수 있다. (24ㄱ)은 '밤에 공원에 가는
행위 또는 그와 유사한 행위'에 대해서 말하고 있는 것이다. (24ㄴ)과
(24ㄹ)은 선행하는 명사와 같은 부류의 '사람'을 , (24ㄷ)에서는 선행하
는 관형어와 같은 부류의 '건물'을 의미하고 있다. 이처럼 '따위'는 그 지
시하는 바가 어떠한 종류의 것이든 이를 대용하거나 같은 부류로 묶어서
나열해 줄 수 있는데, 경우에 따라서는 '따위'로 표현된 대상에 대해서 비
웃거나 낮추어 보는 의미를 내포하기도 한다. 따라서 일반적으로는 사물
을 지시하는 '따위'가 '사람'을 지시할 경우는 '따위'로 표현되는 사람이 사
물화되거나 비하의 대상이 되는 경우에 한한다. (24ㄴ)처럼 '따위'가 '사

람'의 의미로 쓰일 경우에는 관형사형 어미의 제약을 가지지 않지만 (24ㄱ)이나 (24ㄷ)처럼 '행위, 일, 사물' 등의 의미로 쓰일 경우에는 관형사형 어미로 '-는'과만 공기하는 제약을 가진다. '사람'의 의미를 갖는 '따위'에서의 관형사형 어미는 내포문의 시상과 관련이 있는 것이지만 '사물, 일'을 의미하는 '따위'는 단지 선행하는 관형어의 자질들을 같은 부류로 묶어 주는 역할만을 하는 것으로, 이 때의 관형사형 어미는 하위문을 상위문에 내포시키는 기능만을 하고 있는 것이다.

(24ㅁ)에서 '따위'는 '단순나열'의 기능을 가진 것으로 '파인애플, 망고'를 하나의 부류로 묶으면서 '따위'가 지시하는 것은 앞에 나와 있는 명사항 외에도 더 있다는 것을 나타내고 있으며, (24ㅅ)에서는 지시관형사 '그'와 함께 문장 속에 있지 않은 대상을 가리키고 있다. 이처럼 '따위'가 단순히 나열의 기능을 할 때에는 화자의 판단이 개입되지 않은 중립적인 의미를 지니고 있어 "파인애플, 망고 등을……"처럼 동일한 기능을 가지는 '등'과의 교체가 가능하다. 그러나 (24ㄱ)과 같은 것은 '나열'의 의미만 있는 것이 아니라 '비웃거나 낮추어 봄'의 의미가 들어 있는데, 이 경우는 '등'과 교체하면 "?밤에 공원에 가는 등의…"처럼 어색한 문장이 된다. 이렇게 낮추어 봄의 의미가 들어갈 경우에는 '금해야 한다'처럼 '부정성'이 들어간 서술어만이 온다는 제약이 생기게 된다.

(24ㅇ)은 관형사절과 결합하여 상위문의 목적어로 기능하는 경우인데, 이 때는 상위문 서술어로 [+역동성]의 자질을 가진 '하다'가 올 수 있다. 서술어로 '하다'가 올 경우 그 목적어는 어휘자질에 [+역동성]이 있어야 한다. 따라서 '따위'에는 [+역동성]의 자질이 있음을 알 수 있다.

3.2.2.2. 법, 폭

(25) ㄱ. 도미는 결코 소리내어 우는 <u>법이</u> 없었다. 〈007K-017.TXT〉

　　　ㄴ. 완벽한 여자일수록 양면성이 더욱 강한 <u>법이다.</u>
　　　　〈016K-057.TXT〉

　　　ㄷ. 그 말의 진위를 의심할 사람도 있을 <u>법하다.</u> 〈080M-024.TXT〉

ㄹ. 듣고보니 사실 그럴 <u>법도</u> 한 일이었다. 〈124M-114.TXT〉

(25)의 '법'은 선행성분으로 관형사나 체언을 취할 수 없고 관형사절과만 결합하는 의존명사이다. 관형형 어미는 '-는, -ㄹ'이 올 수 있는데, '-ㄹ'과 결합하는 경우는 상위문 서술어가 '하다'일 때에만 한한다. 후행하는 격조사와의 통합에 있어서는 다소 제약을 가지는데, 주로 주격조사, 서술격조사와 결합하여 쓰인다.

(25ㄱ)은 습관적인 사실을 나타내는 것으로 '-는 법이 없다'와 같이 관용적으로 쓰이는 표현이다. 습관적인 사실을 표현하는 것이므로 미래나 과거시제의 기능을 가지는 관형형 어미 '-ㄴ,-ㄹ'과는 결합하지 못하고 항상 '-는'만이 결합된다. (25ㄴ)은 '법'이 '이다'와 결합하여 일반적으로 알고 있거나 믿어져 오고 있는 사실이나 원리인 '당위'를 나타내는 경우인데, (25ㄴ)을 "완벽한 여자일수록 양면성이 더욱 강하다"와 같이 바꾸면 그 명제내용은 동일하지만 (25ㄴ)의 경우는 '당위성'이라는 화자의 태도가 나타나 있음을 알 수 있다. 따라서 '-는 법이다' 구성은 어휘적 의미보다는 '객관적인 사실을 화자가 일반화시켜서 당연하게 진술하는 태도'와 같은 양태의미를 첨가시켜 주는 기능을 한다고 할 수 있다. '보편적인 진리'를 나타내므로 항상 현재형 '-는'과만 결합이 가능하며 "완벽한 여자일수록 원래 양면성이 더욱 강한 법이다"처럼 '당연히, 자연스럽게, 원래, 대개'와 같은 부사어와 자연스럽게 공기할 수 있다.

'-는 법이다' 구성은 아직 완전히 문법형태로 전환된 것은 아니지만 구성 전체가 양태 의미를 나타내는 문법적 기능을 함으로써 통사적으로 여러 가지 제약들이 나타나게 된다.[50]

첫째, '-는 법이다' 구성은 다음 (26ㄱ)과 같이 상위문과 보문의 주어를 따로 설정할 수가 없다. 그리고 (26ㄴ-ㄹ)과 같이 주제어가 될 수 있

---

[50] 안주호(1997:107-108)에서는 어휘소가 문법소로 기능하게 될 경우 여러 가지 제약을 받게 된다고 하여, '-는 법이다' 구성이 받는 제약을 형태통합면과 통사적인 면에서의 제약으로 나누어 제시하고 있다.

는 것도 단수일 경우는 비문이 되고, 총칭명사일 경우에만 가능한데, 이는 '-는 법이다'가 '보편적이고 일반적인 사실'을 나타내는 양태의미를 표현해주기 때문이다.

(26) ㄱ. *나는 그 사람이 성공하는 <u>법이다</u>.
    ㄴ. {신부는/*그 신부는} 원래 예쁜 <u>법이다</u>.
    ㄷ. {동물은/*이 개는} 언젠가는 죽는 <u>법이다</u>.
    ㄹ. {칠월칠석에는/*내일은} 비가 오는 <u>법이다</u>.

둘째, '-는 법이다' 구성은 "*동물이라면 모두 죽는 법이겠다"처럼 추측의 '-겠'과는 결합하지 못하는데, 이는 이 구성이 과거에 여러 차례 반복된 유사한 사례를 바탕으로 하여 법칙처럼 된 명제를 보문으로 취하기 때문이다. 또한 이 구성은 주로 진리치가 높은 경우에 쓰이고, 이 사실들은 이미 기정 사실화되어 있기 때문에 청유형, 명령형, 의문형에는 쓰일 수 없다.

(25ㄷ)은 '법'이 '하다'와 결합하여 '추측'이라는 양태적인 의미를 나타내는 경우로, 이 때 보문의 관형사형 어미로는 '-ㄹ'만이 허용된다. 보문의 관형형 어미와 의존명사 그리고 용언 어간의 결합체인 '-ㄹ 법하다' 구성은 앞에서 살펴본 '-는 법이다' 구성보다는 그 결합의 강도가 약하여서 (25ㄹ)처럼 '법'과 '하다' 사이에 특수조사가 개재될 수도 있다.

다음 (27)은 '폭'의 예들이다.

(27) ㄱ. 내가 손해 보는 <u>폭이</u> 된다.
    ㄴ. 먹은 <u>폭으로</u> 치자.
    ㄷ. 이것도 줄여 말한 <u>폭이다</u>.
    ㄹ. 날짜로 치면 이틀 폭 되는 셈이다.

'폭'은 '幅'에서 나온 것으로 근대국어 시기까지는 원래의 의미인 '너비'를 나타내는 것으로 쓰였으나, 현대국어에서는 '심리적인 넓이'를 나타내는 것으로 의미가 확장된 의존명사이다. 선행성분으로는 관형사절만을 취하는데, (27ㄹ)처럼 분량을 나타내는 명사구와 결합하여 '정도'를 나타내기도 한다. 내포문의 서술어로는 동작동사만이 오며 관형사형 어미 '-ㄴ'만이 가능한데, 주로 (27ㄱ)처럼 '폭+주격조사+되다'의 구성이나 (27ㄷ)처럼 '이다'와 결합된 형태로 나타난다. (27ㄱ-ㄹ)의 의미를 보면 모두 '사실은 그렇지 않지만 보문의 내용과 근접했음'을 나타내고 있어 '폭'의 중심의미는 '유사함'이라고 할 수 있겠다.

3.2.2.3. 적(제), 동안, 무렵, 즈음, 녘, 지

이들은 모두 시간을 나타내는 의존명사들로 '적'과 '동안'은 관형사형 어미나 내포문 서술어와 특별한 제약을 가지지 않는다는 점에서 특정한 제약을 가지는 '지, 무렵, 즈음, 녘,'과 차이를 가진다.

> (28) ㄱ. 그녀가 흐느껴 우는 것을 본 <u>적이</u> 있었다. 〈003K-007.TXT〉
>   ㄴ. "베게 밑에 넣고 자거라"하고 이르는 것도 어릴 <u>적에</u> 여러 번 보았다. 〈083M-030.TXT〉
>   ㄷ. 열여덟 살 새아씨 <u>적에</u> 강건너 전북 옥구의 한 자연 부락으로.... 〈149M-172.TXT〉
>   ㄹ. 나도 한때는 아름다웠던 <u>적이</u> 있었다. 〈152M-177.TXT〉
>   ㅁ. 날이 밝을 <u>제</u> 오너라.

(28)의 '적'은 선행성분으로 명사와 관형사절을 취하는데, 관형사형 어미와의 제약은 거의 없으며, 격조사와의 통합에도 특별한 제약을 가지지 않는다. 상위문 서술어로는 주로 '있다/없다'와 같은 존재동사와 통합하지만 제약은 없으며 내포문의 서술어도 (28ㄱ, ㄴ, ㄹ)처럼 동작동사, 상태동사가 모두 올 수 있다. (28ㄱ)은 '적'이 '-ㄴ' 관형사형 어미와 결합하여 '경험'의 의미를 나타내는 경우이다. '적'이 '경험'의 의미를 나타낼 때는 [+사실성]을 전제하는 것이므로 기정의 의미를 가지는 관형사형 어미 '-ㄴ'하고만 결합하는데, 이 외에 내포문의 주어가 경험의 주체가 될 수 있어야 한다는 조건이 있다.

(29) ㄱ. 이곳에 건물이 들어선 <u>적</u>은 없었다.
　　　ㄴ. 나는 그 사람과 친하게 지낼 <u>적</u>이 있었다.

　위의 예문 (29ㄱ)에서는 '적'이 관형사형 어미 '-ㄴ'과 결합하였지만 내포문의 주어가 경험의 주체가 될 수 없는 무정명사인데, 이 경우 '적'은 '경험'이 아닌 '때, 일'의 의미를 나타낸다. (29ㄴ)은 일반적으로 '때'의 의미를 나타내는 경우이지만 여기에서는 '경험'의 의미도 나타나는 것으로 보인다. 이는 내포문의 주어가 경험의 주체가 될 수 있는 유정명사이기 때문으로 생각된다. 윤용선(1989:295)는 '적'이 '경험'의 의미를 갖는 것은 그것이 실현된 통사구조에 원인이 있는 것으로 보고 있다. 즉, (28ㄱ)과 같은 문장은 이중주어문으로 소유의 표현인데, 만일 소유의 대상이 행위의 결과나 상태 등 추상적인 것이라면 그 문장은 소유주가 그 행위를 경험한 것이라고 볼 수 있다고 설명하고 있다. 따라서 (28ㄱ)이 '경험'의 의미로 해석될 수 있는 것은 '적'의 의미가 그러하기 때문이 아니라 통사구조와 관련되어 나타난 의미일 뿐이라는 것이다. 이 설명에 의하면 '적'이 경험의 의미를 나타내는 것은 그것이 실현된 통사구조에 원인이 있어서일 뿐이므로 (28ㄱ)의 '적'이 '경험'이 아니라 '시간, 때'를 나타내고 있다고 본다면 관형사형 어미로 '-ㄴ'뿐만 아니라 '-는, -ㄹ'이 모두 허용될 수 있다고 하겠다.
　(28ㄴ)은 '적'이 관형사형 어미 '-ㄹ', 조사 '에'와 결합하여 '때'의 의미를 나타내는 경우이다. 관형사형 어미와의 결합에 특별한 제약을 가지지 않는 '적'이 유독 '에'와 결합할 때는 '-ㄹ'만을 허용하는 이유에 대해 윤용선(1989:295)에서는 '적'이 '에'와 결합하여 내포문의 동사와 상위문의 동사 사이의 시간관계를 나타내는 부사어로 쓰임으로써 그 시간관계에 이끌려 보문자가 고정이 된 것으로 보인다고 설명하고 있다. 그러나 이에 대해서는 다른 측면에서의 설명도 가능한 것으로 생각된다. "만난 적이 있다."와 같은 문장에서와 달리 "어릴 적에……"처럼 '-ㄹ' 관형사형 어미가 결합된 문장에서는 원래 일정한 시점을 나타내는 '적'의 의미에 '불확정적인 시간'의 의미가 포함되는데, 이 때 조사 '에'가 결합됨으로써 불확

정적인 시간이 시점화되어 확정적인 시간을 표현하는 것으로 변하게 되는 것으로 생각된다. 원래부터 불확정적인 시간의 의미를 가지고 있는 의존명사 '즈음'이나 '무렵' 등은 조사 '에'와의 결합이 수의적인 현상도 이러한 추정을 뒷받침해준다고 하겠다.

(28ㅁ)의 '제'에 대해서 임동훈(1991:35)에서는 '적에'가 통시적 변화의 과정에서 음운론적으로 어휘화된 형식으로 다루어, 스타일에 따라 격식적인 상황에서는 '적에'가 쓰이고 비격식적인 상황에서는 '제'가 쓰이는 것으로 보고 있다. 현대국어에서는 '제'가 '적에'의 준말로 스타일에 따라 교체하는 것으로 볼 수도 있겠으나, 원래 '제'는 중세, 근대국어시기에는 매우 생산적으로 쓰인 시간을 나타내는 의존명사로 '적'과는 구분되어 쓰이고 있었으나 현대국어로 옴에 따라 '적에'와 분포가 일치하게 되어 '제'가 하던 역할을 '때'와 '적'에 넘겨주어 그 기능이 약화된 것으로 보인다.

다음의 (30)은 '동안'의 예들이다.[51]

(30) ㄱ. 고향을 등진 뒤 삼년 <u>동안은</u> 늘 그랬다. 〈012K-035.TXT〉
  ㄴ. 얼마 <u>동안을</u> 그 모양으로 서 있었다.
  ㄷ. 임부장님과 함께 근무하는 <u>동안</u> 그런 이야기들을 귀가 닳도록 들었지요. 〈031K-112.TXT〉
  ㄹ. 내가 한분 할 <u>동안에</u> 니는 벌써 두 분을 다 해뿠나? 〈042K-135.TXT〉

'동안'은 원래 공간개념을 표시하던 자립명사였는데, 현대국어에서는 '시간적 공간'을 나타내는 것으로 전환된 의존명사이다. 선행성분으로 관형사, 명사, 관형사절을 모두 취할 수 있으며, 특정한 관형사형 어미와의 제약은 가지지 않는다. 또한 '동안'은 '한동안, 잠시동안'처럼 하나의 단어

---

51) 말뭉치 자료에는 '동안'의 용례가 전부 999개가 나타나는데, 이들은 모두 조사 '에'와 결합하거나 또는 결합하지 않은 채 부사어로 기능하는 것들이다. '동안'은 다른 조사들과 결합하여 문장에서 여러 가지 성분으로 쓰일 수 있는 대상성 의존명사이기는 하지만 실제의 쓰임에 있어서는 주로 부사어적인 기능으로만 쓰이는 것으로 보인다.

로 굳어진 것도 있다.

(30ㄴ′) *얼마 <u>동안부터</u> 그 모양으로 서 있었다.
(30ㄷ′) *임부장님과 함께 근무하는 <u>동안까지</u> 그런 이야기들을 귀가 닳도
록 들었지요.

'동안'은 어떤 일이 지속되는 기간이나 어떤 일이 진행되는 과정이 포
함된 기간을 나타내는데, 이처럼 불확정적인 시간의 지속이라는 의미를
가지기 때문에 (30ㄴ′, ㄷ′)에서 볼 수 있듯이 시간 상의 어느 한 시점과
관련이 되는 특수조사 '부터'나 '까지'와는 결합하지 못한다.
(30ㄹ)은 조사 '에'와 결합된 경우인데, '에'가 필수적으로 결합되는 '적'
과 달리 원래 불확정적인 시간의 의미를 가지는 '동안'은 '에'가 수의적으
로 결합된다.

(31) ㄱ. 아기는 낳은 <u>지</u> 일년이 지났는데도 아직까지 이름이 없었다.
〈007K-017.TXT〉
ㄴ. 사장님께서 운전수를 안 두고 있는 <u>지</u> 3년이 넘은 것으로 안다
고 대답했다.〈052K-155.TXT〉
ㄷ. 10여일 정도를 얻을 수 있을 <u>지는</u> 모르겠습니다.
〈167N-628.TXT〉
ㄹ. 그녀가 집에 <u>왔는지</u> 궁금했다.

(31)의 '지'는 선행성분으로 관형사절만을 취하는 의존명사로 내포문
서술어는 제약이 없으며, 선행하는 조사와의 통합에도 특별한 제약을 가
지지 않지만 주로 조사와 결합되지 않은 형태로 나타난다. '지'는 '사실'이
라는 의미를 가지고 있으므로 관형사형 어미와의 결합에 별다른 제약을
가지지는 않지만 경우에 따라 관형사형 어미 선택에 있어서 제약이 나타
나기도 한다. (31ㄱ, ㄴ)은 시간을 나타내는 성분들이 후행하는 경우로
이 때의 '지'는 '내포문의 나타난 사건이 완결된 시점부터'라는 시간과 관
련된 의미를 표현하게 되는데, 이런 이유로 하여 이 경우의 '지'를 '사실'

의 의미를 나타내는 '지'와는 별개의 것인 '시간'이나 '기간'을 나타내는 의존명사로 보는 견해들이 있다. 그러나 '지'가 '시간'의 의미를 나타내는 것으로 보이는 것은 후행하는 성분들이 시간의 경과를 나타내는 내용을 표현하기 때문으로 '지' 자체의 의미는 (31ㄱ)이나 (31ㄷ) 모두 동일하게 '사실'의 의미를 가지고 있다고 할 수 있다. 즉, (31ㄱ)은 아기를 낳은 사실이 일년의 시간을 경과했음을 의미하고 있는 것이다. 이처럼 시간 표현이 후행할 경우에는 항상 '-ㄴ' 관형사형 어미하고만 결합하여 주어로만 쓰이는데, 이는 시간 표현과 결합한 '지' 구성의 경우 완결된 사실로부터의 시간의 경과라는 의미를 나타내므로 완결의 자질을 가진 '-ㄴ' 관형사형 어미만이 올 수 있는 것으로 생각된다. 그러나 (31ㄴ)처럼 내포문에 나타난 사실이 현재 완결된 것이 아니라 지속되고 있는 것일 때는 드물지만 '-는' 관형사형 어미와도 결합한다.

(31ㄷ)은 '모르다', '의심이 간다' 그리고 '예측할 수 없다'와 같은 부정적인 내용을 가진 서술어와 결합하는 경우로 이 때의 '지'는 항상 '-ㄹ' 관형사형 어미하고만 결합하며 주로 목적어로만 기능하는데, 이는 '지'가 '모르다'류의 후행성분들과 결합함으로써 가지게 되는 추정의 의미 때문인 것으로 생각된다. 이러한 구성의 경우 그 의미는 '선행절 사실의 실현 가능성에 대한 부정적인 추정'으로 가능성에 대한 화자의 의심이 내포되어 있다고 하겠다. 따라서 '알다'처럼 긍정적인 의미를 가진 동사와 결합할 경우에는 '안올지 알았다.'처럼 내포문의 서술어가 부정의 형태를 취하여 나타난다. 말뭉치 자료를 보면 전부 144개의 용례 중 '-ㄹ' 관형사형 어미+ '지' + '모르다'류 서술어 구성의 '지'는 8개만 보이며 나머지 136개는 모두 '시간성'과 관련된 '지'인데 이로 볼 때, '지'는 주로 시간성과 관련되어 쓰임을 알 수 있다.

(31ㄹ)은 '지'가 선행 관형사형 어미와 결합하여 어미로 문법화한 경우로, 이 경우 '-ㄴ지'는 '-ㄴ가'로 교체가 가능한데 이로 볼 때 여기서의 '-지'는 의문어미의 한 부분으로 전환되었음을 알 수 있다.

다음의 (32)는 '무렵', (33)은 '즈음' 그리고 (34)는 '녘'의 예들이다.

이 셋은 모두 '-ㄹ'관형사형 어미만을 취하며, 내포문의 서술어로 동작동사만이 가능하다는 점에서 공통적이다.

> (32) ㄱ. 해질 <u>무렵이</u> 되자 동학 도인들이 3백명 가까이 몰려들었다.
>   〈051K-153.TXT〉
> ㄴ. 그 <u>무렵을</u> 생각하면 코 끝부터 찡해 온다.
> ㄷ. 저녁 <u>무렵의</u> 생나무 잔가지를 지핀 맵싸한 연기지만.....
>   〈012K-035.TXT〉
> ㄹ. 연기가 읍내의 초가 위에 자욱이 서렸을 <u>무렵이었다.</u>
>   〈012K-035.TXT〉
> ㅁ. 나룻배 배삯은 배가 기슭에 닿을 <u>무렵에</u> 받는 법이다.
>   〈101M-063.TXT〉

'무렵'은 선행성분으로 (32ㄱ)과 (32ㄴ) 그리고 (32ㄷ)처럼 관형사절, 관형사 그리고 명사를 취할 수 있으며, 관형사형 어미는 '-ㄹ'만이 올 수 있는데 이는 '무렵'에 연결된 선행절의 사건이 완결된 상태가 아니라 완결되어 가는 상태에 있기 때문으로 생각된다. 내포문의 서술어로는 동작동사만이 가능한데, 이는 '적'을 제외한 '시간'의 의미를 가진 의존명사의 공통된 특성이기도 하다. 아마도 '시간'이라고 하는 것은 어느 정지된 시점의 것이 아니라 '변화하는 과정에 있는 시간'을 의미하기 때문으로 생각된다. 후행하는 격조사나 상위문 서술어와의 통합에는 특별한 제약을 보이지 않는다. '무렵'은 불확정적인 대략의 시간을 나타내는데 '경험'과 같이 확대된 의미를 가지는 '적'과는 달리 오로지 시간 지시의 의미만을 가진다. '무렵'은 조사가 결합하지 않았을 경우 "해질 무렵 나는 집을 나서기 시작했다."처럼 선행의 관형절을 시간의 부사절로 이끄는 종속접속의 통사적 기능을 보이기도 한다.

> (33) ㄱ. 그 <u>즈음이</u> 내 인생의 황금기였다.
> ㄴ. 진달래가 필 <u>즈음을</u> 나는 제일 좋아한다.
> ㄷ. 밭 쪽으로 막 길을 가로질러 건넜을 <u>즈음이었다.</u> 〈114M-090.TXT〉

　　ㄹ. 고향을 떠날 <u>즈음의</u> 단풍은 유난히 붉었다.
　　ㅁ. 그럴 <u>즈음에</u> 찬탈이 있었다는 소식이 올라왔다. 〈114M-090.TXT〉

　'즈음'은 원래 공간을 지시하던 것이지만 현대국어에서는 대략적인 시간을 나타내는 것으로 전환된 의존명사로 '요즈음, 그즈음, 즈음하다, 요즈막, 이즈막' 등으로 어휘화된 것도 있다. '즈음'도 '무렵'과 마찬가지로 선행성분으로 관형사, 명사, 관형사절을 취하며, 내포문 서술어로는 동작동사만이 올 수 있다. 후행하는 격조사와의 통합에는 제약을 가지지 않지만 실제의 쓰임에 있어서는 주로 (33ㄷ)이나 (33ㅁ)에서처럼 '이다'와 통합된 형태나 처격조사 '에'와 결합된 형태를 취하는 것으로 보인다. 말뭉치 자료를 보면 주격조사, 목적격조사 그리고 관형격조사 등과 결합한 경우는 나타나지 않는데, 이는 아마도 '즈음'이 시간을 나타내는 부사적인 의미를 가지고 있기 때문으로 생각된다.
　'즈음' 역시 '무렵'과 마찬가지로 선행절의 사건이 완결된 상태가 아닌 완결되어 가는 상태를 나타내는 것이므로 관형사형 어미로는 '-ㄹ'만이 올 수 있다. 따라서 어떤 상태가 거의 다 이루어진 완결된 가능성을 나타내기 위해서는 '*진달래가 핀 즈음'처럼 '-ㄴ'이 아니라 '진달래가 피었을 즈음'처럼 '-었을'이 쓰인다.
　'즈음'도 선행의 관형사절을 시간의 부사절로 이끄는 종속접속의 통사적 기능을 보이는데, "그럴 즈음 찬탈이 있었다는 소식이 올라왔다."처럼 격조사가 결합되지 않을 경우 종속접속의 형식을 취하게 된다.

(34)　ㄱ. 저물 <u>녘이</u> 아니더라도 이 낡은 건물의 층계는 가파르고 어두
　　　　웠다.
　　　ㄴ. 순녀가 떠난 <u>아랫녘을</u> 뚫어져라 바라보았다.
　　　ㄷ. 저물 <u>녘이면</u> 강변에 천막을 치고 밥을 지어 먹었다. 〈098M-060.TXT〉
　　　ㄹ. 해질 <u>녘의</u> 하늘은 참 아름답습니다.
　　　ㅁ. 그는 새벽 <u>녘에</u> 귀가하는 때가 많았다.

　'녘'은 선행성분으로 명사와 관형사절을 취할 수 있지만 '무렵, 즈음'과

달리 관형사를 취할 수는 없다. 내포문의 서술어로는 동작동사만이 올 수 있으며, '녘' 또한 완결된 상태를 나타내는 것이 아니므로 관형사형 어미 '-ㄹ'하고만 결합된다. 후행하는 격조사와의 통합에는 제약이 없다.

'녘'은 주로 자연현상과 결부되어서만 쓰이는데, '녘'과 공기하는 시간 관련어는 '새벽', '아침', '석양', '해거름', '황혼', 등의 명사와 '해 뜨다, 해 지다, 동 트다, 저물다' 등에 한정된다. 즉, '녘'은 '해가 뜨고 해가 지는 시간'과만 관련된다. 이는 '녘'이 원래 '방향'이라는 공간을 지시하던 것이었다는 사실로 설명이 가능하다. '북녘, 오른녘' 등의 복합어에 그 흔적이 남아 있듯이 '녘'은 원래 공간을 지시하던 것이었으나, '해가 뜨는 방향', '해가 지는 방향'하고만 관련하여 '해가 뜨는 시간', '해가 지는 시간'으로 전환된 의미를 가지게 된 것으로 보인다(윤용경 1993:51). 사전에서 '해질녘, 새벽녘'은 하나의 단어로 등재되어 있으나 '동틀 녘, 아침 녘, 해 뜰 녘, 저물 녘' 등은 하나의 단어로 등재되어 있지 않은데, 점차 '녘'과 공기하는 표현들은 하나의 단어로 굳어져 가는 경향이 있는 것 같다.

3.2.3. '나위'류 의존명사

'나위'류 의존명사는 선행성분으로 관형사절만을 취하며, 특정한 상위문 서술어와의 공기 제약을 가지는 부류들이다. '나위'류 의존명사에는 '나위, 수, 리, 줄' 등이 있다.

  (35) ㄱ. 3년 간이란 기간을 막역하게 지냈음은 말할 <u>나위가</u> 없겠다.
       〈003K-007.TXT〉
      ㄴ. 내가 온갖 질문을 퍼부은 것은 두말할 <u>나위도</u> 없다.
       〈046K-148.TXT〉
      ㄷ. 그대로 될 수만 있다면 더할 <u>나위</u> 없을 듯싶었다. 〈139M-152.TXT〉

  (35)의 '나위'는 선행성분으로 관형사절만을 취하며, 상위문 서술어로 존재동사 '있다/없다'와 결합하여 주어로만 기능하는 의존명사이다. (35ㄱ)

은 주격조사와 (35ㄴ)은 특수조사와 결합한 경우이다. 주격조사와는 결합한 형태로 나타날 수도 있고 결합하지 않은 형태로도 나타날 수 있는데, 일반적으로 (35ㄱ)처럼 '나위'가 상위문의 주어로 기능할 경우에는 주격조사와 결합하는 것이 자연스럽고 (35ㄷ)처럼 내포문의 주어로 기능할 경우에는 주격조사가 결합하지 않는 것이 더 자연스러운 것으로 보인다. '나위'는 완결의 의미를 가지는 관형사형 어미 '-ㄴ'과 현실법의 의미를 가지는 관형사형 어미 '-는'과의 통합에는 제약을 보이며, 관형사형 어미 '-ㄹ'하고만 통합하는데, 이는 '나위'가 가진 의미적 특성 때문인 것으로 생각된다. '나위'는 '틈, 여지, 필요'의 의미를 나타내는데, '필요'나 '여지'라는 것은 이미 완결되어 있거나 지금 이루어지고 있는 사실에 대해서가 아니라 아직 확정되지 않은 불확실한 사실에 대한 요구이기 때문이다. 이러한 의미를 가지기 때문에 상위문 서술어도 어떤 여지의 있고 없고를 표현하는 존재동사만을 취하는 것으로 생각되는데 존재동사 중에서도 주로 '없다'와 통합하여 쓰이며, '있다'의 경우는 "더할 나위가 있겠나!"처럼 반어형이나 의문형에 쓰이는 것으로 보인다.

다음의 (36)은 '수'의 예들이다.

(36) ㄱ. 인간관계와 언어학적 표현의 양면성은 서로 떼놓을 수 없는 요소라고 할 수 가 있다. 〈005K-011.TXT〉
　　　ㄴ. 나는 아버님을 설득할 수 있다.
　　　ㄷ. 김일성에게만 사용할 수 있는 어휘를 따로 정해 놓고 있다. 〈002K-003.TXT〉
　　　ㄹ. 이처럼 힘의 관계나 이해관계는 일반적 상하 존대 표현에 영있다. 〈005K-011.TXT〉

'수'도 선행성분으로 관형사절만을 취하며 존재동사와 결합하여 주어로만 기능하는 의존명사이다. 관형사형 어미로는 '-는'과 '-ㄹ'이 올 수 있는데, 이는 '수'가 나타내는 의미에 따라 그 선택이 달라지는 것으로 보인다. 즉, '수'가 (36ㄹ)처럼 '경우'의 의미를 나타낼 때는 '-ㄴ' 관형사형 어미가 올 수 있으나, (36ㄱ-ㄷ)처럼 기본적으로 '가능성'의 의미를 가질 경우에는 관형사형 어미 '-ㄹ'만이 선택된다. '가능성'이라는 것은 과거나 현재가 아닌 미래와 관련된 의미를 가지며, '경우'는 반드시 미래와 관련된 의미만을 가지는 것이 아니기 때문이다.

(36ㄱ)에서는 '수'가 '가능성'의 의미를 나타내며, (36ㄴ)은 '능력', (36ㄷ)은 '허락', (36ㄹ)은 '경우'의 의미를 나타내고 있다. '수'가 이처럼 문맥에 따라 다양한 의미를 나타내는 것으로 보이지만 사실 그 기본 의미는 '방법'이라고 보는 견해가 있다. 윤용선(1989:101)에 의하면 '방법'이라는 기저의미가 통사구조에 의해 변이되어 (36ㄴ-ㄹ)처럼 다양한 표면적인 의미를 나타내는 것이라고 설명하고 있다. 가령, (36ㄴ)의 경우는 소유표현의 이중주어문으로, 한 인물이 앞으로 일어날 행위에 대한 방법을 소유했다는 것은 그 행위를 할 능력을 가졌다는 뜻으로 쉽게 이해될 수 있기 때문에 '능력'이라는 의미를 나타내게 된다는 것이다. 이 경우 '수'와 '있다' 사이에 주격조사가 삽입되면 '능력'보다는 '방법'의 의미로 해석되는데 이러한 사실이 위의 설명을 뒷받침해 준다고 보고 있다. 그러나 주격조사가 삽입된다고 하여도 그 의미는 단순히 방법만이 아니라 '능력'의 의미도 또한 나타나는 것으로 보인다. 그리고 (36ㄹ)의 경우는 소재표현의 구문인데, 소재표현이기 때문에 '수'는 어떤 인물의 행위와 관련된 방법이 아니라 단순히 '방법이 있다'는 상황 기술을 유도함으로써 상황과 관련된 '경우'의 의미로 전이된 것이라고 설명하고 있다.

그러나 '수'가 '방법'의 의미를 가질 경우에는 '가능성'의 의미를 가질 때와 달리 다음 예문 (37)에서처럼 관형사형 어미와의 통합에 특별한 제약을 가지지 않는다.

(37) ㄱ. 특별한 <u>수가</u> 없다.
    ㄴ. 그 사람을 이기는 <u>수를</u> 알고 있다.
    ㄷ. 그 팀이 승리할 <u>수를</u> 하나 알려 주겠다.

원래 의존명사 '수'는 '방법'의 의미를 가지고 있는 한자어 '수'에서 비롯된 것으로, 통사적인 환경이 제약되고 그 통사적 환경에서는 '가능성'이라는 의미를 나타내게 되면서 의존명사로 전환되어 쓰이게 된 것이다. 따라서 (37)의 예문에 나타난 '수'는 자립명사적(한자 어근)으로 쓰인 것으로 (37)의 '수'와는 다른 것으로 보아야 할 것이다.52) 의존명사가 특정한 문맥에서 특정한 의미를 나타내는 것은 당연한 것으로, 윤용선(1989)처럼 설명할 수도 있겠으나 '수'의 경우는 '-ㄹ 수(가) 있다/없다'로 관용화되어 '가능성'의 의미를 나타내는 것으로 쓰인다고 하겠다.

> (38) ㄱ. 겨울밤에 나다니는 사람이 있을 <u>리가</u> 없었다. 〈007K-017.TXT〉
> ㄴ. 그럴 <u>리</u> 있겠습니까? 〈010K-032.TXT〉
> ㄷ. *내가 그것을 먹을 <u>리</u> 없다.
> ㄹ. 내가 너보다 성적이 뒤질 <u>리가</u> 없다.

(38)의 '리' 또한 선행성분으로 관형사절만을 취하며 존재동사와 결합하여 주어로만 기능하는 의존명사이다. 관형사형 어미로는 '-ㄹ'만이 가능한데, 이는 '리'에 '추정'의 의미가 내포되어 있어 추정의 대상이 되는 보문의 내용을 가정적으로 말하기 때문으로 생각된다.

주로 '없다'와 결합된 '-ㄹ 리(가) 없다' 구성으로 쓰여서 명제의 '가능성에 대한 강한 부정'의 의미를 나타내므로 부사 '절대로, 반드시, 당연히' 등과 자연스럽게 공기하며, 반어형이거나 의문형일 때에 한해서 '있다'와 결합한다. 또한 명제내용의 가능성에 대해 확신을 가지고 부정하는 것이기 때문에 "*겨울밤에 나 다니는 사람이 있을 리가 없겠다."처럼 추정의 의미를 가지는 '-겠-'과는 결합하지 못한다. (38ㄷ, ㄹ)에서 보면 내포문의 주어가 일인칭일 경우에는 내포문 서술어로 동작동사가 올 수 없고 상태동사만이 가능한데 이는 자신의 의지에 의한 행위를 추정적으로 가정하여 판단하는 것이 가능하지 않기 때문이다. 그러나 상태동사가 쓰이게

---

52) 고영근(1970:26-7)에서는 '수'는 제약이 뚜렷해서 자립성을 띠었을 때와 의미상의 관련이 없어지면 형식명사로 볼 수 있다고 하고, '수나 '있-' 사이에 휴지가 개입되면 주격조사 없이도 자립형식으로 취급할 수 있다고 말하고 있다.

되면 주어가 일인칭이라도 내포문의 행위가 주어의 의지와는 관련이 없는 것이기 때문에 '리'가 쓰일 수 있는 것이다.

다음의 (39)는 '줄'의 예들이다.

(39) ㄱ. 큰 벼락이 친 <u>줄로</u> 알겠지. 〈033K-114.TXT〉
　　 ㄴ. 니가 그걸 먹고 있는 <u>줄</u> 알고 있었다. 〈007K-017.TXT〉
　　 ㄷ. 그 여자가 미대생이라길래 세련될 <u>줄</u> 알았다.
　　 ㄹ. 남루한 군복을 입은 남편은 당황해서 어쩔 <u>줄을</u> 몰랐다.
　　　　〈034K-120.TXT〉

'줄'은 선행성분으로 관형사절만을 취하는데 내포문 서술어나 관형사형 어미와의 통합에는 제약이 없으며, 상위문 동사로는 '알다/모르다'와 같은 인식동사와 결합하여 목적어로만 기능하는 의존명사이다.[53] (39ㄱ, ㄴ, ㄷ)은 '상황'의 의미로 그리고 (39ㄹ)은 '방법'의 의미로 해석되는데 '상황'의 의미를 가질 경우에는 예문에서 보듯이 관형사형 어미와의 통합에 제약을 가지지 않지만 '방법'의 의미를 가질 때에는 관형사형 어미 '-ㄹ'하고만 통합하는 제약을 가진다. '알다' 동사의 경우는 (39ㄱ)과 같이 내포문의 내용을 기정사실로 인정하지 않는 비사실적 표현과 (39ㄴ)처럼 내포문의 내용을 기정사실화하는 사실적 표현이 모두 가능한데, 이때 비사실

---

53) 이 '줄'은 중세어와 근대국어에서는 매우 생산적으로 쓰인 의존명사였다. 현대국어에서는 주로 '알다/모르다' 동사와만 통합하여 목적어로 기능하는 데 반해 중세어와 근대국어에서는 아래와 같이 다른 형태로도 나타난다.
　(1) ㄱ. 닐오디 내 이 새로온 향얌이 잘 틸 줄을 싱각디 못ㅎ롸 이러모로.....
　　　　〈朴通下, 36a〉
　　 ㄴ. 사롬은 칼 가는 돌 굿ㅎ여 그 모손ㅎ는 줄을 보지 못ㅎ되.....〈敬信 26b〉
　　 ㄷ. 요긴ㅎ미 업스니 군시 스스로 강ㅎ는 줄이 아니라 그 일을 잘ㅎ려 홀진디.....〈易言3 : 47a〉
　현대어에서와 달리 '생각하다'나 '보다' 동사와 통합하고 있으며(1ㄱ, ㄴ), 주격조사와도 결합하여 나타난다.(1ㄷ) 이로 볼 때, '줄'이 중세, 근대국어에서는 상위문 동사의 제약을 덜 받았다는 것을 알 수 있으며, 문장 안에서 지금보다는 더 자립적인 역할을 수행했음을 짐작할 수 있다.

적 표현에 쓰인 '줄' 다음에는 '-으로'가 올 수 있는 반면, 사실적 표현에 쓰인 '줄' 다음에는 조사 '을'이 올 수 있다는 차이를 보여 준다. 또한 비사실적 표현의 경우에는 그 후행 용언으로 인식동사뿐만 아니라 '믿다, 기대하다, 생각하다, 예상하다' 등이 올 수도 있다.

'줄'의 기본적인 의미는 '상황'이라고 할 수 있지만 (39ㄹ)처럼 제한된 통사적 환경에서는 '방법'이라는 확대된 의미를 나타내기도 하는데, 상위문의 주어와 내포문의 주어가 동일하고 내포문의 서술어가 동작동사일 때, 그리고 사실적 표현에 한해서만 '방법'이라는 의미로 해석이 가능한 것이다. 말하자면 한 인물이 자신의 행위의 결과, 미래 상황에 대해 확신하고 있고 그것을 화자가 기정사실로 인정한다면 그 인물이 그 상태를 이끌어 낼 방법을 가지고 있다는 뜻으로 쉽게 이해될 수 있는 것이다(윤용선 1989:101). 따라서 '방법'의 의미를 나타낼 때는 이미 일어났거나 일어나고 있는 상황에 대한 미래의 방법이라는 의미가 내포되어 있으므로 '-ㄹ' 관형사형 어미만을 취하게 되는 것이다.

3.2.4. '해'류 의존명사

'해'류 의존명사는 선행성분으로 명사구만을 취함으로써 접사 또는 조사와 유사성을 보이는 것들로 '해, 게, 만 '이 여기에 속하는데, '해'와 '게'는 선행성분으로 속격형이 올 수 있는 반면, '만'은 속격형이 올 수 없다는 점에서 차이가 있다. (40)은 '해', (41)은 '게' 그리고 (42)는 '만 '의 예들이다.

(40) ㄱ. 이렇게 볕드는 방이 아내 <u>해이요</u> 볕 안 드는 방이 내 <u>해이요.</u>
     ㄴ. 우리 <u>해는</u> 어느 것일까?
(41) 우리네 <u>게에서는</u> 호두가 많이 난다.

(40)의 '해'는 주로 '내, 네, 뉘, 우리' 등 속격 조사와 대명사가 융합된 형식과 결합하여 '소유물'의 의미를 나타내는 의존명사이며, (41)의 '게'

는 '우리, 자네, 너희'나 '-네'가 붙은 단어와 결합하여 '장소/곳'의 의미를 나타내는 의존명사이다. '해'와 달리 '게'는 한 개인이 소속되거나 살고 있는 장소를 의미하므로 단수형인 '내, 네'와는 결합하지 못하고 항상 복수형하고만 결합하는데, 중세어의 '그에' 또는 '게'에 맥이 닿아 있는 것으로 보인다. 안주호(1997:221)에서는 '해'의 경우 '내, 제' 등 특정한 요소 뒤에서만 쓰이므로 접미사화하는 과정 중에 있는 것으로 설명하고 있다. 그러나 '해'나 '게'의 선행성분인 '우리'나 '우리네' 등은 어기라기보다는 관형어로 볼 수 밖에 없으므로 접사로 처리하는 것은 타당하지 않다. 이 둘의 경우는 말뭉치 자료에도 그 용례를 찾을 수 없어 현대국어에서는 더 이상 생산적으로 쓰이지 못한다고 할 수 있는데, 접미사화하는 과정에 있는 것이 아니라 폐어화한 의존명사들이라고 생각된다.

(42) ㄱ. 그 칼럼을 시작한 지 4년 <u>만에야</u> 실비아 포터가 여자임을 밝혔다고 한다. 〈155M-185.TXT〉
　　　ㄴ. 얼마 <u>만인가</u>!
　　　ㄷ. <u>오랜만의</u> 재회였다. 〈125M-118.TXT〉

'만'은 2.2.2.2 항에서 보았듯이 선행성분과의 사이에 조사가 개재될 수 없으며, 시간을 나타내는 명사가 선행어로 와야 한다는 제약이 있어서 접미사로 볼 가능성도 가지고 있는 의존명사이다. 그러나, (42ㄱ)에서 볼 수 있듯이 '만'에 선행하는 성분은 명사가 아니라 명사구이며, (42ㄷ)의 관용구 '오랜만에'는 '오랜(관형사)+만(의존명사)+에(조사)' 또는 '오래(형용사)+ㄴ(관형형 어미)+만(의존명사)+에(조사)'로 분석이 되는 것으로 '만'이 관형어와 결합하고 있음을 보여 준다. 따라서 '만'은 의존명사로 처리할 수 있겠는데, '만'은 선행성분으로 시간을 나타내는 명사구를 취하며, 주로 처격조사 '에'나 계사와 결합하여 '시간의 경과'라는 의미를 나타내고 있다.

3.2.5. 마무리

　지금까지 대상성 의존명사의 문법적 특성과 그 용법에 대해서 살펴 보았다. 대상성 의존명사는 선행 성분으로 관형어를 필수적으로 요구하고, 대부분의 격조사와 통합이 가능하여 문장에서 여러 가지 성분으로 쓰일 수 있으며, 자립명사가 가진 대상성과 지시성을 갖고 있다는 공통점이 있다. 대상성이란 인식의 대상이 되는 세계를 실체화한 것이다.

　대상성 의존명사는 선행 성분의 성격이나 후행 성분의 성격에 따라 '것'류 의존명사, '쪽'류 의존명사, '나위'류 의존명사, '해'류 의존명사로 나눌 수 있다. '것'류 의존명사는 관계절의 핵이 될 수 있으며, 대체로 격조사와의 통합에 제약이 없는 것으로 이에는 '것, 분, 손, 이, 자, 치, 데, 바'가 속하며, '쪽'류 의존명사는 선행 성분으로 명사구와 관형사절을 취할 수 있으나 관계절 구성을 이루지 않으며 특정한 상위문 서술어와의 제약이 없는 것으로 이에는 '쪽, 짝, 따위, 법, 적, 동안, 축, 무렵, 즈음, 녘'이 속한다. '나위'류 의존명사는 선행 성분으로 관형사절만을 취하며 특정한 상위문 서술어와의 공기 제약을 가지는 것으로 이에는 '나위, 수, 리, 줄, 지'가 속하며, '해'류 의존명사는 선행성분으로 명사구만을 취하는 것들로 '해, 게, 만'이 해당된다.

　앞에서 살펴 본 대상성 의존명사의 기능과 의미를 통해서 볼 때, 이들 의존명사가 가지는 대상성은 크게 사람 지시, 사물 지시, 시간 지시, 공간 위치 지시, 상태 지시의 대상성으로 나눌 수 있는데, 대상성 의존명사의 기본적인 의미 기능은 바로 이러한 '사람, 사물, 시간, 공간, 상태'를 대용적으로 지시하는 것이다. 또한 대상성 의존명사 중 일부는 통사적 환경에 따라 명제에 대한 화자나 주어의 심리적 태도나 다양한 문맥 상황을 나타내는 양태적인 의미를 표현하기도 한다.

　대상성 의존명사가 통사적 환경에서 받게 되는 제약의 정도는 일반적으로 '사람, 사물 〈 시간, 공간 〈 상태'의 순서로 나타낼 수 있다. 즉, 의미 기능에 있어서 대상성과 지시성이 강할수록 통사적 환경에서의 제약은 약한 반면 대상적, 지시적인 의미보다 추상적인 의미를 나타낼수록 제약은 심해지는 것으로 보인다. 이처럼 의존명사가 가지는 의미 기능과 그것이 나타날 수 있는 통사적 환경은 밀접한 관련성을 가지고 있다.

대상성 의존명사가 대용하고 있는 의미와 특정한 통사적 환경에서 나타나는 양태적인 의미를 정리하면 다음과 같다.

(43) 대상성 의존명사의 의미 기능
　　① 대용 기능
　　　ㄱ. 사람 대용: 분, 손, 이, 자, 치, 축
　　　ㄴ. 사물 대용: 것, 따위, 해
　　　ㄷ. 시간 대용: 적, 동안, 무렵, 즈음, 녘, 지, 만
　　　ㄹ. 공간 대용: 데, 쪽, 짝, 게
　　　ㅁ. 상태 대용: 바, 법, 폭, 수, 리, 줄, 나위
　　② 양태 기능
　　　ㄱ. 강조, 단정: -는 것이다
　　　ㄴ. 완곡: -는 바이다
　　　ㄷ. 유사함: -는 폭이다
　　　ㄹ. 당위: -는 법이다

3.3. 서술성 의존명사

서술성 의존명사는 주로 계사 '이다'와 결합하여 서술어로 기능하는 것으로 이들은 주로 화자의 명제 내용에 대한 진술 태도를 나타내는 양태 의미를 덧붙여 주는 기능을 한다.

의존명사와 '이다'가 결합된 구성인 '뿐이다, 따름이다' 등을 보조 용언으로 처리한 논의도 있는데, 이들을 보조 용언으로 처리하면 보통의 보조 용언이 보문소로 '-아, -게, -지, -고'를 취하며 관형절에 후행할 수 없는데 반해서 이들은 관형사절 뒤에서 관형사형 어미에 후행하여 나타나는 차이를 체계적으로 설명하기가 어렵게 된다. 이들을 보조 용언이 아니라 본용언이라고 본다면 이들의 주어를 설정해야 하는 문제가 생긴다. 남기

심(1991:81)에서는 이러한 구성을 명사서술어로 보고 명사서술어로 이루어진 명사문은 모두 주어가 없는 무주어문이라고 설명하였으며, 임홍빈(1985)에서는 이처럼 서술어의 성격에 의해 그 주어의 내용이 확인, 암시될 수 있는 경우 "상황은 내가 웃을 따름이다"처럼 '상황은'을 주어로 설정할 수 있다고 설명하고 있다. 그러나 상위문과 하위문을 분리시키면 "*상황은 따름이다"처럼 '따름이다'가 독립적인 서술어가 될 수 없으므로 '상황공범주'로 설명하는 것도 무리가 있다고 하겠다.

이들 구성에 대해서는 안주호(1997)에서의 설명이 주목되는데 안주호(1997:102)에서는 '-ㄹ 따름이다'처럼 관형사형 어미와 의존명사 그리고 상위문 서술어가 결합된 구성을 하나로 묶어 양태 의미의 접어 구성으로 설명하고 있다.54) 이들 구성은 아직 완전히 어미로 문법화되지는 않았지만 문법소로 되기 전단계인 양태 의미를 부가시켜 주는 접어 구성으로, 표면적으로는 통사적 구성이지만 유사한 구조와 일치시키려고 하는 언중들의 의도로 인하여 형태적으로 인식되는 구조라는 것이다. 이러한 구성으로는 '이다'와 결합되는 구성 외에 '하다, 싶다' 등과 결합되는 구성도 들고 있다. 이처럼 서로 이웃하는 내포문 명사와 상위문 서술어 사이에 긴밀한 통합관계가 이루어져 그 결과 통사론적인 구성이던 것이 점차 형태론적인 구성으로 인식되는 과정을 통해 하나의 단일한 문법형태소로 전환되어 가는 과정은 국어사에서 수많은 활용어미나 조사의 발달 과정과 그 궤를 같이 하는 것이라고 하겠다. 어휘소가 문법소의 기능을 하는 것으로 변하는 경우 어휘소일 경우에 가지지 않았던 여러 가지 통사적인

---

54) 접어는 구나 절 등 단어보다 큰 단위와 관계를 맺음으로써 통사적으로는 단어이지만 다른 완전한 단어에 기대어서만 쓰일 수 있기 때문에 형태적으로는 단어의 자격을 부여받지 못하는 형태소를 말한다(Spencer 1991, Anderson 1992). 언어단위는 '형태소(접사/어근) 〈 접어 〈 단어 〈 구 〈 문장'으로 위계화할 수 있는데, 결국 접어는 자립적 어휘소에서 문법소로 넘어 가는 중간 단계의 것을 뜻하는 것이다. 의존명사 중 '이다'나 '하다' 등 특정한 서술어와 결합하여서만 기능하는 것들을 접어로 설정하게 되면 '의존명사+후행 서술어' 구성, 즉 문법화가 완성되지는 않았지만 문법화의 과정 중에 있는 것도 단어보다 크지만 구보다는 작은 단위로서 언어 단위의 위계구조에 포함됨으로써 문법 논의의 전면에 수용될 수 있을 것이다.

제약이 생기는데, 안주호(1997:103-104)에서는 의존명사와 '이다, 하다, 싶다'가 결합된 접어 구성의 경우 그 구성 전체가 하나의 단위로 기능하며 다음과 같은 특징을 나타낸다고 설명하고 있다. 첫째, 형태·통사적 단계의 것이므로 형태가 고정되어 있어서 자유롭게 활용할 수 없고, 반드시 머리어와 결합해서 의존적으로만 쓰인다. 그리고 구성 전체는 문법적 기능을 하지만, 완전한 형태적 구성은 아니기 때문에 의존명사로서의 특성도 아울러 가지고 있다. 둘째, 완전히 문법화한 형태에 비해서는 많지 않지만, 일반적으로 주어 인칭 제약이나, 종결어미의 제약 그리고 시제법, 높임법의 형태가 위치할 수 있는 자리 등에 대한 제약과 같은 여러 가지 통사적인 제약들 중 일부의 제약을 받게 된다. 셋째, 의미의 확충이 한층 진전되어 원의에서 벗어나 추상적인 경향을 띠게 된다. 그러나 이들 서술어와 결합하는 의존명사가 모두 이러한 특징을 보이는 것은 아니며, 그 정도에 있어서 구성마다의 차이를 보인다고 하겠다.

'뿐', '따름', '터', '참', '나름', '때문'이 서술성 의존명사에 속하는데, '나름'과 '때문'은 선행 성분으로 관형절 외에 명사도 취한다는 점에서 나머지 서술성 의존명사와 차이를 가진다. 이들에 대해서 하나씩 살펴보도록 하겠다.

3.3.1. '뿐'류 의존명사

    (44) ㄱ. 양심이니 하는 따위는 배부른 자들의 잠꼬대일 <u>뿐이다.</u>
          〈007K-017.TXT〉
       ㄴ. 겨우 흉내를 낼 <u>뿐이다.</u> 〈013K-043.TXY〉
       ㄷ. 요 며칠 흐렸을 <u>뿐예요.</u> 〈048K-150.TXT〉
       ㄹ. 신원보증 해달라고 부탁만 하였을 뿐 다른 말은 없었습니다.
          〈006K-015.TXT〉

    (44)의 '뿐'은 앞에서 살펴보았듯이 조사와 의존명사의 품사통용어로 선행 성분이 명사나 대명사가 올 경우에는 조사로, 관형사절이 올 경우에

는 의존명사로 처리되는 형태이다. 여기서도 알 수 있듯이 '뿐'은 관형절만을 취하는 의존명사로, 관형사형 어미로는 '-ㄹ'만이 선행하며 상위문 서술어 '이다'나 '아니다'와 통합된 형태로 나타나는데, '아니다' 서술어를 취할 경우에는 보통 'A 뿐만 아니라 B(이)기도 하다'라는 관용적인 표현으로 많이 쓰인다. 내포문 서술어에는 제약이 없어서 (44ㄱ-ㄷ)처럼 계사, 동작동사, 상태동사 모두가 올 수 있다. (44ㄹ)은 '뿐'이 부사절을 이끄는 부사적인 기능을 하는 예이다.

'뿐'은 '유일함'의 의미를 나타내는데, '이다'와 결합하게 되면 '유일함'의 의미에 '단정, 제한'의 양태적인 의미가 덧붙여진다. 이 '-ㄹ 뿐이다' 구성을 과거시제로 바꿀 경우 "*흉내를 낸 뿐이다"로 바뀌는 것이 아니라 "흉내를 내었을 뿐이다."처럼 선어말어미 '-었-'이 이들 구성 앞에 오는데, 이로 볼 때 이 구성은 하나의 단일한 구성처럼 기능하고 있음을 알 수 있다.

'-ㄹ 뿐이다' 구성은 '단정, 제한'의 양태적인 의미를 나타내므로 다음의 (45ㄱ)에서 보듯이 추측 또는 미래시제적인 의미를 가지고 있는 선어말어미 '-겠-'의 통합에는 제약을 받는다. 또한 이런 '단정, 제한'의 의미로 하여 다음의 (45ㄴ)처럼 청유형과 명령형으로는 쓰일 수가 없다.

(45) ㄱ. 흉내를 {낼 뿐이었다/냈을 뿐이다/*낼 뿐이겠다/낼 뿐이더라}.
    ㄴ. *흉내를 낼 뿐이자!/*흉내를 낼 뿐이라!

이 '-ㄹ 뿐이다'는 '-ㄹ 따름이다'와 의미가 유사하다. 다음은 '따름'의 예들이다.

(46) ㄱ. 여러분들에게도 크게 짚이는 데가 있길 바랄 따름이다.
    ⟨120M-108.TXT⟩
    ㄴ. 다른 동지들을 생각하면 송구스러울 따름이다.
    ⟨083M-030.TXT⟩
    ㄷ. 아무 것도 모르는 사람의 잠꼬대일 따름이다.
    ⟨120M-108.TXT⟩

(46)의 '따름'은 선행성분으로 명사구는 취하지 못하고 관형사절만을 취하는 의존명사로, '-ㄹ' 관형사형 어미에만 결합하고 상위문 서술어로는 '이다'만이 쓰인다. 내포문 서술어에 대한 제약은 없어서 (46ㄱ)의 동작동사나 (46ㄴ)의 상태동사 그리고 (46ㄷ)의 계사가 모두 올 수 있다.

(46)의 예들을 다음의 (46′)와 같이 바꾸어도 그 명제 내용은 동일한데, 이로 볼 때 '-ㄹ 따름이다'도 '-ㄹ 뿐이다'와 마찬가지로 그 명제 내용이 유일함을 강조하는 양태적인 의미를 나타내고 있음을 알 수 있다.

(46′) ㄱ. 여러분들에게도 크게 짚이는 데가 있길 바란다.
　　　ㄴ. 다른 동지들을 생각하면 송구스럽다.
　　　ㄷ. 아무 것도 모르는 사람의 잠꼬대이다.

이처럼 '-ㄹ 따름이다'는 '어떤 행위의 유일함'이라는 배타적이고 제한적인 의미를 나타내므로 '단지'나 '다만'과 같은 부사와 자연스럽게 호응하는데, 이러한 배타성, 제한성은 화자의 판단에 의해 부가되는 의미이기 때문에 과거나 현재의 사실을 나타낼 때는 쓰일 수 있으나 미래의 일에 대해서는 쓰이지 못한다. 따라서 다음 (47)에서 보듯이 선어말어미 '-었-, -더-'는 결합이 가능하지만 '-겠-'은 결합하지 못한다.

(47) ㄱ. 송구스러울 <u>따름이었다.</u>
　　　ㄴ. 송구스러울 <u>따름이더라.</u>
　　　ㄷ. *송구스러울 <u>따름이겠다.</u>

또한 배타성의 정도에 대해서는 화자가 주관적으로 추정하여 판단할 수밖에 없으므로 다른 관형사형 어미에는 결합하지 못하고 추정의 관형사형 어미 '-ㄹ'에만 결합하는 것이다.

다음은 '터'의 예들이다.

(48) ㄱ. 그들은 3년 넘게 동거상태로 살아오고 있는 <u>터였다.</u>
　　　〈007K-017.TXT〉

ㄴ. 이제는 아끼지 않고 동편으로 때릴 <u>터이니</u> 달아나지 말고 사로
　　잡히는 것이 어떠냐? 〈030K-110.TXT〉
ㄷ. 식수도 모자랄 <u>터라</u> 세수, 양치질은 생각도 못하다가, 논성 5일
　　째 쏟아진 비를 맨몸으로....〈050K-152.TXT〉
ㄹ. 염불에 송불에 수양도 급한 <u>터에</u> 그 되알진 욕지거리하며 여차
　　직하면 몽둥이부터 들고 보는 노스님이.....〈152M-177.TXT〉
ㅁ. 내가 예쁠 <u>텐데</u>, 그가 싫다고 한다.

'터'는 관형사절에만 연결되는 의존명사로, (48ㄱ, ㄴ, ㄷ)에서 보듯이
선행하는 관형사형 어미는 제약을 가지지 않으며 내포문 서술어에도 특
별한 제약이 없다. '터'에는 주로 '이다'와 결합하여 '주관적인 상황'이라는
양태적인 의미를 나타내는데, (48ㄱ)을 (48ㄱ')처럼 바꾸어 보면 '-는
터이다'가 표현하고 있는 의미를 짐작할 수 있다.

(48ㄱ') 그들은 3년 넘게 동거상태로 살아오고 있다.

'-는 터이다'가 없는 (48ㄱ')의 문장이 상황에 대한 중립적인 서술임에
반해 '-는 터이다'가 연결된 경우는 화자가 판단한 주관적인 상황이라는
의미가 추가되는 것을 알 수 있다.
'-ㄹ 터이다'는 보통 '예상되는 상황'의 의미를 나타내는데, 특히 (48
ㄴ)처럼 1인칭 화자가 주어일 경우에는 '화자의 의지, 작정'의 의미를 가
지게 되며 (48ㅁ)처럼 '-ㄹ 테-'의 형태로 교체되어 나타나기도 한다. 안
주호(1997:244)에서는 '상황이나 예정'을 표시해 주던 '-ㄹ 터이-'가 1
인칭에 쓰일 경우에 한해서 화자의 '의지'를 표시해 주는 선어말어미로 문
법화되었다고 보고 그 증거로 문법소로 전환됨으로써만 가지게 되는 여
러 가지 통사적인 제약들을 제시하고 있다. 먼저 그 제약들을 살펴 보면
첫째, '-ㄹ 테-'가 종결부에 쓰일 경우 (49)와 같은 주어 인칭 제약이 나
타난다는 것이다.

(49) ㄱ. 나는/그는 내일 엘에이로 출장을 갈 <u>터이다</u>.

ㄴ. 나는/*그는 내일 엘에이로 출장을 <u>갈테다.</u>

둘째, 다음 (50)과 같이 1인칭 주어라도 '의지의 여하에 상관없이 결과가 생기는 것' 즉, 상태동사일 경우에는 '-ㄹ 테-'로 형태소화하지 않는다는 것이다.

(50) 나는 베이지 색 옷을 입으면 더 <u>{예쁠 터이다/*예쁠테다}.</u>

그러나 이처럼 '-ㄹ 테-'가 '화자의 의지'를 표현하는 선어말어미로 문법화된 것이라고 보는 주장에는 문제점이 있다. 먼저 의미를 보면, 1인칭 화자가 주어가 될 경우 '앞으로 일어날 상황이나 예정'의 의미에서 '화자의 의지'라는 의미가 도출되는 것은 자연스러운 일인 것으로, '-ㄹ 터이'가 '-ㄹ 테-'로 교체되는 현상 역시 다음 예문 (48)에서 보듯이 1인칭 화자가 주어일 경우에만 국한되는 것은 아니다.

(51) 지금쯤은 작은 녀석도 대학생이 되었을 <u>테니,</u> 이 아비를 이해할 수 있을꺼야.

(51)에서는 1인칭 화자가 주어가 아니어도 '-ㄹ 테-'로 교체된 형태가 쓰이는데, 이 경우 그 의미는 '화자의 의지'가 아니라 화자가 추측하는 '상황'이라는 의미로 해석되므로 '-ㄹ 테-'가 '화자의 의지'를 표현하는 선어말어미라는 설명에 대한 반증이 된다. 또한 (52)에서 보듯이 종결부에서 1인칭 주어가 아닐 경우에도 '-ㄹ 테-' 형태가 쓰일 수 있는데, 이 때에도 그 의미는 '화자의 의지'가 아니라 '추측되는 상황'의 의미이다.

(52) 지금쯤이면 그 녀석 아마 종로쯤에 가 있을 <u>테다.</u>

1인칭 주어라도 '의지의 여하에 상관없이 결과가 생기는 상태동사'의 경우에는 '-ㄹ테-'가 쓰일 수 없다고 하였으나 "나는 베이지 색 옷을 입으면 더 예쁠 텐데."처럼 내포문 동사가 상태동사일 때에도 '-ㄹ 테-'는 쓰일 수 있으며, 이 때에도 역시 '추측되는 상황'의 의미로 해석된다. 따라서 동일하게 '-ㄹ 테-'의 형태로 나타나는 것 중에서 1인칭 화자가 주어일 경우에 나타나는 '-ㄹ 테-'만을 선어말어미로 처리하는 것은 문제가 있다. 관형사형 어미 '-ㄹ' 뒤에서만 '터이'가 '테'로 교체된다는 점은 다르지만 이러한 양상은 '것이'가 '거'로 교체되는 현상과 동일하게 스타일(구어체)에 따른 교체로 생각된다. '테'는 '터이'가 '테'로 교체하는 환경을 명시할 수 없으며, 그 교체되는 과정 역시 공시적인 음운 규칙에 의해 설명할 수 없기 때문에 음운론적으로 어휘화된 것으로 볼 수 있다(임동훈 1991: 41).

(48ㄷ)은 연결어미 '-이라'가 통합된 경우인데, 이 때에는 관형형 어미 '-ㄹ' 뒤에서도 '테'로 교체하지 않는다. '-ㄹ 테-'에는 대부분의 연결어미가 통합할 수 있지만 '대립'의 기능을 하는 '-이나'와 '이유'의 '-으므로, -이라'는 '-ㄹ테이-'에만 톤합할 수 있다. 동일한 기능을 하지만 문어체에 주로 쓰이는 '-이나, -이므로, -이라'와 달리 구어체에 주로 쓰이는 '-지만'이나 '-으니까'의 경우는 '-ㄹ 테-'와의 통합에 제약을 받지 않는다. 이러한 사실 역시 '-ㄹ 테-'가 스타일(구어체)에 의해 교체되어 쓰이는 양상과 무관하지 않은 것으로 생각된다.

(48ㄹ)은 '터'가 처격조사 '에'와 결합하여 부사어의 기능을 하는 것으로 그 의미는 동일하게 '처지, 상황'으로 해석되며, 이 때에는 관형사형 어미 '-ㄴ/는-'이 선행하고 '-ㄹ'이 선행하지 못한다. 임동훈(1991)에서는 '에'가 결합하여 부사어로 쓰이는 '터'를 '이다'가 결합하는 '터'와 별개의 것으로 보아 '터¹'과 '터²'로 처리하고 있다.[55] 그러나 이 둘은 모두 자립명사 '터'에서 기인한 것으로 형태나 의미에 있어서 동일하므로 하나의 의존명사로 처리하는 것이 타당할 것이다. 말뭉치 자료를 보면 전부 194개의 용례 중에서 처격조사 '에'가 결합하여 부사어의 기능을 하는 경

---

55) 임동훈(1991)에서는 '터¹'은 '상황'이나 '처지'의 뜻을 나타내며 처격조사 '에'와 결합하여 부사어의 기능을 하는 것으로 보아 부사성 의존명사에 소속시키고 있으며, '터²'는 '작정'이나 '형편'의 뜻을 나타내며 '이다'와 결합하여 서술어의 직능을 발휘하는 것으로 보아 서술성 의존명사에 소속시키고 있다.

우는 13개에 불과한데, 이로 볼 때 '터'는 주로 '이다'가 결합하여 쓰이는 것으로 볼 수 있다.

다음의 (53)은 '참'의 예들이다.

(53) ㄱ. 처, 자식 넷이 둥글상 주위에 올망졸망 둘러앉아 시래기죽을 맛 있게 먹고 있던 <u>참이었다.</u> 〈012K-035.TXT〉
　　 ㄴ. 순영은 궁금하기도 했고 기왕에 잠을 깬 <u>참이라</u> 자리에서 일어 났다. 〈016K-057.TXT〉
　　 ㄷ. 혹시나 하는 생각에서 모스 부호로 신호해보는 참이었다. 〈033K-114.TXT〉
　　 ㄹ. 귀인이 누구냐고 반문할 <u>참이었다.</u> 〈041K-134.TXT〉
　　 ㅁ. 이 <u>참에도</u> 슬그머니 벗어든 코트를 자연스레 민희의 무릎 위에 얹었다. 〈048K-150.TXT〉
　　 ㅂ. 뒤숭숭한 세상을 피해 시골로 돌아가려던 <u>참에</u> 아들이라…… 〈157M-190.TXT〉
　　 ㅅ. 전상희는 유상운을 번화가에서 2차까지 또랑또랑하게 꼬박꼬 박 대접하고는 헤어질 <u>참에</u> 전화번호를 적어 손에 쥐어주며 눈을 찡긋하였다. 〈050K-152.TXT〉

'참'은 지시관형사와 관형사절을 선행 성분으로 취하는 의존명사인데, 관형사형 어미와의 통합에는 제약이 없어 (53ㄱ-ㄹ)에서 보듯이 '-ㄴ, -는, -ㄹ' 모두에 결합이 가능하다. 그러나 내포문 서술어에는 제약이 있어 동작 동사만이 올 수 있으며, 상위문 서술어로는 주로 '이다'가 결합한다.

'참'은 '터'와 유사하게 '상황'의 의미를 가지는데, '터'보다는 시간적인 의미가 강하여 '시간적으로 맞아떨어진 상황'의 의미를 나타낸다. (53ㄱ, ㄴ)은 관형사형 어미 '-ㄴ'과 결합한 경우로 '마침 그때 … 하다'라는 의미로 해석되며, (53ㄷ)은 관형사형 어미 '-는'에 결합한 경우로 '어떤 상태 가 시간적으로 지속되고 있음'과 같이 '진행'의 의미가 나타난다. (53ㄹ) 처럼 관형사형 어미 '-ㄹ'에 결합하게 되면 '예정되는 상황'의 의미를 나타 냄으로써 '화자의 의지, 의도'와 같은 양태적인 의미가 표현된다.

(53ㅁ-ㅅ)은 '참'이 처격조사 '에'와 결합하여 부사어로 기능하는 것으로, 이 때에도 관형사형 어미와의 통합에는 제약이 없다. (53ㅂ)처럼 관형사형 어미 '-ㄴ'이나 '-는'과 결합했을 때는 "뒤숭숭한 세상을 피해 시골로 돌아가려는데 ……"처럼 동시의 연결어미로 바꾸어도 의미에 손상이 없는데, 이로 볼 때 표현되는 의미는 '동시적인 시간대'라는 것을 알 수 있다. (53ㅅ)처럼 '-ㄹ'에 결합했을 경우에는 '예정되는 상황'의 의미를 가지는데, 안주호(1997:180)에 의하면 '-ㄹ 참에'는 '장차 화자의 의도'를 뜻하는 것으로 이 경우 다음 (54ㄱ´, ㄴ´)의 예처럼 의도를 나타내는 연결어미 '-려고'로 대치해도 의미는 동일하다고 설명하고 있다.

(54) ㄱ. 두어 짐을 져내고 쉴 <u>참에</u> 그 닭을 안고 밖으로 나왔다.
ㄱ´. 두어 짐을 져내고 <u>쉬려고</u> 그 닭을 안고 밖으로 나왔다.
ㄴ. 아침을 뜰 <u>참에</u> 신문의 제목에 눈이 갔다.
ㄴ´. 아침을 <u>뜨려고</u> 신문의 제목에 눈이 갔다.

그러나 (54ㄱ, ㄴ)에 '화자의 의도'라는 의미가 내포되어 있는 것은 사실이나 이는 예정되는 상황이라는 의미에서 자연히 유도되는 의미에 불과한 것으로 이보다는 '예정되는 상황에 맞아 떨어지는 시간에'라는 의미가 더 강한 것으로 생각된다. 따라서 (54ㄱ, ㄴ)과 (54ㄱ´, ㄴ´)의 의미를 동일한 것으로 볼 수는 없다.

말뭉치 자료를 보면 전부 23개의 용례 중 처격조사가 결합되어 쓰이는 경우는 4개에 불과한데, 이로 볼 때 '참'은 대부분 '이다'가 결합되어 쓰임을 알 수 있다.

(55) ㄱ. 같은 태백산이라도 멀고 가깝긴 산 <u>나름입지요.</u> 〈053K-156.TXT〉
ㄴ. 행복한지 불행한지는 생각할 <u>나름이다.</u>
ㄷ. 성적이 좋고 안 좋고는 공부하기 <u>나름에</u> 달려 있다.
ㄹ. 예쁘고 밉고는 생각하기 <u>나름이다.</u>
ㅁ. 제 <u>나름으로는</u> 열심히 한다고 하는데 신통치가 못하다.
ㅂ. 제 <u>나름대로는</u> 열심히 일했다.

  (55)의 '나름'은 선행성분으로 명사와 관형사절을 취하는 의존명사로, 관형사절이 올 경우에는 (55ㄴ)처럼 관형사형 어미 '-ㄹ'과 결합된 형태나 아니면 (55ㄹ)처럼 '명사＋하다'형 서술어가 명사형 어미 '-기'와 결합하여 명사화한 형태와 통합된 형태로 나타난다. 내포문의 서술어로는 동작동사만이 가능하며, 상위문 서술어로는 '달리-'나 '이다'가 올 수 있는데 '달리-'는 '-하기 나름에 달렸다'와 같은 구성으로만 나타나는 것이며 대부분은 '이다'가 결합한 형태로 나타난다.

  '나름'의 단독적인 의미는 '정도'쯤으로 생각되는데, '나름'과 '이다'가 결합된 구성인 '-ㄹ 나름이다' 혹은 '-기 나름이다' 구성은 명제에 어떤 양태적인 의미를 더해 주는 것으로 생각된다. 즉, '어떤 일이나 상태의 정도에 따라 내포문의 내용이 결정됨'이라는 의미에 '그것이 보편적이고 일반적인 사실'이라는 '당위'의 양태적인 의미를 더하여 주는 것으로 생각된다.

  (55ㄴ') *행복한지 불행한지는 생각할 <u>나름이</u> 아니다.
  (56) ㄱ. 네가 할 <u>나름이다.</u>
        ㄱ'. 네가 했을 <u>나름이다.</u>

  (55ㄴ')는 (55ㄴ)의 문장을 부정문으로 바꾼 것인데 이처럼 부정문으로 바꾸면 비문이 된다. 또한 (56)의 예를 보면 '-ㄹ 나름이다'로 구성된 문장을 과거로 바꿀 경우 "*네가 한 나름이다"처럼 관형사형 어미 '-ㄴ'이 오는 것이 아니라 관형사형 어미 '-ㄹ' 앞에 선어말어미 '-었-'이 오는데, 이로 미루어 볼 때 '-ㄹ 나름이다' 구성이 마치 단일한 형태론적 구성처럼 기능하고 있음을 짐작할 수 있다.

  (55ㅁ)은 대명사와 결합한 예인데, '나름'은 보통 속격조사가 융합된 형태의 대명사와 결합하며, 주로 '대명사의 속격형＋나름＋의'의 구성으로 나타난다. 후행 조사로는 (55ㄷ)처럼 처격 '에'나 (55ㅁ)처럼 구격 '-으로'가 올 수 있는데, 앞에서 언급했듯이 '-에'는 서술어 '달리-'와 관련되어 나타나는 것으로 '-하기 나름에 달렸다.'라는 관용구성으로 쓰이는 것으로 보인다. 또한 (55ㅂ)에 나타나는 '나름대로'는 '나름'과 의존명사

'대로'가 결합된 형태로 '나름대로' 역시 관용구를 이루어 쓰이는 것으로
생각되는데, '나름대로, 나름대로는, 나름대로의' 의 구성으로 나타난다.
  말뭉치 자료를 보면 전부 93개의 용례 중 '나름이다' 구성으로 나타난
경우는 3개에 불과하며 3개 모두 명사를 선행성분으로 취한 경우이다.
나머지 90개 중 71개는 '대명사의 속격형+나름대로(의)'의 구성이며 19
개는 '{대명사/명사}+나름(의)'의 구성이다. 이로 볼 때, 의존명사 '나름'
은 '대명사의 속격형+나름대로'라는 관용구의 형태로 편중되어 쓰이고
있음을 알 수 있다.
  다음은 '때문'의 예들이다.

(57) ㄱ. 비상계엄령하라고 하지만 그 <u>때문에</u> 술들을 더 마시는 것 같았다.
        〈007K-017.TXT〉
     ㄴ. 계엄군들의 두눈은 검게 그을린 얼굴 <u>때문인지</u> 유난히도 반짝이
        고 있었다. 〈007K-017.TXT〉
     ㄷ. 생각을 좁게 하기 <u>때문에</u> 고민이 따르는 것입니다.
        〈014K-044.TXT〉
     ㄹ. 가장 솔직하고도 직접적인 이유는 즐겁기 <u>때문이다.</u>
        〈022K-085.TXT〉
     ㅁ. 유럽 사회민주주의의 러시아 토양에서의 변형이었다. <u>때문에</u> 볼
        셰비즘이 청년대중, 특히..... 〈027K-104.TXT〉
     ㅂ. 아버님의 저기압은 비가 온 <u>때문만도</u> 아니었다.

  '때문'은 선행 성분으로 관형사, 명사, 관형사절을 취하는 의존명사로
주로 '-기' 명사절과 결합한다는 특징을 지닌다. 후행하는 조사로는 주격
조사 '이'와 처격조사 '에' 그리고 특수조사 등이 올 수 있지만 실제의 쓰
임에 있어서는 주로 처격조사 '에'가 결합하여 나타나는 것으로 보인다.
말뭉치 자료를 보면 전부 2402개의 용례 중에서 '에' 이외의 다른 조사와
결합된 경우는 하나도 나타나지 않는다.
  '때문'은 '원인'의 의미를 나타내는데, '원인, 이유'의 의미는 그 내용이
되는 보문이 항상 존재하는 '사실'이어야 한다는 전제를 가지고 있기 때문

에 관형사형 어미로는 '-ㄴ'만이 올 수 있다. '때문'은 관형사절을 선행 성
분으로 취할 수 있지만 실제의 쓰임에 있어서는 주로 '-기' 명사절에 결합
하여 나타나는 것으로 보인다.56) 말뭉치 자료를 보면 관형사절과 결합한
경우는 한 예도 나타나지 않는다. 원인의 의미를 나타내는 '때문'의 보문
으로는 '사실'의 내용만이 올 수 있음을 통해서도 알 수 있듯이 '-기'는
〔+사실〕의 의미자질을 가지고 있는 어미이다. "네가 미인이기에 나는 즐
겁다."와 같은 예문에서 원인의 의미를 가지는 '에'가 결합될 수 있는 것
은 어미 '-기'에 의해 '사실'의 뜻이 표현되었기 때문이다. 따라서 '-기' 명
사절과 결합할 경우에는 "네가 공부하겠기에 나는 즐겁다."처럼 추정을
표시하는 '-겠-'이 쓰여도 비문이 되지 않는다.

'때문'은 (57ㅁ)처럼 '에'와 함께 간혹 한 문장의 첫머리에 홀로 쓰이는
경우가 있다. 그러나 이 경우도 사실은 그 바로 앞에 어떤 상태나 동작의
원인이 되는 문장이 있는 경우로서, 같은 말의 반복을 피하기 위하여 선
행 성분을 생략했을 뿐이지 독립적으로 쓰인 것은 아니다. '때문'은 (57
ㄱ-ㄷ)처럼 처격조사 '에'와 결합하여 부사어로 기능하기도 하고 (57ㄹ)
처럼 '이다'와 결합하여 서술어로 기능하기도 한다. 말뭉치 자료를 보면
전부 2402개의 용례 중 '에'와 결합하여 쓰이는 경우가 1285개, '이다'와
결합하여 쓰이는 경우가 1117개로 부사어로 쓰이는 경우가 더 많다.

3.3.2. 마무리

앞에서 살펴 보았듯이 서술성 의존명사는 주로 특정한 관형사형 어미
와 결합하고 상위문 서술어 '이다'가 결합된 구성의 형태를 취하여 명제내
용에 대한 화자의 진술태도를 나타내는 양태 의미적인 기능을 하고 있다.
이들 의존명사도 자립명사로서의 지위를 가졌을 때는 자체의 고유한 의

---

56) 임홍빈(1987a:112)에서는 '때문'아 대상역이라는 의미역을 필수적으로 갖는다고 하
   였는데, 이러한 특성이 있어서 '때문'은 관형절보다 '-기' 명사절과 더 자연스럽게 결
   합하는 것으로 보인다.

미자질에 의해 결합 가능한 관형사형 어미를 선택했을 것이지만 차츰 통사적으로 제한된 환경에서만 사용됨으로써 그것이 고정됨에 따라 특정한 형태의 관형사형 어미에만 결합이 가능해지는 중간단계를 거쳐 현재와 같이 고정된 구성의 형태로만 의미기능을 발휘하는 것으로 생각된다. 여기서도 알 수 있듯이 의존명사가 대상적, 지시적인 의미기능을 상실하고 추상화하여 양태적인 의미기능을 발휘하게 될 경우 그 통사적 환경에 있어서의 제약은 심하다.

이들 구성은 아직 완전히 어미로 문법화되지는 않았지만 문법소로 되기 전단계인 양태 의미를 부가시켜 주는 접어 구성이라고 할 수 있는 것으로, 표면적으로는 통사적 구성이지만 유사한 구조와 일치시키려는 언중들의 의도로 인하여 형태적으로 인식되는 구조인 것이다.

서술성 의존명사에는 '뿐, 따름, 터, 참, 나름, 때문'이 속하는데, '뿐, 따름, 터, 참'은 선행 성분으로 관형사절만을 취한다는 점에서 관형사절 외에 명사도 선행 성분으로 취하는 '나름, 때문'과 차이를 가진다. 이들이 표현하는 양태적인 의미를 정리하면 다음과 같다.

> (58) 서술성 의존명사의 의미기능: 양태 기능
>   ㄱ. 단정, 제한: 뿐, 따름
>   ㄴ. 주관적인 상황: 터
>   ㄷ. 시간적으로 맞아떨어지는 상황: 참
>   ㄹ. 정도성과 당위성: 나름
>   ㅁ. 원인: 때문

3.4. 부사성 의존명사

부사성 의존명사는 후행하는 서술어에 대하여 부사어로 기능하는 것으로, 이들은 구격조사나 처격조사와 같은 부사격조사의 통합이 제약을 받는가 아닌가에 따라 '바람'류 의존명사와 '듯'류 의존명사로 나눌 수 있다.

3.4.1. '바람'류 의존명사

'바람'류 의존명사는 부사격조사가 필수적으로 통합되어 부사어로 기능하는 것으로, 이에는 '김, 바람, 통, 차, 섰, 곁'과 '빨'이 속한다. 전자와 후자는 각각 처격조사 '에'와 구격조사 '으로'를 취한다는 점에서 차이를 가진다.

3.4.1.1. 김, 바람, 통, 차, 섰

(59) ㄱ. 그동안 통 들리지 못했었는데 마침 틈이 생겨 들렀던 <u>김에</u> 혼자
　　　　사냥이나 할까 하고 나왔었지. 〈013K-043.TXT〉
　　 ㄴ. 근처를 지나가는 <u>김에</u> 들렀다.
　　 ㄷ. <u>술김에</u> 그만 실례를 했습니다.

(59)의 '김'은 선행 성분으로 지시관형사와 관형사절 그리고 명사를 취하는 의존명사이다. 내포문 서술어와 상위문 서술어로는 동작동사만이 올 수 있는데, 이는 '김'에 '동작성'과 '시간성'의 자질이 들어 있어서 상태동사나 상태성이 강한 계사는 올 수가 없는 것이다. 또한 처격조사 '에'가 결합된 형태로만 나타나는데, 선행절은 후행절에 나타나는 동작이 비롯되는 '추상적인 위치'의 역할을 하기 때문으로 생각된다. '김'은 이처럼 선행절의 내용이 먼저 실행된 후 그 여세에 겸해서 후행절의 내용도 실행된다는 의미를 나타내므로 아직 실현되지 않은 것은 보문으로 나타날 수가 없다. 따라서 (59ㄱ, ㄴ)처럼 관형사형 어미 '-ㄴ, -는, -던'과는 결합이 가능하지만 '-ㄹ'에는 결합하지 않는다.

'-ㄴ, -는 김에'에 의해 이끌리는 선행절에 나타나는 사건은 본사건이고 후행절에 나타나는 사건은 부수되어 일어나는 사건이 되는데, 선행절 사건은 긍정, 부정을 떠나 중립적인 의미를 가지는 사건이기 때문에 후행절의 서법에는 제약을 가지지 않는다. 그러나 선행절과 후행절의 주어는 일치해야 하는데 주어가 다를 경우에는 다음 (60)처럼 비문이 된다.

(60) *그녀가 근처를 지나가는 <u>김에</u> 내가 들렀다.

'-는 김에'가 가지고 있는 '여파, 계제'의 의미에는 '이유'의 의미도 들어 있기 때문에 (59ㄴ′)처럼 이유를 나타내는 어미 '-니까'로 바꾸어도 명제 내용은 달라지지 않는다.

(59ㄴ′) 근처를 지나가니까 들렀다.

다음 (61)은 '바람'의 예들이다.

(61) ㄱ. 그 <u>바람에</u> 아침도 못 먹었습니다. 〈007K-017.TXT〉
　　 ㄴ. 따뜻한 피가 눈으로 흘러드는 <u>바람에</u> 그는 눈을 뜰 수가 없었다.
　　　　 〈007K-017.TXT〉
　　 ㄷ. 언제나 한결같이 상투 <u>바람에</u> 팔다리를 둥둥 걷어올리고.....
　　　　 〈053K-156.TXT〉
　　 ㄹ. 희자는 그가 옷을 벗고 짧은 수영복 <u>바람으로</u> 되자 그의 몸이
　　　　 잘빠진 것에 놀라며..... 〈035K-121.TXT〉
　　 ㅁ. 그는 <u>앉자바람으로</u> 모닥불가생이에 놓여 있는 누구인가의 발을....
　　　　 〈054K-158.TXT〉

'바람'은 지시관형사, 명사 그리고 관형사절을 선행 성분으로 취하며 내포문 서술어나 상위문 서술어와의 통합에는 특별한 제약을 가지지 않는 의존명사이다. 의미는 후행절의 원인이 선행절에 있다는 것을 나타내는데, 이 때 후행절과 선행절의 사건시는 거의 동시적이기 때문에 관형사형 어미로는 '-는'만이 오게된다. (61ㄱ, ㄴ)처럼 선행절 사건이 후행절 사건의 원인이나 계기가 되는 경우에는 처격조사 '에'만 결합하지만, (61 ㄷ, ㄹ)처럼 '옷차림'을 나타내는 특정한 명사 뒤에서 '옷차림의 상황'을 나타내는 의미로 쓰일 경우에는 구격조사 '으로'가 결합하기도 한다. (61 ㅁ)은 특이한 예로 동사에 연결어미(-자)가 결합된 형태가 선행성분으로 나타나고 있다. 의미는 명사에 결합된 경우와 유사하게 '상황, 상태'를 나

타내어 '앉은 상태로'라는 의미로 해석되는 것으로 보인다.

  '바람'은 고의성이 없는 우발적인 원인이면서 선행절이 후행절의 직접적인 원인일 경우에만 쓰일 수 있는데, 원인이 되는 선행절의 사건은 부정적인 내용으로 나타난다. 따라서 다음 (62ㄱ)처럼 '일부러, 고의로'와 같은 부사가 쓰이거나 (62ㄴ)처럼 선행절과 후행절 사이에 시간 차이가 많이 벌어지게 되면 비문이 되며, (62ㄷ, ㄹ)처럼 후행절로 청유형이나 명령형은 오지 못한다.(안주호 1997:170)

(62) ㄱ. *내가 일부러 돌을 떨어뜨리는 <u>바람에</u> 마루에 홈집이 생기고 말았다.
　　ㄴ. *성수대교가 무너지는 <u>바람에</u> 한달 후에 사상자가 무수히 나왔다.
　　ㄷ. *내가 너무 소리를 크게 지르는 <u>바람에</u> 다들 놀랍시다!
　　ㄹ. *내가 우는 <u>바람에</u> 그녀는 버스를 놓쳐라!

  또한 선행절의 주어와 후행절의 주어는 서로 달라야만 하는데 주어가 동일할 경우 (63)처럼 비문이 된다.

(63) *내가 계단에서 구르는 <u>바람에</u> (내가) 다쳤다.

다음 (64)은 '통'의 예이다.

(64) ㄱ. 태식이가 태권도 2단이랍시고 벽돌을 깬다 어쩐다 설치는 <u>통에</u> 박치기 시합을 한 적이 있었는데..... 〈041K-134.TXT〉
　　ㄴ. 그 <u>통에</u> 나는 폐인이 되었습니다. 〈054K-158.TXT〉
　　ㄷ. 그녀는 전쟁 <u>통에도</u> 장사를 계속했다.

  '통' 역시 지시관형사, 명사, 관형사절을 선행성분으로 취하며, 내포문 서술어나 상위문 서술어에 대한 제약을 가지지 않는 의존명사로 선행절과 후행절의 시간대가 같을 때 나타나므로 관형사형 어미 '-는'만이 올 수 있다.
  '통' 또한 '원인, 근거'의 의미를 가지므로 처격조사 '에'가 결합된 형태로 나타난다. 그리고 보통 선행절 사건이 원인이 되어 후행절 사건이 완결되었을 경우에 쓰이기 때문에 후행절은 완료형으로 나타나며 '앞으로 어떤 행동을 할 것을 요구'하는 명령형과 청유형은 나타나지 못한다. '통'도 '바람'과 마찬가지로 선행절의 주어와 후행절의 주어는 다르게 나타나며, 원인 역시 우연적이고 부정적인 내용의 것인데 (65)에서 보듯이 여기에는 무언가 소란스럽고 분잡스러운 의미까지 들어 있다고 하겠다.

(65) ㄱ. 이를 갈아대는 <u>통에</u> 잠을 잘 수가 없었다.
　　 ㄴ. 여편네들이 수다를 떠는 <u>통에</u> 잠이 다 달아나고 말았다.

(66)은 '차'의 예이다.

(66) ㄱ. 살변이 났는데 그 범인을 잡지 못하여 이서구가 고심을 하고 있던 <u>차에</u> 어디서 오동잎이 날아와 주워 보니…… 〈051K-153.TXT〉
　　 ㄴ. 신작을 발표하는 신인이므로 모르는 것이 많을 거라고 도와주겠다고 해서, 외로운 <u>차에</u> 너무 반가워 인사를 그저 꾸벅꾸벅 해댔다. 〈081M-025.TXT〉
　　 ㄷ. 심심턴 <u>차</u> 어쨌든 하루 소일거리는 된다 싶은데. 〈152M-177.TXT〉
　　 ㄹ. 선생님께 <u>인사차로</u> 왔다가 가는 길입니다.
　　 ㅁ. 마침 술 한잔 걸치려던 <u>차였다.</u> (마침 그 때 친구가 찾아 왔다.)

'차'는 명사와 관형사절을 선행 성분으로 취하는 의존명사로 내포문 서술어로는 (66ㄱ, ㄴ)처럼 상태동사와 동작동사가 모두 올 수 있다. 처격조사 '에'와 결합한 '차에'는 '선행절의 상황이 후행절의 상황이 완료될 수 있는 기회나 계제에'라는 의미를 나타내므로 선행절과 후행절의 시간대가 일치될 경우에만 쓰일 수 있으며, 후행절에는 완료 시제만이 나타날 수 있다. 또한 선행절에 나타난 상황은 '시간적으로 오래 지속된 상황'이기 때문에 '차에'의 경우 관형사형 어미 '-던, -ㄴ, -는'에는 연결이 가능하지만 '-ㄹ'에는 연결되지 않는다. '차'는 항상 '에'가 결합된 형태로만 나타나지만 구어에서는 간혹 (66ㄷ)처럼 '에'가 생략되어 나타나기도 한다. (66ㄹ)은 명사에 결합한 경우로 이 때에는 주로 구격조사 '로'가 통합되어 쓰인다.

(66ㅁ)은 '차'에 '이다'가 결합하여 쓰인 예로, 이 경우 '차이다'는 '술을 한잔 걸치려는 사건(발화사건)'과 '친구가 찾아온 사건(발화에 나타난 사건 이후에 나타난 사건)'이 시간상 일치하였음을 의미한다. 그런데 이 발화사건은 오래 유지해온 것이 아니라 특정한 순간의 상황이라는 점에서 '차에'의 선행절 상황과는 시간상으로 차이가 있는데, 이 때에는 관형사형 어미 '-던, -는'만을 취하고 '-ㄴ, -ㄹ'은 취하지 않는다.

말뭉치 자료를 보면 전부 4개의 용례만이 나타나는데 이들 모두 '에'가 결합된 형태로 '이다'가 결합된 형태는 보이지 않는다. 이처럼 용례가 적은 이유는 아마도 '차'와 의미적으로 유사하지만 보다 폭넓은 의미를 가지고 있는 '참'이 더 큰 세력을 가지기 때문으로 보인다.

다음은 '섟'의 예들이다.[57]

(67) ㄱ. 혼자 산까지 다녀온 것을 칭찬은 못할 <u>섟에</u> 꼬치꼬치 깨물어야
　　　　만 하겠느냐고 대꾸했다.
　　ㄴ. 그녀는 새삼 허망한 <u>섟에</u> 망연자실해 있었다.

'섟'은 '불쑥 일어나는 기분이나 감정'을 의미하던 자립명사였으나 '형편, 상황'을 나타내는 의존명사로 전화된 것으로 선행 성분으로는 관형사절만을 취한다. 관형사형 어미는 '-ㄹ'만이 결합 가능한데, 후행의 조사 '에'와 결합한 '-ㄹ 섟에' 구성으로 고정되어 '화자가 원치 않던 상황'임을 표현하는 관용구로 쓰이는 것으로 보인다. 말뭉치 자료에는 그 용례가 나타나지 않는데, 이로 볼 때 '섟'은 현대 국어에서는 거의 폐어화하고 있다고 하겠다.

---

57) 이 예들은 안주호(1997:79)의 예들을 가져 온 것이다.

3.4.1.2. 빨, 이래, 채

    (68) ㄱ. 민수가 하는 <u>빨로</u> 내버려 두어라.
        ㄴ. 그 <u>빨로</u> 하다가는 사람 잡겠어요.

    (68)의 '빨'은 지시관형사와 관형사절을 선행 성분으로 취하는 의존명사로, '일이 되어가는 형편과 모양 그대로'의 의미를 나타내기 때문에 현재형의 관형사형 어미 '-는'하고만 결합하며 내포문 서술어로는 동작동사만이 올 수 있다. 말뭉치 자료에는 '빨'의 용례가 하나도 나타나지 않는데, 이는 아마도 유사한 의미를 가지고 있는 '대로'에 의해서 그 쓰임이 줄어든 때문으로 보인다.
    다음은 '이래'의 예이다.

    (69) ㄱ. 중국을 공략하기 시작한 <u>이래로</u> 장기간의 전쟁으로 말미암아 일본의 산업경제는 차차 피폐의 빛이 짙게 되었다.
          〈118M-096.TXT〉
        ㄴ. 1949년 나의 견진성사 축일 <u>이래로</u> 뉘르팅겐에서의 이 의식은 전혀 달라진 것이 없다. 〈122M-111.TXT〉
        ㄷ. 그는 이본느 봐유와 결혼한 <u>이래</u> 줄곧 평화로운 가정을 유지했다.
          〈034K-120.TXT〉

    '이래'는 명사와 관형사절을 선행 성분으로 취하는 의존명사로, '지나간 어떤 때로부터 지금까지'라는 의미를 나타내므로 과거를 뜻하는 관형사형 어미 '-ㄴ'에만 결합하며 내포문 서술어로는 동작동사만이 올 수 있다. 또한 후행절의 시제에는 제약이 있어서, 현재 시제와 완료 시제는 나타날 수 있지만 미래시제는 나타날 수 없다. 후행 조사로는 구격의 '으로'만을 취하는데 (69ㄱ, ㄴ)처럼 '으로'가 나타나기도 하고 (69ㄷ)처럼 나타나지 않기도 한다.
    다음은 '채'의 예이다.

(70) ㄱ. 백화점 앞 사람들의 표정 또한 지친 <u>채로</u> 밝고 명랑하고 얕았다.
　　　〈050K-152.TXT〉
　　ㄴ. 우리는 반쯤 동물인 <u>채로</u> 단식투쟁에 돌입했다. 〈050K-152.TXT〉
　　ㄷ. 서준식은 입을 다문 <u>채</u> 형사의 볼펜을 쥔 손만을 쳐다보고 있었
　　　다. 〈006K-015.TXT〉
　　ㄹ. 이 고기는 껍질 <u>채</u> 삶아야 맛이 있습니다.

'채'는 명사와 관형사절을 선행 성분으로 취하는 의존명사로, 후행절의
서술어가 이루어지는 '상태'를 나타내기 때문에 관형사형 어미 '-ㄴ'에만
결합될 수 있다. 즉, (70ㄱ)에서 본다면 '지친 상태가 그대로 지속된 상
태로 밝고 명랑하고 얕다'는 의미로 해석되는 것이다. 따라서 선행절에서
이미 나타난 상태가 계속되는 것이므로 관형사형 어미로는 과거를 뜻하
는 '-ㄴ'만이 선행할 수 있는 것이다. '채'는 이처럼 선행절의 상태가 후행
절에도 지속된다는 의미를 가지기 때문에 선행절과 후행절의 주어는 일
치해야 하는 제약을 받게 된다. 후행하는 조사로는 구격의 '-로'만이 결합
되는데, 이 '-로'는 수의적으로 결합되는 것으로 보인다.

3.4.2. '듯'류 의존명사

'듯'류 의존명사는 뒤에 격조사가 결합하지 않은 채 부사어로 기능하는
것으로, 이는 다시 (ⅰ) 선행성분으로 명사를 취할 수 있는가 (ⅱ) 접속
어미처럼 부사절을 이끌 수 있는가 (ⅲ) 후행하는 특정 서술어의 보어로
기능할 수 있는가에 따라 4가지 부류로 나눌 수 있다.
　첫 번째 부류는 선행성분으로 명사를 취할 수 없고, 독립적인 부사절
을 형성하는 기능을 가지며, 후행하는 특정 서술어의 보어로 기능할 수
있는 것으로 '양, 척, 체, 듯'이 여기에 속한다. 두 번째 부류는 독립적인
부사절을 형성하는 기능이 없다는 점에서만 첫 번째 부류와 차이를 가지
는 것으로 '직, 만², 뻔, 성'이 여기에 속한다. 세 번째 부류는 후행 서술
어의 보어로 기능하지 않는다는 점에서만 첫 번째 부류와 차이를 가지는

것으로 이에는 '둥, 대로, 만큼'이 속한다. 네 번째 부류는 독립적인 부사절 형성의 기능이 있다는 점만이 첫 번째 부류와 동일한 것으로 '족족, 겸, 등'이 여기에 속한다.

이들 부류 중 후행하는 특정 서술어의 보어로 기능하는 '양, 척, 체, 듯, 만², 뻔, 성' 등에 대해서 '의존명사+서술어' 전체를 하나의 보조용언으로 보려는 견해가 있다. 그러나 이들을 보조용언으로 처리한다면 '먹는+듯하다'와 같이 되어, 전형적인 보조용언들이 그 앞에 '-아, -게, -지, -고'와 같은 연결어미를 취하는 것과 달리 관형사형 어미 '-ㄴ, -ㄹ' 등을 취하는 것이 되므로 전체적인 체계에서 벗어나게 된다. 또한 이들은 의존명사와 서술어 사이에 '듯도 하다'처럼 특수조사 등이 개재될 수 있어 그 구성이 긴밀하다고 할 수가 없다.58) 따라서 이들 구성을 보조용언으로 처리하는 것은 타당하지 않으며 그보다는 3.3항의 서술성 의존명사에 대한 서술에

---

58) 이 두 가지 근거 외에도 '의존명사+하다'를 보조용언으로 보기 어려운 이유로 다음의 두 가지를 더 들 수 있다.
첫째, 낱말의 경계가 일반적인 보조용언 구성과는 다르다.

(1) ㄱ. 철수가 우유를 먹어-는 보았다.
     ㄴ. 철수가 아는 척-은 하였다./*철수가 아는-은 척 하였다.

(1ㄱ)의 예에서 볼 수 있듯이 특수조사 '는'은 본동사 '먹다'의 연결어미 '-어' 다음에 결합되는데, 이는 본동사와 보조동사의 사이이다. 그런데, (1ㄴ)의 '의존명사+하다' 구성의 경우는 특수조사가 의존명사와 '하다' 사이에 개재되고 있다. 만약 이 구성이 보조용언이라면 특수조사가 본동사의 활용어미 다음에 통합되어야 할 것인데 그럴 경우는 예에서 보듯이 비문이 된다. 따라서 이 구성은 하나의 보조용언이 아님을 알 수 있다.
둘째, 보조동사 구성에서 보조동사는 문장의 주어와 통사적 관계를 가지지 못한다. 즉, 보조동사는 서술어로서의 개별적 서술성을 가지지 못하는 것이다. 그러나 "철수는 어머니가 집에 계시는 척 했다."와 같은 예문에서 보듯이 '의존명사+하다' 구성에서는 보조동사 구문과 달리 주어와 서술어가 각각 두 개가 나타나는데, '계시다'는 '어머니'와 '하다'는 '철수'와 통사적이 지배관계를 가진다. 이처럼 두 개의 서술어가 모두 각각의 주어와 통사적 관계를 가진다는 것은 두 개의 서술어가 모두 개별적인 서술성을 가지고 있다는 증거라고 할 수 있다. 따라서 이 구성을 보조용언으로 처리하는 것은 타당하지 않다고 할 수 있다.

서 언급했듯이 완전한 문법소로 되기 바로 전 단계인 접어 구성으로 보는 것이 좋다.

3.4.2.1. 양, 척, 체, 듯

(71) ㄱ. 수줍은 새댁인 양 돌아서서 속곳주머니에서 꼬깃꼬깃한 지폐를.....
〈041K-134.TXT〉

ㄴ. 자신이 '칭듬 대호'라도 된 기분이 드는 양, 배를 잔뜩 내밀고 온 골짜기 안을..... 〈042K-135.TXT〉

ㄷ. 여기저기에서 무언가 새로운 것을 발견한 양 유방, 유방 하며 음흉하게 낄낄대며..... 〈087M-039.TXT〉

ㄹ. 길이 비가 온 양 질었다.

ㅁ. 그 무람스러움을 지우기라도 할 양으로 슬쩍 강령댁에게 말했다.

ㅂ. 학교에 갈 양이면 일찍 자거라.

ㅅ. 철수가 책을 읽을 양한다.

ㅇ. 영희가 공부하는 양을 한다.

ㅈ. 철수가 아는 양은 하지만 사실은 저도 모를꺼야.

(71)의 '양'은 관형사절을 선행 성분으로 취하는 의존명사로, 관형사형 어미 '-ㄴ, -는, -ㄹ' 모두에 결합할 수 있으나 그 결합되는 환경은 차이를 가지는 것으로 보인다. (71ㄱ-ㄹ)은 부사절을 이끄는 경우인데, 이 때에는 '듯'이나 '척'과 비슷하게 '유사성'의 의미를 나타내며 '-ㄴ/는' 관형사형 어미만을 취하며 내포문 서술어에는 특별한 제약을 가지지 않는다. 의미에 있어서는 유사하지만 '척'과 달리 '양'은 (71ㄹ)처럼 내포문의 주어가 무정물인 경우에도 쓰일 수 있다.

(71ㅁ, ㅂ)은 '의향, 목적'의 의미를 나타내는 경우인데, 이 때에는 미래의 뜻을 나타내는 관형사형 어미 '-ㄹ'만을 취한다. 또한 '의향, 목적'의 의미를 나타냄으로 해서 선행절의 주어와 후행절의 주어가 일치해야 한다는 제약을 받게 되며, 내포문의 서술어도 동작동사만이 올 수 있다.

(71ㅅ-ㅈ)은 '양'이 '하다'의 보어로 기능하는 경우인데, 이 때에는 관

형사형 어미 '-ㄴ, -는, -ㄹ'이 모두 결합될 수 있다. '양'과 결합하는 '하다'는 다음의 예들을 통해서 볼 때 대동사임을 알 수 있다.

(72) ㄱ. 그는 돈이 많은 양 거들먹거렸다.
　　　ㄴ. *그는 돈이 많은 양 거만했다.
　　　ㄷ. *그는 돈이 많은 양 부자이다.
(73) ㄱ. 그는 책을 읽는 양 {했다/부스럭 부스럭 종이 소리를 냈다}.
　　　ㄴ. 그는 그 일에는 무관한 양 {했다/시치미를 뗐다/입을 다물었다}.

(72)에서 보듯이 '양' 뒤에는 동작동사만이 올 수 있다. 그리고 (73)처럼 '양' 뒤에 나타나는 동사를 모두 '하다'로 바꾸어도 의미에는 변동이 없는데, 단지 '종이 소리를 냈다, 입을 다물었다' 등이 쓰인 문장이 '하다'가 쓰인 문장보다 구체적인 표현이라는 점만이 차이가 있다. 이상의 사실을 종합하면 '양'과 통합하는 '하다'는 대동사로 간주할 수 있다.

(71ㅇ)에서는 '양'과 '하다' 사이에 목적격 조사 '을'이 개재되어 있는데, 이 경우 '을'은 목적격 조사보다는 '강조'의 역할을 하는 특수조사로 기능하고 있다.

'양하다' 구성은 주어로 무정물과 유정물이 모두 가능한데 의미는 차이를 보인다. 즉, "그는 책을 보는 양 한다."처럼 주어가 유정물일 때에는 '가식'의 의미가 나타나지만 "길이 비가 온 양 하다."처럼 무정물이 주어일 때는 '가식'의 의미는 나타나지 않고 '추정'의 의미가 나타난다.

다음은 '척'의 예이다.

(74) ㄱ. 돈 1억을 정말 준비하고 있는 척 하셔야 돼요. 〈052K-155.TXT〉
　　　ㄴ. 기무라는 차오르는 불안감을 지우려고 태연한 척 창문으로 비껴
　　　　　드는 햇살을 물끄러미 바라보고 있었다. 〈059K-173.TXT〉
　　　ㄷ. 무슨 소린지 모르겠는데 심씨가 아는 척을 한다.
　　　　　〈106M-076.TXT〉
　　　ㄹ. 우리는 들은 척 만 척 파 놓은 웅덩이에 그대로 나무를 심었다.
　　　　　〈146M-167.TXT〉

'척' 역시 관형사절만을 선행 성분으로 취하는데, '의도적으로 그럴듯하게 꾸미는 거짓 태도'라는 의미를 나타내며 관형사형 어미 '-ㄴ, -는'과는 통합할 수 있으나 '-ㄹ'과는 통합할 수 없다. 이것은 '척'이 가지고 있는 '의도적인 가식'의 의미가 '-ㄹ'이 지닌 '미정'의 의미와 서로 상충되기 때문이다. 즉 '척'이 쓰인 경우 내포문의 내용이 진위 판단의 대상이 될 수 있어야 하는데 '-ㄹ'이 결합되면 내포문의 내용이 진위 판단의 대상이 될 수 없기 때문이다.59)

(74ㄱ)은 '척'이 '하다'의 보어로 쓰인 경우인데, 이 때의 '하다'는 '양'의 경우와 마찬가지로 대동사 '하다'이다.60) (74ㄴ)은 부사절을 이끄는 경우이고 (74ㄷ)은 '척'에 '을'이 통합하고 '하다'가 연결된 경우인데 이 '을' 역시 강조의 기능을 하고 있다.

'척'에는 '의도적인 가식'의 의미가 있기 때문에 "*해가 진 척 밖이 어둑어둑하다"처럼 내포문의 주어가 무정물인 경우에는 쓰이지 못하며 유정물만이 주어로 올 수 있다. 또한 "*철수는 그 책을 읽었는데, 읽은 척 하였다."처럼 내포문의 내용이 사실일 경우에는 쓰일 수 없고 내포문의 내용이 거짓인 경우에만 쓰일 수 있는 제약도 있다. 즉, '척'은 주어의 의도적인 가식의 행위가 확연히 보여서 선행절의 내용이 사실과 반대됨을 확신할 수 있는 경우에 사용되는 것이다.

한편, '척'은 (75ㄱ)처럼 판단의 대상이 되는 내포문의 주어와 상위문의 주어가 일치하지 않을 경우 비문이 되는 제약을 가지고 있다.

(75) ㄱ. *철수는 영희가 집에 가는 척 하였다.
　　　ㄴ. 철수는 영희가 집에 간 척 하였다.

---

59) 왕문용(1984)는 '척(체), 양, 듯'의 의미가 주어의 '의도성'에서 비교가 된다고 설명하고 있다. 즉 '척(체)'는 〔+의도성〕이 강한 경우이고, '양'은 〔+의도성〕 혹은 〔-의도성〕 그리고 '듯'은 〔-의도성〕이 강한 경우라는 것이다.

60) 왕문용(1984)에서는 '그는 언제든지 잘난 척 한다'와 같이 '하다'가 쓰인 구문은 '그는 언제든지 잘난 척 (말한다, 뽐낸다, 으스댄다, 까분다....) 등과 같은 구문의 일부인 특수구문으로 설명하였다.

그러나 타인의 행위라도 그것을 완결된 상황으로 꾸민다면, 자신의 입장에서 그것을 경험한 것으로 간주하여 '의도적으로 거짓되게' 꾸밀 수가 있다. 즉, 주어가 서로 다를 지라도 완결된 상황으로 꾸미게 되면 진위판단의 대상이 될 수 있으므로 (71ㄴ)의 경우는 비문이 되지 않는다.

(74ㄹ)은 '척'이 중첩 구성을 이룬 경우로 관용적인 표현으로 쓰이는데, 이렇게 중첩 구성이 될 때는 앞뒤의 절에 각기 서로 상반된 내용이다. 그리고 선행 동사에는 일반동사가 오고, 후행 동사에는 '말다'가 오게 된다.

다음은 '체'의 예들이다.

(76) ㄱ. 따지고 보면 이것은 논리의 비약이거니 하고 모른 체할 수도 있다. 〈003K-007.TXT〉

ㄴ. 왜정 당국에서도 한영섭씨의 그 고집을 강제로 꺾으려고 하지 않고 모른체 내버려 두었다. 〈008K-019.TXT〉

ㄷ. 잘 사는 체 하기도 싫고, 쪼들리는 냄새를 풍기기는 더구나 더 억울하다. 〈035K-121.TXT〉

ㄹ. 별감이 아는 체를 한다. 〈039K-131.TXT〉

ㅁ. 어느 대성공에 대해 내가 축하한다고 말하자, 그는 들은 체 만 체하고..... 〈125M-118.TXT〉

'체'는 '척'과 동일한 의미를 나타내는 의존명사로 통사적 특성에 있어서도 서로 차이가 없어 거의 모든 환경에서 '척'으로의 대치가 가능하다. 말뭉치 자료를 보면 '체'는 34개의 용례가 그리고 '척'은 42개의 용례가 나타나는데, 아마도 이 둘은 서로 비슷한 세력으로 쓰이고 있는 것으로 보인다.

다음은 '듯'의 예들이다.

(77) ㄱ. 비논리적이라는 생각에는 두 종류가 있는 듯이 보인다. 〈001K-001.TXT〉

ㄴ. 문화생활에도 여유가 생긴 듯하다. 〈003K-007.TXT〉

ㄷ. 그녀는 착한 듯도 하다.

　ㄹ. 그녀는 이미 알고 있는 듯 싶다.
　ㅁ. 지금쯤이면 올 듯도 한데!
　ㅂ. 갈 듯 말 듯 망설인다.

　'듯'은 '추측'의 의미를 가지는 의존명사로 모든 관형사형 어미에 결합이 가능하며, 내포문 서술어에도 제약이 없어서 (77ㄱ)처럼 동작동사 (77ㄷ)처럼 상태동사가 올 수도 있다. 그러나 (77ㅂ)처럼 중첩 구성으로 쓰일 경우에는 동작동사만이 올 수 있다.

　(77ㄱ)은 '듯'이 부사절을 이끄는 경우로 이 때에는 파생 접미사 '-이'가 부착될 수 있다. '듯(이)'는 보통 비유 또는 가식 표현에 쓰이는데, (78)에서 보듯이 주어가 유정물일 때는 '가식'의 의미가 나타나고 무정물일 때는 '비유'의 의미가 나타난다.

　(78) ㄱ. 철수가 부자인 듯 거들먹거렸다.
　　　 ㄴ. 세상이 벌집을 쑤셔 놓은 듯이 소란하다.

　그러나 "철수는 죽은 듯이 조용하다."처럼 후행서술어로 상태동사가 오게 되면 '듯이'도 '비유'의 의미만을 나타내게 된다.

　(77ㄴ, ㄷ)은 '듯'이 '하다'의 보어로 쓰인 경우로, 이 '듯하다' 구성은 보문의 내용에 대한 화자의 주관적인 판단인 '추정'의 의미를 나타낸다. 따라서 '듯하다' 구성에는 〔-사실성〕의 의미가 들어 있다고 할 수 있는데, 대부분의 경우 유사한 의미를 가진 구성인 '것 같다'로의 대치가 가능하다. '듯'이 부사절을 이끄는 경우에는 '추정'의 의미 외에 '가식'이나 '비유'의 의미가 나타나는데, '듯'에 '하다'가 결합할 경우에는 이러한 의미가 나타나지 않는다.

　한편 '듯하다' 구성은 앞에서 살펴 본 '양하다, 척하다, 체하다' 구성과는 구별되는 통사적 특성을 보여 준다.

(79) ㄱ. 공부하는 <u>{양/척/체}</u> <u>{해라/하자}</u>.
　　 ㄴ. *공부하는 듯 <u>{해라/하자}</u>.
(80) ㄱ. 밥을 먹는 <u>{양/척}</u><u>을</u> 한다.
　　 ㄴ. *밥을 먹는 <u>듯을</u> 한다.
(81) ㄱ. 그 일에 무관한 <u>양</u> 하고 시치미를 뚝 뗐다.
　　 ㄴ. 그 일에 무관한 <u>척</u> 하고 시치미를 뚝 뗐다.
　　 ㄷ. *그 일에 무관한 <u>듯</u> 하고 시치미를 뚝 뗐다.

(79)-(81)의 예문에서 보듯이 '듯'은 공통되게 '유사성'의 의미를 가지는 '양, 척, 체'와는 통사적 양상을 달리하는데, 그 이유는 이 두 부류가 통합하는 '하다'가 성격이 서로 다르기 때문이다. 즉, '양, 척, 체'에 결합하는 '하다'는 서술완결 기능을 가지는 대동사인 반면 '듯'과 결합하는 '하다'는 심리 상태동사이다.61) 따라서 (79)-(81)은 바로 동작동사 '하다'와 상태동사 '하다'의 통사적 특성의 차이를 보여 주는 것이다. 상태동사 '하다'의 경우 당연히 명령형과 청유형으로는 쓰일 수 없는 것이며, (80)에 나타나는 '을'이 단순히 강조의 기능을 하는 것이라고 할지라도 상태동사가 목적격을 취할 수는 없기 때문에 (80ㄴ)이 비문이 되는 것이다. (81) 역시 마찬가지 논리로 설명된다.

또한 '양하다, 척하다, 체하다' 구성에는 '의도적인 가식'의 의미가 들어 있는 반면 '듯하다' 구성에는 이러한 의미가 없는데, 이 역시 '하다'의 성격이 다른 것에 기인하는 것이다. 앞에서 살펴보았듯이 '듯'은 '하다'가 결합하지 않고 단독으로 쓰이면 이러한 '가식'의 의미를 나타낼 수도 있다. 그러나 심리 형용사인 '하다'가 결합하게 되면 '하다'의 특성에 의해 '의도성을 지닌 가식'의 의미는 나타날 수 없게 된다.

추정의 의미를 나타내는 '듯하다' 구성에는 다음과 같은 1인칭 주어 제약이 나타난다.

---

61) 왕문용(1984:290)에서는 '척, 체, 야, 둥' 뒤에 통합되는 '하다'는 동사적인 성격을 갖는데 비해 '듯' 다음에 통합되는 '하다'는 형용사적인 성격을 갖는다고 하였다.

(82) ㄱ. *내가 떠난 <u>듯하다.</u>
　　　ㄴ. 그는 떠난 <u>듯하다.</u>

　화자가 자신의 행동에 대해 추정할 수는 없기 때문에 이러한 제약이 나타나는 것이다. 따라서 주어가 1인칭이라고 해도 "내가 떠나게 될 듯하다"처럼 피동성의 의미를 가진 동사가 오면 문제가 없다.
　한편, '듯'은 2장에서 살펴 보았듯이 의존명사와 어미의 품사통용어인데, 어간과 결합하는 어미 '듯'은 그 의미는 동일하지만 의존명사 '듯'과 달리 (83)의 예문에서 보듯 [+사실성]의 의미가 나타난다. 이 때에는 '추정'의 의미보다는 '유사성'의 의미가 더 강하기 때문으로 생각된다.

(83) 성경에도 나와 <u>있듯이</u> 마음이 가난한 자는 복을 받는 법이다.

　(77ㄹ)은 '듯'이 '하다' 대신 '싶다'의 보어로 쓰인 경우이다. '듯싶다' 구성은 '듯하다'에 비해 화자의 주관성과 감정이 좀 더 강하게 들어 있는 표현으로, '듯하다'보다 '듯싶다' 구성을 쓰면 화자가 주관적으로 판단한 내용이 보다 더 부드럽게 표현되는 것으로 보인다.

3.4.2.2. 만², 뻔, 성,

(84)는 '만²'의 예들이다.

(84) ㄱ. 헤밍웨이가 더 영화적이라는 말이 나올 만 하고 포크너는 역시
　　　　　문학의 장르에 머물러야 하나 보다. 〈097M-059.TXT〉
　　　ㄴ. 그 아이는 칭찬 받을 <u>만도</u> 하다.

　'만²'는 관형사절만을 선행 성분으로 취하는 의존명사로 내포문 서술어로는 동작동사만이 올 수 있다. '직'과 마찬가지로 주어에 대한 가치판단의 의미를 나타내기 때문에 '미정'의 뜻을 나타내는 관형사형 어미 '-ㄹ'에

만 결합한다. '만²'와 통합하는 '하다' 역시 심리 형용사이다.

다음은 '뻔'의 예들이다.

(85) ㄱ. 역사적인 서울 올림픽 개막식 중계를 놓칠 <u>뻔하지</u> 않았나?
　　　　〈031K-112.TXT〉
　　　ㄴ. 대공계나 정보담당 형사라면 귀찮을 뻔 했었다. 〈050K-152.TXT〉

'뻔'은 선행 성분으로 관형사절만이 가능하고 후행하는 '하다'의 보어로 기능하는 의존명사로, 이 때의 '하다'는 대동사이다. 내포문 서술어에는 제약이 없어서 동작동사, 상태동사, 계사가 모두 올 수 있다. 관형사형 어미로는 '-ㄹ'에만 결합하는데, 이는 '뻔'이 [-사실성]의 의미를 가지기 때문이다.62) 즉, '뻔'은 과거의 일이기는 하지만 실제로는 일어나지 않은 경우를 나타내기 때문에 '완료'의 의미를 가지는 관형사형 어미 '-ㄴ, -는'에는 결합될 수 없는 것이다. 또한 과거의 상황을 나타내기 때문에 상위문 서술어는 항상 과거형만 나타난다.

한편 "*나는 아버지께서 넘어지실 뻔했어"처럼 주어를 2개 상정하면 비문이 되므로 '-ㄹ 뻔하다' 구문은 단문으로 간주해야 한다는 주장(안주호 1997:146)이 있는데, '뻔하다'의 경우는 상위문의 주어와 내포문의 주어가 항상 동일한 것으로 보인다. 즉 '넘어지다'의 주어도 '아버지'이고 '뻔하다'의 주어도 '아버지'이기 때문에 주어가 하나만 나타나는 것이다. 이는 '뻔'에 후행하는 '하다'에 주체 높임법이 실현될 수 있다는 사실에서도 확인이 된다.

(86) 아버지께서 넘어지실 뻔하셨어.

'넘어지다'나 '하다'의 주어가 모두 '아버지'이기 때문에 두 서술어에 모

---

62) 고영근(1986)에서는 '철수가 시험에 떨어질 뻔하였다'에서 '뻔'이 '반사실성'의 의미
　　를 가지는 이유를, '철수가 무난히 합격하리라고 생각했는데 실제로는 합격의 고비를
　　가까스로 넘기었음'을 함의하고 있기 때문이라고 하였다.

두 '-시-'가 실현될 수 있는 것이다. 따라서 주어를 두 개 상정할 수 없기 때문에 단문으로 간주해야 한다는 논리는 맞지 않는다.

또한 '뻔하다'에 의해서 표현된 '일어나지 않은 사건'은 주어가 원하지 않는 [-의도성]의 사건이며 또한 '하다'의 주어가 바로 그런 사건을 당할 뻔한 당사자이기 때문에 '하다'는 명령형이나 청유형으로 나타나지 못한다.

다음은 '성'의 예들이다.

(87) ㄱ. 나이답지 않게 넥타이 색깔이 지나치게 붉다는 걸 빼면 싸구려 차림새는 아닌 성 싶었다. 〈048K-150.TXT〉
　　 ㄴ. 적어도 레닌만큼 명민했던 사람이, 죽어서 저런 모습으로 누워 있기를 바랐을 성 싶지가 않다. 〈140M-155.TXT〉
　　 ㄷ. 이 강은 매우 깊을 성 싶다.
　　 ㄹ. 될 성 부른 나무 떡잎부터 안다.

'성'은 '싶다'나 '부르다'가 통합하여 쓰이는 의존명사로, 내포문 서술어에는 제약이 없어서 동작동사, 상태동사 그리고 계사가 모두 올 수 있다. 관형사형 어미에 대해서도 특별한 제약은 없다. '성싶다'는 내포문 주어에 대한 화자의 판단, 추측을 나타내는 구성이다. 따라서 후행하는 '싶다'는 동일한 의미를 지니고 있는 선어말 어미 '-겠-'이 결합하지 못하며 명령형이나 청유형으로도 나타나지 못한다. (87ㄹ)의 '될 성 부르다'는 관용어처럼 쓰이는 표현이다. 말뭉치 자료에는 2개의 용례만이 나타나는데, 잘 쓰이지 않는 의존명사로 보인다.

3.4.2.3. 듯, 대로, 만큼

(88) ㄱ. 한영섭씨는 그 손을 잡는 듯 마는 듯 하고 경찰서를 물러나왔다. 〈008K-019.TXT〉
　　 ㄴ. 나머지 한 놈이 마을 쪽을 죽을 듯 살 듯 하여 달아났다. 〈043K-138.TXT〉
　　 ㄷ. 요즈음은 필드에 한번 나가기가 쉽지 않다는 듯, 새벽부터 쫓아

가야 하니 오히려 피로가 쌓인다는 둥······ 〈144M-165.TXT〉

(88)의 '둥'은 주로 (88ㄱ, ㄴ)처럼 중첩 구성을 이루어 쓰이는 의존 명사로, 이 경우 선행절과 후행절에는 각기 의미적으로 상반되는 동사가 오게 되는데, 후행절에 '말다'가 나타나는 것이 일반적이다. '둥' 자체는 '유사성'의 의미를 나타내지만, 중첩 구성을 이루게 되면 긍정의 내용과 부정의 내용을 반복함으로써 불확실한 상황을 표현해 주는 것으로 보인다.63) 이러한 '불확실한 상태'는 후행의 동작으로 연결되기 때문에 중첩 구성의 경우 상위문의 주어와 내포문의 주어가 일치해야 한다는 제약이 있다.

(88ㄷ)은 '둥'이 내용들을 열거해 주는데 쓰인 경우로, 완형보문만 취하는데, '열거된 내용들이 별로 중요한 것이 아니다'라는 의미가 들어 있다. 중첩구성의 경우와는 달리 이 때에는 내포문의 내용이 후행 서술어로 연결

---

63) '둥'이 중첩 구성을 이룰 때 선행하는 관형사형에 따라서 의미가 약간씩 차   이가 나
게 된다.

  (1) ㄱ. 그가 밥을 먹은 둥 만 둥 했다.
      ㄴ. 그가 밥을 먹는 둥 마는 둥 했다.
      ㄷ. 그가 밥을 먹을 둥 말 둥 했다.

  (1ㄱ,ㄴ)은 '그가 밥을 먹기는 먹었는데(먹는데) 건성으로 먹었기 때문에 다른 사람이 보기에는 먹은(먹는) 것 같기도 하고 먹지 않은(않는) 것 같기도 하다'는 뜻으로 해석된다. 즉 '어떤 일을 하기는 하는데 건성으로 대강 대강 함'의 의미를 가진다고 할 수 있다. 따라서 이 때는 약하지만 '사실성'의 의미가 나타난다. 그러나 (1ㄷ)은 '그가 밥을 먹을까 말까 망설이고 있음'을 의미한다. 즉 선행문의 내용이 '사실' 또는 '반사실'로 확정되지 않았음을 의미하므로 이 때는 '비사실성'의 의미가 나타난다고 할 수 있다. 그런데 '둥'의 선행 동사로 '들리다, 보이다'와 같은 일부의 자동사가 쓰일 경우에는 그것이 '-ㄹ' 관형사형 어미를 취한다 할지라도 '사실성'의 의미가 나타난다.(최은하 1995:59)

  (2) ㄱ. 음악 소리가 들릴 둥 말 둥 들렸다.
      ㄴ. 산꼭대기가 보일 둥 말 둥 보였다.

되는 것이 아니므로 상위문과 내포문의 주어 일치 제약은 받지 않는다. 다음은 '대로'의 예들이다.

(89) ㄱ. 날이 개이는 <u>대로</u> 저희 집으로 내려 가시지요. 〈013K-043.TXT〉
　　 ㄴ. 볼일들 끝나시는 <u>대로</u> 오십시오. 〈041K-134.TXT〉
　　 ㄷ. 그가 처음 보았던 <u>대로</u> 하나하나 액면가 1천만원짜리 수표들이 었다. 〈007K-017.TXT〉
　　 ㄹ. 그땐 순진해서 시키는 <u>대로</u> 다 했지요. 〈015K-049.TXT〉
　　 ㅁ. 이른 아침부터 끌고 다닐 <u>대로</u> 다 끌고 다녀놓고, 이제 와서 선심이라. 〈042K-135.TXT〉

'대로'는 '대'와 조사 '-(으)로'가 결합되어 굳어진 형태인데, 이를 한 형태로 보지 않고 '대'와 '-로'로 나누어 '대'만을 의존명사로 처리하는 견해도 있다. 그러나 '로'와 결합하지 않고 '대'만이 단독으로 쓰이는 경우는 없으며, "*내가 아는 대가 아니다/내가 아는 대로가 아니다."와 같은 예에서 알 수 있듯이 조사가 '대'에 직접 붙지는 못하지만 '대로'뒤에는 붙을 수 있다. 따라서 '대로'는 이미 하나의 형태로 굳어져서 쓰이는 의존명사라고 하겠다.

한편 '대로'는 부사성 의존명사에 속하는 다른 것들과 달리 선행 성분으로 관계절을 요구한다는 특성이 있다. 따라서 '대로'는 관계명사이므로 관계절안의 한 문장 성분이 되는데, 이는 쉽게 파악되지 않는다. 그 이유는 '대로'가 대용의 기능을 하고 있으며, 관계절이 '한정하는 것과 동일함'이라는 의미를 지니고 상위문에서 부사어로 기능하기 때문이다.

(90) ㄱ. 영희는 철수가 기대한 것처럼 미인이었다.
　　 ㄴ. 영희는 철수가 기대한 대로 미인이었다.

위의 두 예문은 의미가 서로 비슷한데, (90ㄱ)은 '것'이, (90ㄴ)은 '대로'가 쓰인 것만이 다를 뿐이다. (90ㄱ)에서 '것'은 '영희가 미인이다'라는 것을 대용하고 있는데, (90ㄴ)의 '대로' 역시 의미적으로 볼 때 '영희가 미인이다'라는 것을 대용하고 있다고 볼 수밖에 없다. 단지, '것'은 그 쓰이는 범위가 넓고 상위문에서 다양한 문장 성분으로 기능할 수 있기 때문에 쉽게 대용의 기능을 파악할 수 있지만, '대로'는 '동일함'이라는 의미를 지니고 대부분 부사어로만 기능하기 때문에 대용의 기능이 쉽게 파악되지 않는 것이다.

관계구문은 원칙적으로 보문소 선택제약이 없으므로 '-ㄴ, -는, -ㄹ'이 모두 쓰일 수 있다. (89ㄱ, ㄴ)은 '-는'에 결합된 경우인데, '대로'는 시간의 의미를 대용하는 기능을 하고 있다. 즉, 내포문의 행위나 상태가 일어난 현재의 시간과 동일한 시간에 상위문의 행위나 상태가 이루어짐을 나타냄으로써 '~하는 즉시'라는 의미가 나타나게 되는 것이다.

(89ㄷ, ㄹ)은 '대로'가 구체적인 사물이나 행위를 대용하는 대상적인 기능을 하고 있는 경우이다. 이 두 문장은 분석해 보면 다음과 같다.

(89ㄷ′) 〔그가 처음에 (액면가 1천만원짜리 수표들을) 보았던〕 <u>대로</u>
　　　　하나하나 액면가 1천만 원짜리 수표들이었다.
(89ㄹ′) 〔그땐 순진해서 (나쁜짓을) 시키는〕 <u>대로</u> 다 했지요.

(89ㄷ′, ㄹ′)에서 '대로'는 각각 '1천만원짜리 수표'와 '나쁜짓 또는 이와 유사한 행위'를 대용하고 있다. 그런데, (89ㄷ)에서는 '대로'가 대용하는 것이 관계절 안에는 나타나지 않지만 상위문에는 나타난다. 이는 '대로'가 동일함의 의미를 가지기 때문인데, '대로'가 대용하는 것이 관계절 안에 나타나지 않더라도 '동일함'의 뜻 때문에 그 의미를 파악할 수 있다.

(89ㅁ)은 관형사형 어미 '-ㄹ'에 결합한 경우이다. 여기서 '대로'는 '끌고 다닐 수 있는 정도와 동일함'의 의미를 나타내고 있는 것으로, '정도성'을 대용하고 있다고 하겠다. 즉, 끌고 다니는 것은 어느 정도까지인데, 관형사형 어미 '-ㄹ'이 쓰여서 그 정도를 추정하고 있으며, 화자가 추정하는 정도와 동일하게 상위문 서술어가 의미하는 상태가 이루어졌음을 나타내고 있다.

앞에서 언급했듯이 '대로'는 의존명사 '대'와 조사 '로'가 결합하여 하나로 굳어진 것이기 때문에 문장안에서의 기능은 매우 제약을 받는데, 부사어로 기능할 경우에도 '*돌아오는 대로-로'처럼 부사격조사가 연결될 수 없다.

그러나 '대로'가 언제나 부사어로만 기능하는 것은 아니어서 드물기는 하지만 다음에 보듯이 부사어 외에 다른 기능을 하기도 한다.

(91) ㄱ. 방금 내가 본 <u>대로가</u> 맘에 드니까 그를 만나면 그것과 똑같이
　　　　　 만들어 달라고 말 좀 해주렴.
　　　ㄴ. 영희는 그때 <u>그대로의</u> 얼굴로 나타났다.

'대로'가 (91ㄱ)에서는 '-가'가 결합하여 주어로 그리고 (91ㄴ)에서는 '의'가 결합하여 관형어로 쓰이고 있다. 말뭉치 자료를 보면 전부 203개의 용례 중 3개의 용례만 '의'가 결합되어 쓰인 것이고 나머지는 모두 부사어로 쓰인 것이다. '대로'가 대용의 기능을 가지고 있으므로 여러 가지 다른 문장 성분으로 쓰이는 것이 가능하기는 하지만 자료에서 볼 수 있듯이 대부분 부사어로 기능하는 것을 확인할 수 있다.

다음은 '만큼'의 예들이다.

(92) ㄱ. 해방된 바로 다음날 간판을 내걸었던 <u>만큼</u> 현정세에 민감하게
　　　　　 조응했던 문인들… 〈004K-009.TXT〉
　　　ㄴ. 그 길이 힘들고 험한 <u>만큼</u> 목적지에 도달했을 때의 기쁨은 그
　　　　　 만큼 큰 것이다. 〈044K-142.TXT〉
　　　ㄷ. 그와 결혼했으므로 어머니가 해준 <u>만큼</u> 돌려받지 못했습니다.
　　　　　 〈164N-487.TXT〉
　　　ㄹ. 나는 세상을 살 <u>만큼</u> 살았습니다. 〈064K-182.TXT〉

'만큼'은 선행 성분으로 관형사와 관형사절을 취하는 의존명사로, 관형사형 어미에는 특별한 제약이 없어서 '-ㄴ, -는, -ㄹ' 모두와 결합할 수 있다. 일반적으로 '동일한 정도나 한도'의 의미를 나타내므로 '-ㄹ' 관형사형 어미 '-ㄹ'에 결합하여 '동일한 정도성'의 의미를 나타낼 때의 '대로'와 의미상 동일하여 그 경우 서로 대치가 가능하다. (92ㄱ, ㄴ)은 관형사형

어미 '-던, -ㄴ'과 결합한 경우로, 이 때에는 후행절과의 분리성이 강하게 나타나며, 근거가 될 수 있는 정도성의 의미, 즉 '이유'나 '근거'의 의미를 표시하게 된다. (92ㄷ)은 타동성을 가진 동사가 내포문의 서술어로 온 경우로 이 때에는 '만큼'에 연결된 절이 상위문의 목적어가 된다. 즉 〔〔 〕 는 만큼〕은 타동사의 목적어가 되며, '질량'을 대용하는 대용적 기능을 하게 된다.

(92ㄹ)은 관형사형 어미 '-ㄹ'과 결합한 경우인데, 이 때에는 (92ㄱ) 의 경우와 달리 후행절에 강한 밀착성을 보이며, '동일한 정도'의 의미가 나타난다. 즉, 관형사형 어미 '-ㄹ'이 쓰여서 '살 수 있는 정도'가 어느 정도인지를 추정하여 그와 동일한 정도로 살았다는 의미로 해석할 수 있다. 이 때에는 '대로'와 유사하게 '동일성'의 의미에 의해서 내포문의 서술어가 상위문의 서술어로 다시 반복되어 나타나기도 한다.

3.4.2.4. 족족, 겸, 등

(93) ㄱ. 대를 가져오는 <u>족족</u> 새끼로 사다리를 얽기 시작했다.
〈051K-153.TXT〉
ㄴ. 책을 팔러 가는 데 <u>족족</u> 퇴짜를 맞았다.

(93)의 '족족'은 '동시성'의 의미를 가지는 의존명사로 관형사형 어미로는 '-는'만을 취하는데, 대용적 기능을 한다고도 할 수 있다. (93ㄴ)은 '족족'이 의존명사 '데'에 연결된 경우인데, 이러한 '-는 데 족족'은 숙어적인 표현으로 쓰이며, '간데족족'은 이미 하나의 낱말로 굳어져 쓰이고 있다.64)

다음은 '겸'의 예들이다.

---

64) '간데족족'은 '간 데마다'의 의미로 쓰이는 것이데 이외에도 '명사-족족'으로 쓰여 '-마다'의 뜻을 가지고 조사처럼 기능하는 경우도 있다.('가는 사람 족족')

(94) ㄱ. 함께 간단한 음식도 먹을 겸, 바람도 쏘일 겸 이구산 골짜기를
         따라 그 굴 로 찾아갔다. 〈013K-043.TXT〉
      ㄴ. 밤참 겸해서 저녁밥 먹을래. 〈043K-138.TXT〉
      ㄷ. 다음날 전교생이 소풍 겸 운동회를 갖게 되었다.
         〈149M-172.TXT〉

'겸'은 선행 성분으로 명사와 관형사절을 취하는 의존명사로 내포문 서술어로는 동작동사만이 올 수 있다.65) (94ㄱ)은 관형사절에 결합한 경우로, '장차 두 가지 이상의 일을 하려고 하는'과 같은 '목적'의 의미가 나타나므로 관형사형 어미는 '-ㄹ'만이 올 수 있다. 이 때, 후행절의 내용이 주된 목적이고 선행절의 내용은 부수적인 것으로 볼 수 있다. 이처럼 목적의 의미를 가지고 쓰일 때에는 내포문의 주어와 상위문의 주어가 일치해야 한다는 제약이 있다. 따라서 주어가 다르게 되면 비문이 된다.

(94ㄴ)은 '겸'에 용언 '하다'가 결합하여 '겸하다'로 쓰인 것이며, (98ㄷ)은 〔명사 겸 명사〕의 구성으로 명사를 나열할 경우에 쓰인 것이다.

다음은 '등'의 예들이다.

(95) ㄱ. 일주일에 3일은 교회에 나가 활동을 하는 등 교회 일에 열심히
         었지요? 〈099M-061.TXT〉
      ㄴ. 공부 잘하는 친구, 말썽만 피우는 친구 등 다양한 부류의 친구
         들과 넓은 교우관계를 가지고 있다. 〈099M-061.TXT〉

'등'은 명사와 관형사절을 선행 성분으로 취하는 의존명사로 관형사절에 결합할 때는 관형사형 어미 '-는'만이 올 수 있다. '등'은 여러 동등의 항목을 나열한 뒤에 쓰이는데, '등'이 지시하는 것은 앞에 나와 있는 항목 외에도 더 있다는 것을 전제로 한다. 가령 (95ㄴ)의 경우에는 '공부 잘하

---

65) 고영근(1989:108)에서는 '겸'이 완전한 자립성을 발휘하는 경우가 없어서
    문제를 내포하고 있기는 하지만 의존명사에서 자립성을 띠게 되는 비문법화
    즉, 문법화 과정의 역현상을 보여주는 형태라고 지적하고 있다. 이러한 비문
    법화를 보여주는 의존명사로는 '겸'외에 '덧, 뿐, 즈음, 턱' 등을 들고 있다.

는 친구, 말썽만 피우는 친구' 외에도 '꾀만 부리는 친구' 등의 항목이 더 있음을 나타내주고 있다. 이처럼 '등'은 단순히 나열의 기능만을 함으로써, 화자의 판단이 개입되지 않은 중립적인 의미를 지니고 있다.

3.4.3. 마무리

이상 살펴본 바에 의하면 부사성 의존명사 역시 서술성 의존명사와 마찬가지로 제한된 통사적 환경에서 대상적, 지시적 의미를 상실하고 추상적인 양태적 의미 기능을 가지고 있다. 그러나 서술성 의존명사와 달리 이들은 대부분 후행하는 서술어에 대해 부사어로 기능하는 특성으로 인하여 접속어미와 유사한 의미 기능을 보여 주기도 하는데, 이들 중에는 선·후행 환경과 긴밀히 통합하여 점차 어미로 문법화되어 가는 특징을 보여 주는 것도 다수 존재한다.

부사성 의존명사는 처격이나 구격과 같은 부사격을 취하는가의 여부에 따라 크게 '바람'류와 '듯'류로 나눌 수 있다. '바람'류에는 '김, 바람, 통, 차, 섟'과 '빨, 이래, 채'가 속하는데, 전자는 처격조사 '에'를 취하며, 후자는 구격조사 '로'를 취한다는 점에서 차이를 가진다.

'듯'류 의존명사는 '선행 성분으로 명사를 취하는가', '독립적인 부사절을 형성하는 기능을 가지는가' 그리고 '후행하는 특정 서술어의 보어로 기능하는가'와 같은 세 가지 기준에 의해 다시 4가지 부류로 나누어 진다. 첫 번째 부류는 선행성분으로 명사를 취할 수 없고, 독립적인 부사절을 형성하는 기능을 가지며, 후행하는 특정 서술어의 보어로 기능하는 것으로 '양, 척, 체, 듯'이 여기에 속한다. 두 번째 부류는 독립적인 부사절을 형성하는 기능이 없다는 점만이 첫 번째 부류와 다른 것으로 '만[2], 뻔, 성'이 여기에 속한 다. 세 번째 부류는 선행 성분으로 명사를 취할 수 있고 특정한 후행 서술어의 보어로 기능하지 않는다는 점에서 첫 번째 부류와 차이를 가지는 것으로 이에는 '등, 대로, 만큼'이 속한다. 마지막 네 번째 부류는 독립적인 부사절 형성의 기능이 있다는 점만이 첫 번째 부류와 동일한 것으로 '족족, 겸, 등'이 여기에 속한다.

　이들 중 특정 서술어의 보어로 기능하는 '양, 척, 체, 듯, 만², 뻔, 성, 손' 등은 '이다'와 결합하는 '서술성 의존명사'와 유사하게 후행하는 서술어와 긴밀한 접어 구성을 이루어 구성 전체가 양태 의미를 나타내는 하나의 문법소와 같은 역할을 하기도 한다.

　부사성 의존명사들이 나타내는 의미를 정리하면 다음과 같다.

(96) 부사성 의존명사의 의미
　　① 대용 기능
　　　ㄱ. 선행문 안에 나타난 내용과 동일한 것을 대용: 대로, 만큼, 족족
　　　ㄴ. 통용 대용: 등
　　② 양태 기능
　　　ㄱ. 이유, 원인: 바람, 통
　　　ㄴ. 계기, 기회: 김, 차
　　　ㄷ. 상태, 상황: 섰, 빨, 채, 뻔
　　　ㄹ. 유사성: 양, 척, 체, 듯, 등
　　　ㅁ. 판단, 추측: 만, 성
　　　ㅂ. 목적: 겸

4. 결 론

　본고는 현대국어를 대상으로 하여 이론 언어학에서 이루어진 연구 성과와 함께 말뭉치 자료를 기반으로 하여 의존명사 목록을 확정하고 그 특성을 규명하는 것을 목적으로 하여 논의를 진행해 왔다. 본고는 첫 번째, 의존명사의 식별 기준을 마련하기 위하여 의존명사의 특성을 검토하였다. 두 번째, 연구의 대상이 되는 의존명사 목록을 확정하기 위하여 의존명사 식별에 문제가 되어 온 형태를 대상으로 의존명사 여부를 검토하였다. 세 번째, 의존명사를 유형별로 나누어 그 특성과 의미 기능에 대하여 검토하였다. 지금까지 본고에서 논의한 것을 요약하면 다음과 같다.

　2장에서는 의존명사가 지니는 어휘적, 통사적, 의미적 특성과 문법화에 따른 특성을 살피고 의존명사의 유형을 분류해 보았다. 이는 의존명사가 가지는 여러 특성을 재검토해 본다는 의의를 가지는 한편, 의존명사 목록의 확보 및 식별 기준을 마련하기 위한 기초 작업이었다. 이는 다음과 같이 정리될 수 있다.

　(1) 의존명사의 정의 :
　　　〔의존명사는 관형어를 필수적으로 요구하는 명사이다.〕

(2) 의존명사의 기준

〈주요 기준〉

ㄱ. 의존명사는 자립성이 없으며 선행어와 결합하여 음운론적 단어를 이룬다. 따라서 선행어와의 사이에는 어떤 형태도 개재될 수 없다.

ㄴ. 의존명사 중 일부는 자립명사와의 복합어 형성이 가능하다. 그러나 파생어의 어기로는 기능할 수 없으며 의존명사끼리의 복합도 가능하지 않다.

ㄷ. 의존명사는 선행 성분(관형어)에 통사적으로 의존적이다. 선행성분으로는 체언, 체언+의, 관형사, 용언의 관형형이 올 수 있다. 그러나 수사나 부사 그리고 용언의 부사형은 선행 성분으로 올 수 없다.

ㄹ. 의존명사는 실질적 의미가 약하고 추상성이 높은 어휘이다. 따라서 의미를 제한하고 보충해 주는 선행 성분을 필수적으로 요구한다.

〈보조 기준〉

ㄱ. 자립 형식에서 문법화에 의해 전화된 의존명사는 원형식과 의미적 유연성을 가지지 않는다.

ㄴ. 의존명사는 기본적으로 격조사를 취할 수 있다. 그러나 의존명사에 따라 조사 결합이 자유로운 것과 제한된 격조사만 결합하는 것 그리고 조사가 결합할 수 없는 것이 있다.

ㄷ. 의존명사는 의미적인 이유로 관형사형 어미 및 상위문의 서술어와 공기 제약을 가지는 경우가 많다.

이러한 의존명사의 특성을 기반으로 하여 그동안의 의존명사 연구를 통해 제시된 의존명사 목록 중 의존명사 식별에 있어서 문제가 되어 온 형태를 대상으로 의존명사 여부를 검토하였다.

의존명사 식별에 문제가 되는 경우를 ⅰ) 자립명사인가 의존명사인가, ⅱ) 조사인가 의존명사인가, ⅲ) 파생접사인가 의존명사인가, ⅳ) 어미인가 의존명사인가의 문제로 나누어 의존명사의 특성에 비추어 검토하고, 개념적으로 제시된 특성이나 언어 직관에 의해 의존명사 여부를 판별하기 어려운 경우에 있어서는 말뭉치 분석 결과로 얻어지는 빈도 정보를 이용하여 의존명사의 목록을 다음과 같이 확정하였다.

(3) 의존명사의 목록

　　〔것, 게, 겸, 나름, 나위, 녘, 대로, 데, 동안, 둥, 듯, 등, 따름, 따
　　위, 때문, 리, 만¹, 만², 만큼, 무렵, 바, 바람, 분, 법, 빨, 뻔, 뿐,
　　섰, 성, 손, 수, 양, 이, 이래, 자, 적, 족족, 줄, 즈음, 지, 직, 짝,
　　쪽, 차, 참, 채, 척, 체, 축, 치, 터, 통, 폭, 해〕

　3장에서는 2장에서 분류된 대상성, 서술성, 부사성 의존명사의 의미와 기능을 검토하였다.

　먼저 대상성 의존명사는 선행 성분으로 관형어를 필수적으로 요구하고, 대부분의 격조사와 통합이 가능하여 문장에서 여러 가지 성분으로 쓰일 수 있으며, 자립명사가 가진 대상성과 지시성을 가지고 잇는 의존명사들이다. 대상성이란 인식의 대상이 되는 세계를 실체화한 것이다. 대상성 의존명사는 선행 성분의 성격이나 후행 성분의 성격에 따라 '것'류 의존명사, '쪽'류 의존명사, '나위'류 의존명사, '해'류 의존명사로 나눌 수 있다. '것'류 의존명사는 관계절의 핵이 될 수 있으며, 대체로 격조사와의 통합에 제약이 없는 것으로 이에는 '것, 분, 손, 이, 자, 치, 데, 바'가 속하며, '쪽'류 의존명사는 선행 성분으로 명사구와 관형사절을 취할 수 있으나 관계절 구성을 이루지 않으며 특정한 상위문 서술어와의 제약이 없는 것으로 이에는 '쪽, 짝, 따위, 법, 적, 동안, 축, 무렵, 즈음, 녘'이 속한다. '나위'류 의존명사는 선행 성분으로 관형사절만을 취하며 특정한 상위문 서술어와의 공기 제약을 가지는 것으로 이에는 '나위, 수, 리, 줄, 지'가 속하며, '해'류 의존명사는 선행 성분으로 명사구만을 취하는 것으로 '해, 게, 만'이 해당된다.

　대상성 의존명사가 가지는 대상성은 크게 사람 지시, 사물 지시, 시간, 공간 위치 지시, 상태 지시의 대상성으로 나눌 수 있는데, 대상성 의존명사의 기본적인 의미 기능은 바로 '사람, 사물, 시간, 공간, 상태'를 대용적으로 지시하는 것이다. 또한 대상성 의존명사 중 일부는 통사적 환경에 따라 명제에 대한 화자나 주어의 심리적 태도나 다양한 문맥 상황을 나타내는 양태적인 의미를 표현하기도 한다.

대상성 의존명사가 통사적 환경에서 받게 되는 제약의 정도는 일반적
으로 '사람, 사물〈사건, 공간〈상태'의 순서로 나타낼 수 있다. 즉, 의미 기
능에 있어서 대상성과 지시성이 강할수록 통사적 환경에서의 제약은 약
한 반면, 대상적, 지시적 의미보다 추상적인 의미를 나타낼수록 제약은
심해지는 것으로 보인다. 이처럼 의존명사가 가지는 의미 기능과 그것이
나타날 수 있는 통사적 환경은 밀접한 관련성을 가지고 있다. 대상성 의
존명사의 의미 기능은 다음과 같이 정리된다.

   (4) 대상성 의존명사의 의미 기능
     ① 대용 기능
       ㄱ. 사람 대용: 분, 손, 이 , 자, 치, 축
       ㄴ. 사물 대용: 것, 따위, 해
       ㄷ. 시간 대용: 적, 동안, 무렵, 즈음, 녘, 지, 만
       ㄹ. 공간 대용: 데, 쪽, 짝, 게
       ㅁ. 상태 대용: 바, 법, 폭, 수, 리, 줄, 나위
     ② 양태 기능
       ㄱ. 강조, 단정: -는 것이다.
       ㄴ. 완곡: -는 바이다.
       ㄷ. 유사함: -는 폭이다.
       ㄹ. 당위: -는 법이다.

의존명사의 두 번째 유형은 서술성 의존명사이다. 서술성 의존명사는
주로 계사 '이다'와 결합하여 서술어로 기능하는 것으로, 이들은 주로 특
정한 관형사형 어미와 결합하고 상위문 서술어 '이다'가 결합된 구성의 형
태를 취하여 명제내용에 대한 화자의 진술태도를 나타내는 양태 의미적
인 기능을 하는 것이다. 이들 의존명사도 자립명사로서의 지위를 가졌을
때는 자체의 고유한 의미자질에 의해 결합 가능한 관형사형 어미를 선택
했을 것이지만 차츰 통사적으로 제한된 환경에서만 사용됨으로써 그것이
고정됨에 따라 특정한 형태의 관형사형 어미에만 결합이 가능해지는 중
간단계를 거쳐 현재와 같이 고정된 구성의 형태로만 의미기능을 발휘하

는 것으로 생각된다. 여기서도 알 수 있듯이 의존명사가 대상적, 지시적인 의미기능을 상실하고 추상화하여 양태적인 의미기능을 발휘하게 될 경우 그 통사적 환경에 있어서의 제약은 심해지는 것이다.

이들 구성은 아직 완전히 어미로 문법화되지는 않았지만 문법소로 되기 전단계인 양태 의미를 부가시켜 주는 접어 구성이라고 할 수 있는 것으로, 표면적으로는 통사적 구성이지만 유사한 구조와 일치시키려는 언중들의 의도로 인하여 형태적으로 인식되는 구조인 것이다.

서술성 의존명사에는 '뿐, 따름, 터, 참, 나름'이 속하는데, '뿐, 따름, 터, 참'은 선행 성분으로 관형사절만을 취한다는 점에서 관형사절 외에 명사도 취하는 '나름'과 차이를 가진다. 이들이 표현하는 의미를 정리하면 다음과 같다.

(5) 서술성 의존명사의 의미기능: 양태 기능
   ㄱ. 단정, 제한: 뿐, 따름
   ㄴ. 주관적인 상황: 터
   ㄷ. 시간적으로 맞아떨어지는 상황: 참
   ㄹ. 정도성과 당위성(보편성): 나름
   ㅁ. 원인: 때문

의존명사의 세 번째 유형은 부사성 의존명사이다. 부사성 의존명사는 후행하는 서술어에 대하여 부사어로 기능하는 것으로 이들 역시 서술성 의존명사와 마찬가지로 제한된 통사적 환경에서 대상적, 지시적 의미를 상실하고 추상적인 양태적 의미 기능을 가지고 있다. 그러나 서술성 의존명사와 달리 이들은 대부분 후행하는 서술어에 대해 부사어로 기능하는 특성으로 인하여 접속어미와 유사한 의미 기능을 보여 주기도 하는데, 이들 중에는 선·후행 환경과 긴밀히 통합하여 점차 어미로 문법화되어 가는 특징을 보여 주는 것도 다수 존재 한다.

부사성 의존명사는 처격이나 구격과 같은 부사격을 취하는가의 여부에 따라 크게 '바람'류와 '듯'류로 나눌 수 있다. '바람'류에는 '김, 바람, 통,

차, 섯'과 '빨, 이래, 채'가 속하는데, 전자는 처격조사 '에'를 취하며, 후자는 구격조사 '로'를 취한다는 점에서 차이를 가진다.

'듯'류 의존명사는 '선행 성분으로 명사를 취하는가', '독립적인 부사절을 형성하는 기능을 가지는가', 그리고 '후행하는 특정 서술어의 보어로 기능하는가'와 같은 세 가지 기준에 의해 다시 4가지 부류로 나누어 진다. 첫 번째 부류는 선행 성분으로 명사를 취할 수 없고, 독립적인 부사절을 형성하는 기능을 가지며, 후행하는 특정 서술어의 보어로 기능하는 것으로 '양, 척, 체, 듯'이 여기에 속한다. 두 번째 부류는 독립적인 부사절을 형성하는 기능이 없다는 점만이 첫 번째 부류와 다른 것으로 '만², 뻔, 성'이 여기에 속한다. 세 번째 부류는 선행 성분으로 특정한 후행 서술어와 보어로 기능하지 않는다는 점에서만 첫 번째 부류와 차이를 가지는 것으로 이에는 '둥, 대로, 만큼'이 속한다. 마지막 내 번째 부류는 독립적인 부사절 형성의 기능이 있다는 점만이 첫 번째 부류와 동일한 것으로 '족족, 겸, 등'이 여기에 속한다.

이들 중 특정 서술어의 보어로 기능하는 '양, 척, 체, 듯, 만², 뻔, 성, ' 등은 '이다'와 결합하는 서술성 의존명사와 유사하게 후행하는 서술어와 긴밀한 접어 구성을 이루어 구성 전체가 양태 의미를 나타내는 하나의 문법소와 같은 역할을 하기도 한다. 부사성 의존명사들이 나타내는 의미 기능을 정리하면 다음과 같다.

(6) 부사성 의존명사의 의미기능
　① 대용 기능
　　ㄱ. 선행문 안에 나타난 내용과 동일한 것을 대용: 대로, 만큼, 족족
　　ㄴ. 통용 대용: 등
　② 양태 기능
　　ㄱ. 이유, 원인: 바람, 통
　　ㄴ. 계기, 기회: 김, 차
　　ㄷ. 상태, 상황: 섯, 빨, 채, 뻔
　　ㄹ. 유사성: 양, 척, 체, 듯, 등
　　ㅁ. 판단, 추측: 만, 성

ㅂ. 목적: 겸

　의존명사의 의미 기능은 크게 두 가지 '대용 기능'과 '양태 기능'으로 나눌 수 있다. '대용 기능'은 사람, 사물, 시간, 공간 등을 대용적으로 지시하는 것이며, 양태 기능은 화자의 심리적 태도를 나타내는 것이다. 의존명사가 가지는 의미 기능은 그것이 나타날 수 있는 통사적 환경과 밀접한 관련성을 가지고 있다. 일반적으로 문장에서 여러 가지 주요성분으로 쓰일 수 있는 대상성 의존명사는 주로 대용의 의미 기능을 가지는 반면 통사적으로 제한된 환경에서만 사용되는 서술성 의존명사나 부사성 의존명사는 주로 양태의 의미 기능을 가진다. 문법화의 단계로 볼 때 양태의 의미 기능을 가지는 의존명사는 대용의 의미 기능을 가지는 의존명사보다 문법화가 보다 진전된 단계의 것으로 볼 수 있다.

　본고는 말뭉치를 기반으로 실제 언어사용에서 나타나는 의존명사의 목록을 작성하고 이를 바탕으로 의존명사의 분포와 기능을 조망해 보고자 하는 목표를 가지고 시작되었다. 현대국어 의존명사 목록에는 의존명사 기능을 하는 것만이 아니라, 문법적인 기능을 수행하기도 하고, 문법소로 기능이 완전히 바뀐 것도 포함되어 있다. 이와 같이 의존명사에는 다양한 기능을 하는 형태가 속해 있는데, 이것은 통시적인 문법화의 결과와 공시적인 문법화 현상으로 인해 자립성이 떨어진 형태가 모두 의존명사 안에 포함되어 있기 때문이다. 본고는 의존명사의 이러한 특성, 즉 문법화의 단계에 따른 정도성에 주목하여 통사적 환경과 의미가 이런 '문법화의 정도성'과 어떠한 관련성이 있는지 살펴보고자 하였다. 그러나 이러한 목표를 이루기에는 본고가 깊이 있게 논의되지 못한 감이 있다. 이를 위해서는 보다 광범위한 발화 자료가 바탕이 되어야 할 것으로 생각한다.
　의존명사의 목록을 설정함에 있어서도 논리적인 기준과 실제적인 자료를 바탕으로 목록을 작성하고자 하였으나, 경계에 놓인 여러 형태가 일관된 논리에 의해 처리되었는지 의문이 남는 것이 사실이다. 앞에서도 언급하였듯이 보다 광범위한 발화자료를 바탕으로 한 정교한 논의가 요구된다. 이와 더불어 한자 어근의 경우 일반적으로 받아들여지고 있는 몇 개의 것만을 대상으로 하여 검토하였는데 본고에서 다룬 것 외에도 논의의 대상이 될 수 있는 한자 어근이 상당수 존재하고 있다. 이에 대해서도 보다 깊이 있는 논의가 요구된다고 하겠다.

본고에서 제시된 의존명사에 관한 정보를 기반으로 하여 사전편찬이나 자연언어처리와 같은 언어학의 실용적인 분야에서 유용하게 쓰일 수 있는 논의가 진행되기를 기대해 본다.

참고 문헌

강범모(1983), "한국어 보문명사 구문의 의미특성," 어학연구 19-1

강복수(1964), "국어에 있어서의 준자립어에 대하여," 청구대학 논문집 7

고석주(1990), "이른바 부사성 불완전 명사에 대한 연구," 연세대 석사 학위논문

고영근(1967), "현대국어의 선어말어미에 대한 구조적 연구 - 특히 배열의 차례를 중 심으로-," 어학연구 3-1

──(1970), "현대국어의 준자립형식에 대한 연구 - 형식명사를 중심으로-," 어학 연구 6-1

──(1972), "현대국어의 접미사에 대한 구조적 연구(1) -확립기준을 중심으로-," 서울대 논문집 18

──(1981), 중세국어의 시상과 서법, 탑출판사

──(1982a), "중세국어의 형식명사에 대하여," 어학연구 18-1

──(1982b), "서술성어미와 관형사형어미의 관련성에 대한 연구," 관악어문연구 7

──(1989), 국어 형태론 연구, 서울대 출판부

──(1995), 〈단어, 문장, 텍스트〉, 한국문화사

과학, 백과사전 출판사(1979), 조선문화어문법

구본관(1993), "국어 파생접미사의 통사적 성격에 대하여," 관악어문연구 18

권재일(1985a), "현대국어의 의존명사 연구," 천시권박사 화갑기념 국어학논총

──(1985b), 국어 복합문구성 연구, 집문당

──(1986a), "형태론적 구성으로 인식되는 복합문 구성에 대하여," 국어학 15

──(1986b), "의존동사의 문법적 성격," 한글 194, 한글학회

──(1987), "의존 구문의 역사성 -통사론에서 형태론으로 -," 말 12. 연세대 한국어학당

──(1989), "조사의 성격과 그 생략현상에 대한 한 기술방법," 어학연구 25-1

──(1994), 한국어 문법의 연구, 서광학술자료사

김계곤(1996), 현대 국어의 조어법 연구, 박이정

김두봉(1922), 깁더 조선말본, 새글집〔역대한국문법대계 ①23에 재록〕

김두웅(1983), "불완전명사의 의미분석," 국어교육 44·45

김문웅(1979), "불완전명사의 어미화," 국어교육논지(대구교대) 7

김민수(1960), 국어문법론연구, 통문관, 〔역대한국문법대계 ①98에 재록〕

———(1971), 국어문법론, 일조각

김봉모(1984), "국어 N_1 -N_2 구조 연구," 박태권선생 화갑기념 논총

김석득(1965), 국어형태론: 형태구조(이름씨유어)의 연구, 한국어문학 1, 연세대

———(1987), "'완료'와 '정태지속'에 대한 역사적 정보," 눈뫼 허웅 선생 고희
         기념 특집

———(1992), 우리말 형태론, 탑출판사

김세중(1989), "국어 심리형용사문의 몇 가지 문제," 어학연구 25-1

김승곤(1978), 한국어 조사의 통시적 연구, 대제각

김영욱(1993), "문법형태의 역사적 연구," 서울대학교 박사 학위논문

김영희(1974), "국어 조사류어의 연구," 문법연구 1

———(1976), "한국어 수량화 구문의 분석," 언어 1-2

———(1981), "간접명사 보문법과 '하'의 의미기능," 한글 173·174

———(1981), "부류 셈숱말로서 셈 가름말," 배달말 6. 진주: 배달말학회

———(1984), "한국어 셈숱화 구문의 통사론, 탑출판사

김완진(1957), "-n, -l동명사의 통사론적 기능과 발달에 대하여," 국어연구 2

김용석(1975), "한국어 불완전 명사 연구," 연세대학교 석사 학위논문

———(1982), "'듯'의 의미와 통사," 배달말(경상대) 7

김차균(1980), "국어 시제형태소의 의미 - 회상 형태소 『더』를 중심으로 -,"
         한글 169

———(1981), "'을'과 '겠'의 의미," 한글 173·174

김창섭(1990), "영파생과 의미전이," 주시경학보 5. 탑출판사

김홍수(1995), "명사화의 담화 기능과 문체 양상," 어문학논총 14, 국민대학교
         어문학연구소

남기심(1973), 국어 완형보문법 연구, 탑출판사

———(1978), 국어 문법의 시제 문제에 관한 연구, 탑출판사

———(1991), "불완전명사 '것'의 쓰임," 갈음 김석득 교수 회갑기념 논문집

남기심·고영근(1985), 표준 국어문법론, 탑출판사

남윤진·옥철영(1996), "말뭉치 분석에 기반한 명사파생접미사의 사전정보 구축," 정보과학회 논문지(B) 26-4
남윤진(1997), "현대국어의 조사에 대한 계량언어학적 연구, 서울대 박사 학위논문
노대규(1977), "한국어 수량사구의 문법 (1)," 어문논집(고려대) 18
류현미(1989), "현대국어 의존명사 연구," 충남대 석사학위논문
리근영(1985), 조선어리론문법(형태론), 평양:과학, 백과사전출판사
민현식(1998), "의존명사", 이익섭 선생 회갑기념 논총
박금자(1985), "국어의 양화사 연구 -의미해석을 중심으로 -," 국어연구 64
박병수(1974), "한국어 명사보문 구조의 분석," 문법연구 1
박철우(1990), "한국어 수량표현의 의미에 관한 연구, " 언어학 연구 8
박해숙(1996), "보편성 의존명사 연구," 부산대학교 교육대학원 석사 학위논문
성광수(1975), "소위 불완전명사에 대한 몇 가지 검토," 어문학 33
―――(1976), "「불완전명사 + '하(다), 이(다)'」에 대한 생성론적 분석," 어문론집 17
성낙수(1976), "보문명사 '터', '지'의 연구." 문법연구 3
서정목(1984), "의문사와 WH-의문 보문자의 호응," 국어학 14
―――(1985), "접속문의 의문사와 의문 보문자," 국어학 14
―――(1988), "한국어 청자 대우 등급의 형태론적 해석(1)," 국어학 17
서정수(1968), "국어 의존명사의 변성문법적 분석," 국어국문학 42·43
―――(1975), 동사 "하-"의 문법, 형설출판사
―――(1978), "'ㄹ것'에 대하여," 국어학 6
―――(1979), "'었(던)'에 대하여," 서병국 박사 화갑기념 논문집
―――(1994), 국어문법, 뿌리깊은나무
서태룡(1980), "동명사와 후치사 {은}, {을}의 기저의미," 진단학보 50
―――(1988), 국어의 활용어미의 형태와 의미, 탑출판사
손춘섭(1992), "현대국어의 의존명사 연구," 전남대 석사 학위논문
손호민(1990), "Grammaticalization and Semantic Shift," ICKL 7
송영주(1985), "현대국어의 불완전명사에 대한 연구," 전북대 석사 학위논문
송철의(1989), 국어의 파생어형성 연구, 서울대학교 박사 학위논문
심재기(1979a), "관형화의 의미기능," 어학연구 15-2

──(1979b), "{-ㄹ}동명사의 통사적 기능에 대하여," 문법연구 4

──(1980), "동사화의 의미기능," 한국문화 1

──(1982), 국어어휘론, 집문당

안명철(1990), "국어의 융합 현상," 국어국문학 103

──(1992), "현대국어의 보문 연구," 서울대학교 박사 학위논문

안병희(1967), "한국어 발달사 : 문법사," 한국문화사대계 Ⅴ(상), 고대 민족문
        화연구소

안주호(1997), 한국어 명사의 문법화 현상 연구, 한국문화사

양명희(1990), "현대국어 동사 '하-'의 의미와 기능," 국어연구 96

엄정호(1990a), "보문자와 완형보문," 강신항교수 회갑기념 국어학논문집

──(1990b), 종결어미와 보조동사의 통합구문에 대한 연구, 성균관대 박사
        학위논문

염선모(1979), "불완전명사에 대하여," 서병국 박사 화갑 논문집

왕문용(1984), "부사성 불완전명사고," 국어교육 49-50

──(1987), 후기 근대국어의 의존명사 연구, 서울대 박사 학위논문

──(1989), "명사 관형구성에 대한 고찰," 주시경학보 4

유길준(1900), 대한문전, 융문관, 〔역대한국문법대계 ①6에 재록〕

유동석(1984), "양태조사의 통보기능에 대한 연구 - {이}, {을}, {은}을 중심으
        로 -," 국어연구 60

유동준(1989), "명사구 보문의 보문자 선택제약에 대한 연구 - 의존명사를 중심
        으로-," 국어국문학 101

유창돈(1961), 국어변천사, 통문관

──(1975), 어휘사 연구, 이우출판사

유필재(1994), "발화의 음운론적 분석에 대한 연구 - 단위 설정을 중심으로," 국
        어연구 125

윤용경(1993), "시간 표현 형식 명사 연구," 동국대학교 석사 학위논문

윤용선(1989), "명사구 보문의 보문자선택제약에 대한 연구 - 의존명사를 중심
        으로-," 국어국문학 101

이기문(1972), 국어사 개설(개정판), 탑출판사

──(1986), "차용어 연구의 방법", 국어학신연구, 탑출판사

이남순(1982), "단수와 복수," 국어학 11

──────(1988), 국어의 부정격과 격표지 생략, 탑출판사

이병모(1995), "현대국어 의존명사의 형태론적 연구," 경상대학교 박사 학위논문

이상섭(1990), "뭉치언어학: 사전편찬의 필수적 개념," 사전편찬학 연구 제3집

이상태(1985), "매인 이름씨의 분포와 기술(1)," 소당 천시권 박사 화갑기념 국어학논총

이숭녕(1960), 고등 국어문법, 을유문화사

──────(1975), "중세국어의 「것」의 연구," 진단학보 39

이승재(1980), "남부방언의 형식명사 '갑'의 문법," 방언 4, 한국정신문화연구원

──────(1992), "융합형의 형태분석과 형태의 화석," 주시경학보 10

이익섭(1970), 새 국어문법, 서울대 출판부

──────(1973), "국어 수량사구의 통사기능에 대하여," 어학연구 9-1

──────(1983), "현대 국어의 반복복합어의 구조," 백영 정병욱 선생 환갑기념논총

이익섭·남기심(1987), 국어문법론 (1), 방송통신대학 출판부

이익섭·임홍빈(1983), 국어문법론, 학연사

이주행(1983), "불완전명사에 대한 연구 – '수'와 '줄'을 중심으로 –," 국어교육 44·45

──────(1986), "불완전명사에 대한 연구," 국어학신연구, 탑출판사

──────(1988), 한국어 의존명사의 통시적 연구, 한샘

이준석(1987), "국어 의존명사에 대한 통사의미론적 분석," 고려대 석사 학위논문

이지양(1998ㄱ), 국어의 융합현상, 태학사

──────(1998ㄴ), "문법화", 이익섭 선생 회갑기념 논총

이희승(1949), 초급국어문법, 박문출판사, 〔역대한국문법대계 ①85 재록〕

이현희(1982), "국어 종결어미의 발달에 대한 관견," 국어학 11

──────(1990), "중세국어 명사구 확장의 한 유형 –형식명사 '이'와 관련된 몇 문제," 강신항교수 회갑기념 국어학논문집

──────(1991), "국어 문법사 기술에 있어서의 몇 가지 문제," 국어사 논의에 있어서의 몇 가지 문제, 한국정신문화연구원 어문연구실

이홍식(1990), "현대국어 관형절 연구." 국어연구 98

임동훈(1991), "현대국어 형식명사 연구," 서울대 석사 학위논문

임홍빈(1974), "명사화의 의미특성에 대하여," 국어학 2

──────(1976), "부사화와 대상성," 국어학 4

──────(1979a), "용언의 어근 분리 현상에 대하여," 언어 4-2

──────(1979b), "복수성과 복수화," 한국학논총 1, 국민대 한국학연구소

──────(1981), "존재전제와 속격표지 {의}," 언어와 언어학(외대) 7

──────(1982), "기술보다는 설명을 중시하는 형태론의 기능정립을 위하여," 한국학보 26

──────(1983a), "동명사 구성의 해석방법에 대하여," 백영 정병욱선생 화갑기념 논총

──────(1983b), "국어의 '절대문'에 대하여," 진단학보 56

──────(1984a), "선어말 {-느-}와 실현성의 양상," 유창균박사 환갑기념 논문집

──────(1984b), "국어의 '통사적인' 공범주에 대하여," 어학연구 21-3

──────(1985), "현대의 {-삽-}과 예사높임의 '-오'에 대하여," 선오당 김형기선생 팔지기념 국어학논총

──────(1987a), 국어의 재귀사 연구, 신구문화사

──────(1987b), "국어의 명사구 확장규칙에 대하여," 국어학 16

──────(1989), "통사적 파생에 대하여," 어학연구 25-1

장경희(1985), 현대국어의 양태범주 연구, 탑출판사

──────(1987), "국어의 완형보절의 해석," 국어학 16

전정례(1991), "중세국어 명사구 내포문에서의 '-오-'의 기능과 변천," 서울대학교 언어학과 박사 학위논문

전혜영(1989), "현대 한국어 접속어미의 화용론적 연구," 이화여대 박사 학위논문

정렬모(1946), 신편 고등문법, 한글문화사, 〔역대한국문법대계 ①25 재록〕

정순기(1988), 조선어의 보조적단어에 대한 연구, 평양: 사회과학출판사

정호완(1987), 후기 중세의 의존명사 연구, 학문사

조규태(1973), "국어의 준자립명사 연구 - 특히 구문론적 기능을 중심으로 -," 경북대 석사 학위논문

주시경(1910), 국어문법, 박문서관 (고영근·이현희 교주(1986), 주시경 국어문법, 탑출판사)

차광일(1981), 조선어토대비문법, 심양:료녕인민출판사

차현실(1984), "'싶다'의 의미와 통사구조," 언어 9.2

채 완(1982), "국어 수량사구의 통시적 고찰 - 어순변화의 일례로서 -," 진단학보 53·54

최규일(1989), "한국어 {것}의 의미기능(2)," 이용주 선생 회갑기념 논문집, 한샘
최은하(1995), "부사성 의존명사 연구," 부산대학교 교육대학원 석사 학위논문
최현배(1932), "불완전 이름씨에 대하여 – 이름씨의 細說(하) –," 한글 1-5
───(1934), 중등 조선말본, 동광당서점, 〔역대한국문법대계 ①45 재록〕
───(1937), 우리말본, 延專출판부
───(1961=1989), 우리말본, 정음문화사
최형용(1997), "형식명사 · 보조사 · 접미사의 상관관계," 국어연구 148
한글학회편(1992), 우리말 큰사전, 어문각
한영균(1984), "제주방언 동명사 어미의 통사기능," 국어학 13
허 웅(1975), 우리 옛말본, 샘문화사
───(1989), 16세기 우리 옛말본, 샘문화사
허원욱(1988), "15세기 우리말 매김마디 연구," 한글 200
홍재성(1987), "한국어 사전편찬과 문법정보," 어학연구 23-1
홍양추(1987a), "매인이름씨의 일반적 특징," 건국어문학 제 11 · 12 합집
───(1987b), "국어 매인 이름씨 연구," 건국대학교 박사학위논문
Abasolo, R.(1982), *In Search of Korean Function Nouns*, In
     Linguistics in the Morning Calm, edited by The Linguistic
     Society of Korea.
Anderson, S. R.(1988), "Morphological change", In F.J. Newmeyer(ed.)
     Linguistics : The Cambridge Survey, Volume I, Linguistic
     Theory : Foundations, Cambridge University Press.
Anttila, R.(1973), *An Introduction to Historical and Comparative
     Linguistics*, Macmillan.
Aronoff, M.(1976), *Word Formation in Generative Grammar*, The MIT
     Press, Cambridge.
Baker, M.(1988), Incorporation: *A Theory of Grammatical Function
     Changing*, The University of Chicago Press.
Bauer, L.(1983), *English Word-formation*, Cambridge University Press.
Bowers, J.(1988), *A Structural Theory of Predication*. ms. Cornell
     Unlv.
Bybee, J. L. and C. L. Moder(1983), "Morphological classes as natural

categories", *Language* 59.

Bybee, J. L.(1985), Morphology : *A Study of the Relation between Meaning and Form*, John Benjamins Publishing Company.

Croft, W.(1991), *Syntactic Categories and Grammatical Relations*, The University of Chicago Press.

Craig, C.(ed.)(1986), *Noun Classes and Categorization*, John Benjamins Publishing Company.

Di Sciullo & E. Williams.(1987), *On the Definition of Word*, MIT Press, Cambridge.

Félix-Clair Ridel(1881), *Grammaire Coréenne*, Yokohama: Écho du Japon.

Gruber, J. S.(1965), "Studies in Lexical Relations", Doctoral dissertation, MIT.

Hopper, P. J. & E. C. Traugott(1993), *Grammaticalization*, Cambridge University Press.

Hudson, R.(1984), *Word Grammar*, Oxford: Basil Blackwell.

Leech, G.(1981), *Semantics*, 2nd edition: Harmondsworth: Penguin Books Ltd.

Lyons, J.(1977), "Deixis and anaphora". In T. Myers (ed) *The Development of Conversation and Discourse*.
Edinburgh : Edinburgh University Press.

Martin, S. E.(1992), *A Reference Grammar of Korean*, Tokyo: Chales E. Tuttle Company.

Nida, E. A.(1975), *Componential Analysis of Meaning*, The Hague: Mouton

Ramstedt, G. J.(1939), *A Korean Grammar*, Mémoires de la Sociéte Finno-ougrienne. Vol 82 (Helsinki: Suomalais-ugrilainen Seura)

Scalise, S.(1984), *Generative Morphology, Foris, Dordrecht*.

Selkirk, E. O.(1982), *The Syntax of Words*, The MIT Press, Cambridge.

Spencer, A.(1991), *Morphological Theory*, Basil Blackwell.

Taylor, J. R.(1989), *Linguistic Categorization: Prototypes in Linguistic Theory*, Oxford, Clarendon Press.

Traugott, E. C. & B. Heine(ed.)(1991), *Approaches to Grammaticalization*, Vol I, II, John Benjamins Publishing Company.

Williams, E.(1981), "Argument Structure and Morphology", *The Linguistic Review 1*.

〈부록 1〉 말뭉치 구성 텍스트 목록

약호	서명	저자/역자	출판사	연도	크기(어절)
001K-001.TXT	한국어의 발전방향	이기문외	민음사	1990	6922
002K-003.TXT	북한의 언어생활	남성우 정재영	고려원	1990	5376
003K-007.TXT	박수칠 때 떠나라	임승태	촌산	1991	4924
004K-009.TXT	해방공관의 문학연구 1	이우용	태학사	1990	5150
005K-011.TXT	존대법의 연구	서정수	한신문화사	1984	5072
006K-015.TXT	나의 주장	서준식	형성사	1989	4986
007K-017.TXT	제3의 사나이(상권)	김성종	수목출판사	1990	5203
008K-019.TXT	내일도 흐르는 강	유재용	삼진기획	1989	5122
009K-029.TXT	한국인의 민주정치 의식	박동서 김광웅	서울대학교 출판부	1989	5225
010K-032.TXT	인간대 인간	김창동	청한문화사	1987	5248
011K-034.TXT	철학의 흐름과 문제들	하르트만/강성위	서광사	1988	5122
012K-035.TXT	김원일 장편소설-불의제전 1	김원일	문학과 지성사	1983	5084
013K-043.TXT	소설 논어 上	김영수	세별문화사	1991	5101
014K-044.TXT	대조영 제1권 저무는 왕조	유현종	태성	1990	5434
015K-049.TXT	정상을 가는 사람들	오효진	조선일보사 출판국	1986	5122
016K-057.TXT	큰손열전 1	김봉진	오늘	1991	5124
017K-058.TXT	노도 1	유현종	민족과 문화사	1991	5577

약호	서명	저자/역자	출판사	연도	크기(어절)
018K-078.TXT	북한가극 연극 40년	한국비평문학회	신원문화사	1990	5638
019K-080.TXT	웨이트 트레이닝의 이론과 실제	김건수 양재근	현문사	1991	4380
020K-081.TXT	현대사회주의 경제의 쟁점과 전망	퇴경연구실	풀빛	1991	4632
021K-082.TXT	부모교육	유한진 김연진	정민사	1991	4530
022K-085.TXT	시학서설	전규태	반도출판사	1991	4985
023K-086.TXT	종교와 이데올로기	김정진	민영사	1991	5085
024K-099.TXT	현대건축사조 개관	김경호	지문당	1991	5103
025K-100.TXT	한국현대도시의 발자취	손정목	형설출판사	1988	5083
026K-101.TXT	전환기의 현대미술	홍명섭	솔	1991	5141
027K-104.TXT	1905년 혁명-녹두신서14	S.M.슈바르츠/김남	녹두	1986	5066
028K-105.TXT	러시아의 음악가들	서우섭	은애	1980	5076
029K-107.TXT	버려진 사람들	김신용	고려원	1991	5188
030K-110.TXT	소설춘추	김동리	태백	1991	5165
031K-112.TXT	땅끝의 시계탑 1	김성일	홍성사	1991	5084
032K-113.TXT	동녘에는 불새가 산다 1	백금남	고려원	1991	5085
033K-114.TXT	역사속의 나그네 1	복거일	문학과 지성사	1991	5013
034K-120.TXT	사랑하며 노래하며	서남준	청한문화사	1984	5033
035K-121.TXT	긴꼬리딱새날다	?	자유출판사	1988	5103

약호	서명	저자/역자	출판사	연도	크기(어절)
036K-122.TXT	사랑의 카운슬러	이승철	황토	1991	5115
037K-124.TXT	진묵대사(상)	박희선	다다	1988	5087
038K-130.TXT	배반의 그늘	안장환	청한문화사	1991	5098
039K-131.TXT	들불 1	유현종	세종출판공사	1986	5114
040K-132.TXT	따이한	김상	삼일	1991	5213
041K-134.TXT	불의나라 1	박범신	행림출판	1988	5121
042K-135.TXT	개절풍 상	김춘복	한길사	1991	5057
043K-138.TXT	민란시대 제1부	박연희	문학사상사	1988	5076
044K-142.TXT	재미있는 철학노트	오창환	풀빛	1991	2664
045K-146.TXT	지상의 척도	김우창	민음사	1981	5075
046K-148.TXT	인도 명상기행	폴브런튼	정신세계사	1990	5078
047K-149.TXT	교육과 컴퓨터	Merrill외/최수영외	대광문화사	1990	5121
048K-150.TXT	도시의 갇힌 새 1	김홍신	행림출판	1990	5100
049K-151.TXT	건축공간론	上松佑二/편집부	정림출판사	1987	5082
050K-152.TXT	그 후 1	원기호	민맥	1991	5231
051K-153.TXT	녹두장군 1	송기숙	창작과 비평사	1989	5117
052K-155.TXT	강남 아리랑 1	송숙영	홍원출판사	1990	5066
053K-156.TXT	벼랑에 핀 꽃 상	송지영	조선일보사	1991	5096

약호	서명	저자/역자	출판사	연도	크기(어절)
054K-158.TXT	닻은 올랐다 상	김정	힘	1990	5090
055K-167.TXT	문예미학	채의/강경호	동문선	1989	5106
056K-169.TXT	미셸푸코론	한상진외	한울	1990	5070
057K-170.TXT	판소리	강한영외	신아문예사	1988	5074
058K-172.TXT	운동처방론	김승수	보경문화사	1991	5086
059K-173.TXT	고란초	김충호	현일사	1992	5103
060K-176.TXT	신경과학	박찬웅 김승업	민음사	1990	5108
061K-178.TXT	동서양의 명논설문	진학지도연구회	성지출판사	1985	5152
062K-179.TXT	연구와 논문	이화여대출판부	이화여대출판부	1983	5043
063K-180.TXT	인류의 선사시대	최몽룡	의류문화사	1987	5166
064K-182.TXT	동해물과 백두산이 말으고 달또록	김경래	현암사	1991	5115
065K-187.TXT	아동미술론	김춘일	미진사	1985	4969
066K-198.TXT	문학사회학	김현	민음사	1983	5038
067K-199.TXT	간추린 집단 정신치료	Yalom/박민철	하나의학사	1990	5054
068K-200.TXT	진실과 허구	송백헌	민음사	1989	5062
069M-002.TXT	사람의 먹거리	기준성	정신세계사	1991	5326
070M-003.TXT	강봉수할머니의 미용식이요법	강봉수	(주)서울문화사	1993	5332
071M-004.TXT	新건강상식 3000	혜서원편집부편	혜서원	1993	5331

약호	서명	저자/역자	출판사	연도	크기(어절)
072M-006.TXT	남기고 싶은 이야기들	전택부	종로서적	1993	5395
073M-007.TXT	바로보는 우리역사 2	구로역사연구소	거름	1990	3775
074M-008.TXT	병원정보 소프트	강기회	21세기 북스	1993	5477
075M-009.TXT	한방이야기	조헌영	학원사	1992	5316
076M-013.TXT	재미있는 법률여행	한기찬	김영사	1991	5331
077M-018.TXT	아름다운 性과 사랑을 위하여	박은회	백산서당	1985	5538
078M-019.TXT	카피 이처럼 쓰라	이낙운	나남	1992	5297
079M-023.TXT	YS는 못말려	김준묵	미래미디어	1993	5266
080M-024.TXT	서울대기숙사	서울대기숙사 자치위원회	비전	1993	5648
081M-025.TXT	아이를 잘만드는 여자	김영희	디자인하우스	1992	5460
082M-029.TXT	말버릇이 그게 뭔가	김동길	(주)동화출판사	1992	5298
083M-030.TXT	이인모	이인모	(주)월간 말	1992	5360
084M-031.TXT	재미있는 날씨 이야기	조석준	해냄	1992	5355
085M-035.TXT	위기의 환경 어떻게 구할 것인가	김정욱	푸른산	1992	5308
086M-037.TXT	21세기의 자녀교육	조병효	교육과학사	1993	5316
087M-039.TXT	우리아이들의 성교육 어떻게 할까	이화연	돌베개	1991	5325
088M-043.TXT	초보자와 함께 하는 경리노트	진대현	더난출판사	1993	5356

약호	서명	저자/역자	출판사	연도	크기(어절)
089M-045.TXT	한국사회운동의 혁식을 위하여	나라정책연구회	백산서당	1993	5396
090M-047.TXT	대중매체의 이해와 활용	강상현 채백	한나래	1993	5409
091M-048.TXT	방송 소프트	조철현 기자외	케이사	1993	5352
092M-049.TXT	아! 좋은 세상 오른쪽 뇌	김종안	길벗	1993	5308
093M-051.TXT	현대미술을 보는 눈	김해성	열화당	1985	5332
094M-053.TXT	노래 이야기 주머니	이영미	녹두	1993	5304
095M-055.TXT	진리의 수레바퀴	불교방송편성제작국	불교방송출판부	1992	5353
096M-056.TXT	젊은 엄마의 생활아이디어	이지영 정은진	그린비	1993	5349
097M-059.TXT	영화사랑 영화예술 그리고 우리들의 영화이야기	양병섭	1993	5366
098M-060.TXT	내가 사랑한 사람 내가 사랑한 세상	곽재구	한양출판사	1993	5379
099M-061.TXT	아들아 이 길을 같이 가자	최성일	밀알	1993	5472
100M-062.TXT	패션과 여성	유태순	홍익출판사	1990	5263
101M-063.TXT	시련은 있어도 실패는 없다	정주영	제삼기획	1991	5355
102M-064.TXT	그 사람 장욱진	김형국	김영사	1993	5233
103M-068.TXT	비교사회학:방법과 실제 1	한국비교사회연구회	열음사	1990	5223
104M-073.TXT	역사의 수레를 끄는 지혜	조일	한	1993	5359
105M-074.TXT	다운사이징 S 기업재창조	노중호	김영사	1993	5358

약호	서명	저자/역자	출판사	연도	크기(어절)
106M-076.TXT	컴퓨터는 깡통이다	이기성	가서원	1992	5319
107M-077.TXT	인공지능 입문	도우치 준이치	미래사	1992	5210
108M-079.TXT	돌연변이	로빈쿡	열림원	1993	5281
109M-080.TXT	이루어질 수 있는 사랑	양희은	우석	1993	5471
110M-081.TXT	김대중 새로운 시작을 위하여	김대중	김영사	1993	5292
111M-084.TXT	물리나라 여행기	요시프 빼레취	나라사랑	1992	5298
112M-085.TXT	더불어 사는 세상	최주섭	김영사	1992	5318
113M-088.TXT	오직 이 길밖에 없다	구자경	행림출판	1992	5317
114M-090.TXT	매월당 김시습	이문구	문이당	1992	6039
115M-091.TXT	키호테 신부	그레이엄 그린	하늘땅	1992	5297
116M-092.TXT	세월	버지니아 울프	대흥출판사	1991	6661
117M-093.TXT	한용운 산문 선집	한용운	현대상학사	1990	7208
118M-096.TXT	長征 3	김준엽	나남출판사	1987	5412
119M-098.TXT	민물고기를 찾아서	최기철	한길사	1991	6393
120M-108.TXT	未堂산문	서정주	민음사	1993	4518
121M-110.TXT	트리갭의 샘물	나탈리 배비트	대교출판	1992	5298
122M-111.TXT	소설 횔더린	페터 헤르틀링	까치	1991	8560
123M-113.TXT	생의 마루턱에서	이태동	샘터	1991	5294

약호	서명	저자/역자	출판사	연도	크기(어절)
124M-114.TXT	人間人	이청준	우석출판사	1991	6689
125M-118.TXT	삶의 꿈 이렇게 실현하라	노만 V.필	문학사상사	1991	5304
126M-121.TXT	서울이 좋다지만	김문수	문학아카데미	1991	5351
127M-122.TXT	보석상자	크루이로프	서연	1992	5462
128M-123.TXT	재미있는 수의 세계 1	김용운 김용국	김영사	1990	5364
129M-127.TXT	신나는 별자리 탐험	이광식	고려원미디어	1992	5287
130M-132.TXT	어느 영화감독의 청춘	챈 카이커	푸른산	1991	5442
131M-133.TXT	꼭두각시 인형	O. 헨리	지문사	1992	5373
132M-134.TXT	학문의 즐거움	히로나카 헤이스케	김영사	1992	5318
133M-135.TXT	당신의 우리말 실력은 ?	이기문	동아출판사	1985	5294
134M-136.TXT	과학사	김영식 박성래 송상용	전파과학사	1992	5272
135M-137.TXT	내 어머니 흰 아침나라	권용철	대교출판	1992	2929
136M-140.TXT	꼼치	톨스토이	서연	1993	5354
137M-141.TXT	어머니에게 사랑을	생 텍쥐페리	서연	1992	5494
138M-146.TXT	지구의 마지막 선택	"보일.아딜"	동아출판사	1991	5366
139M-152.TXT	시인과 도둑	이문열	현대문학	1992	5448
140M-155.TXT	세기말의 사상 기행	이호철	민음사	1993	5428

약호	서명	저자/역자	출판사	연도	크기(어절)
141M-157.TXT	지리산	백선엽	고려원	1992	5510
142M-160.TXT	하늘나라 아리랑	이종구	고려원미디어	1992	5397
143M-162.TXT	마음의 타는 불 무엇으로 끄려는고	윤청광	언어문화	1992	5356
144M-165.TXT	일본 리포트	조양욱	청한	1991	5331
145M-166.TXT	숨쉬는 돌	정채봉	제삼기획	1993	5326
146M-167.TXT	소설	제임스 미치너	열린책들	1992	5296
147M-168.TXT	서편재	이청준	열림원	1993	5329
148M-171.TXT	淸貧의 思想	니카노 고지	자유문학사	1993	5304
149M-172.TXT	어머니 나의 어머니	이어령외	자유문학사	1993	5396
150M-173.TXT	의자와의 대화	헤르만 헤세	책나무	1992	5302
151M-174.TXT	비눗방울 이야기	홍창표	미래사	1992	5306
152M-177.TXT	동의보감1	이은성	창착과 비평사	1993	5316
153M-182.TXT	한국여성 우리는 누구인가 상	유한진	자유문학사	1991	5312
154M-184.TXT	시간의 역사	스티븐 호킹	삼성출판사	1993	5344
155M-185.TXT	이미지 메이킹	김은영	김영사	1993	5331
156M-186.TXT	그 많던 싱아는 누가 다 먹었을까	박완서	웅진출판사	1992	5304
157M-190.TXT	문화부가 가려뽑은 인물이야기 1	김병일 외 3인	오늘	1992	5352

약호	서명	저자/역자	출판사	연도	크기(어절)
158M-194.TXT	청천하늘에 잔별도 많고	이규태	동아출판사	1992	5315
159M-196.TXT	바보와 천재	장영계	도서출판답게	1993	5297
160M-198.TXT	영혼의 푸른 수첩	정중수	동아출판사	1992	5296
161M-199.TXT	컴퓨터 영웅들	로버트 슬레이터	동아출판사	1993	5331
162M-200.TXT	하이테크 달걀	현원복	동아출판사	1993	5305
163M-354.TXT	정신생물학	박만상	지식산업사	1992	5902
164M-487.TXT	모차르트의 편지	정영일	도서출판 선영사	1993	7772
165M-503.TXT	우리들의 사랑 우리들의 분노	박노해	노동자의 벗	1992	8747
166M-594.TXT	곤충의 사회 행동	추종길	민음사	1992	5300
167M-628.TXT	편지	"까뮈.그르니에/ 김용환"	예하	1991	7452
168M-729.TXT	해양오염과 생태계	심재영	민음사	1991	5300
169M-839.TXT	사랑의 형이상학 (까푸카의 명상일기)	F.카프카/김창활		1993	8851
170M-961.TXT	아빠의 임신일기	대니스 단치거	동아출판사	1991	6809
171PNART.TXT	지침: 예술/오락		조선일보	1993	309
172PNHLT.TXT	지침: 보건/건강		조선일보	1993	5033
173PNHMN.TXT	지침: 인문	일사일언	조선일보	1993	405
174POPOL.TXT	해설: 정치		조선일보	1993	4398

약호	서명	저자/역자	출판사	연도	크기(어절)
175PPART.TXT	보고: 문화/예술		조선일보	1993	1669
176PPECN.TXT	보고: 경제		조선일보	1993	5239
177PPEDU.TXT	보고: 교육		조선일보	1993	4148
178PPETC.TXT	보고: 기타		조선일보	1993	4690
179PPHLT.TXT	보고: 보건/건강		조선일보	1993	8221
180PPHMN.TXT	보고: 인문		조선일보	1993	1127
181PPINF.TXT	보고: 정보		조선일보	1992~1993	20809
182PPPOL.TXT	보고: 정치		조선일보	1993	5363
183PPSCL.TXT	보고: 과학/환경		조선일보	1993	2192
184PQART.TXT	시론: 문화/예술		조선일보	1993	3277
185PQECN.TXT	시론: 경제	메아리(한국)/사설(한계레)	한국일보 한계레신문	1992~1993	7647
186PQETC.TXT	시론: 기타	사설	동아일보 한계레신문	1992~1993	4288
187PQHLT.TXT	시론: 보건/건강		조선일보	1993	1131
188PQHMN.TXT	시론: 인문		조선일보	1992	2925
189PQPOL.TXT	시론: 정치	메아리(한국)/사설(한계레)	한계레신문 한국일보 조선일보	1992~1993	15409
190PQSCI.TXT	시론: 과학/환경		조선일보	1993	557

〈부록2〉 의존명사의 선행요소 및 빈도3

목록 (총빈 도수)	관형사	의	ㄹ	ㄴ	는	던	명사구
것(19874)	679	193	3512	5407	8819	1124	50
겸(15)	0	0	6	0	1	0	8
김(9)	0	0	0	7	0	0	2
나름(93)(∅나름대로:37)	30	0	0	1	1	0	24
나위(27)	0	0	27	0	0	0	0
녘(48)	0	0	23	61	110	7	0
대로(201)	0	0	23	61	110	7	0
데(1079)	29	0	34	181	827	8	0
동안(825)	145	0	9	6	148	0	517
둥(22)	0	0	2	0	20	0	0
듯(914)	0	0	116	397	393	8	0
등(1865)	0	0	0	0	103	0	1662
따름(32)	0	0	32	0	0	0	0
따위(133)	6	0	0	6	17	0	104
때문(22) (기:1825) (∅때문에:20)	48	0	0	4	0	0	473
리(69)	0	0	69	0	0	0	0
만 (65)	0	0	0	0	0	0	65
만² (229)	0	0	229	0	0	0	0
만큼(561)	132	0	182	38	23	11	175
무렵(143)	58	0	59	5	1	2	18
바(341)	0	0	62	176	96	7	0
바람(72)	18	0	0	3	45	0	6
분(386) (수관형사:73)	158	0	6	78	49	11	11

법(120)	3	0	13	17	87	0	0
삔(34)	0	0	34	0	0	0	0
뿐(652)	5	647	0	0	0	0	0
성(2)	0	0	1	1	0	0	0
손(2)	2	0	0	0	0	0	0
수(4702)	0	0	4675	0	27	0	0
양(6)	0	0	0	3	3	0	0
이(62)	10	0	23	3	26	0	0
이래(58)	0	0	0	24	1	0	33
자(296)	13	0	11	150	114	8	0
적(358)	0	0	64	286	2	1	5
족족(2)	0	0	0	2	0	0	0
줄(328)	0	0	192	96	40	0	0
즈음(33)	14	0	18	0	1	0	0
지(141)	0	0	0	141	0	0	0
짝(2)	2	0	0	0	0	0	0
쪽(513)	97	2	2	33	35	0	344
차(5)	0	0	1	2	0	2	0
참(25)	1	0	7	2	1	14	0
채(358)	0	0	0	358	0	0	0
척(42)	0	0	0	25	17	0	0
체(37)	0	0	0	20	17	0	0
축(8)	0	0	0	3	4	0	1
치(1)	0	0	0	0	0	0	1
터(147)	0	0	81	32	19	15	0
통(5)	1	0	0	0	4	0	0

〈부록 3〉 의존명사의 후행요소 및 빈도

	이	을	의	에	에서	에게	와	으로	보조사	하다	이다	∅
것	2587	1988	70	225	29	2	273	991	4252	0	7930	1437
겸	0	0	0	0	0	0	0	0	0	1	0	14
김	0	0	0	7	0	0	0	0	0	0	2	0
나름	0	0	13	0	0	0	0	4	73	0	2	1
나위	7	0	0	0	0	0	0	0	13	0	0	7
녘	2	5	6	18	5	0	2	1	0	0	1	8
대로	0	0	4	0	0	0	0	0	5	0	5	186
데	37	9	0	119	114	0	1	20	161	0	6	612
동안	2	11	50	78	0	0	1	0	75	0	12	596
둥0	0	0	0	0	0	0	0	0	0	4	0	18
듯 (듯이: 194)	0	0	0	0	0	0	0	0	4	391	0	325
등	207	258	316	133	32	5	71	95	115	0	47	486
따름	0	0	0	0	0	0	0	0	0	0	32	0
따위	15	18	18	4	1	0	4	11	40	0	6	16
때문	22	0	0	1281	0	0	0	1	6	0	1038	2
리	34	0	0	0	0	0	0	0	11	0	0	24
만	0	0	2	59	0	0	0	0	0	0	4	0
만²	0	0	0	0	0	0	0	0	2	227	0	0
만큼	0	2	22	0	0	0	0	2	75	5	4	451
무렵	2	0	9	27	0	0	0	0	15	0	20	70
바	47	26	1	26	1	9	65	0	20	0	24	122
바람	0	0	0	68	0	0	0	3	0	0	1	0
분	73	18	47	3	0	80	30	6	66	0	77	41
법	17	12	0	0	52	0	0	0	11	9	0	19
뻔	0	0	0	0	0	0	0	0	0	34	09	0

뿐	2	0	0	0	0	(더러:6)	0	3	102	0	336	196
성(싶다:2)	0	0	0	0	0	0	0	0	0	0	0	0
손	1	0	0	0	0	0	0	0	0	0	0	1
수	419	0	0	0	0	0	0	0	650	0	0	3633
양	0	0	0	0	0	0	0	0	0	0	0	6
이	10	5	12	0	0	7	1	0	22	0	3	2
이래	0	0	2	0	0	0	0	9	0	0	0	47
자	54	17	26	3	0	21	11	9	87	0	32	36
적	213	0	4	33	0	0	0	0	92	0	1	15
족족	0	0	0	0	0	0	0	0	0	0	0	2
줄	1	34	0	0	0	0	0	7	61	0	2	223
즈음	0	0	4	0	0	0	0	0	0	0	8	14
지	11	0	0	0	0	0	0	0	12	0	0	118
짝	0	0	0	2	0	0	0	0	0	0	0	0
쪽	37	69	29	43	43	0	7	182	39	0	19	45
차	0	0	0	4	0	0	0	0	0	0	1	0
참	0	0	0	4	0	0	0	0	0	0	21	0
채	0	0	0	0	0	0	0	38	0	0	7	313
척	0	4	0	0	0	0	0	0	0	27	0	11
체	0	5	0	0	0	0	0	0	0	25	1	6
축	2	0	1	3	0	0	0	0	0	0	2	0
치	1	0	0	0	0	0	0	0	0	0	0	0
터	0	0	0	14	0	0	0	0	0	0	132	1
통	0	0	0	5	0	0	0	0	0	0	0	0

저자 소개

안 효 경

· 1965년 경남 부산 출생.
· 서울대학교 인문대학 국어국문학과 졸업.
· 동대학원 국어국문학과 석사 졸업.
· 가톨릭대학교 인문대학 국어국문학과 박사 졸업.
· 現在 : 가톨릭대학교 국어국문학과 강사.

현대국어의 의존명사 연구

◆ 인쇄 2001년 12월 22 ◆ 발행 2001년 12월 29일
◆ 저자 안효경   ◆ 발행인 이대현
◆ 편집 이은희 · 김민영 · 정봉구 ◆ 표지디자인 장재호
◆ 발행처 역락출판사 / 서울 성동구 성수2가 3동 277-17
　　　　　성수아카데미타워 319호(우 133-123)
◆ TEL 대표 · 영업 3409-2058 편집부 3409-2060 팩스 3409-2059
◆ 전자우편 yk3888@kornet.net / youkrack@hanmail.net
◆ 등록 1999년 4월 19일 제2-2803호
◆ 정가 9,000원
◆ ISBN 89-5556-121-0-93710

  * 잘못된 책은 교환해 드립니다.